电动自行车维修
从入门到精通

韩雪涛◎主　编
吴瑛　韩广兴◎副主编

化学工业出版社
·北京·

内容简介

本书采用全彩色图解的方式，从电动自行车的维修基础入手，全面系统地介绍电动自行车维修的专业知识和技能。主要内容包括：电动自行车的结构原理、维修工具和仪表、选购与保养维护、整机及典型电路识读、电子元器件的识别与检测、故障特点及检修分析、电动自行车的拆装、电动自行车转把与闸把、车灯和仪表盘、喇叭、电源锁、助力传感器、控制器、电动机、蓄电池及充电器的检修，以及电动自行车控制功能失常、蓄电池和充电器故障、动力故障及部分功能失灵等典型故障维修案例。

本书内容全面实用，重点突出，图文并茂，维修案例丰富。为了方便读者学习，本书在重要知识点还配有视频讲解，扫描书中二维码即可观看，帮助读者轻松掌握电动自行车维修技能。

本书可供电器维修人员学习使用，也可供职业院校、培训学校相关专业师生参考。

图书在版编目（CIP）数据

电动自行车维修从入门到精通/韩雪涛主编；吴瑛，韩广兴副主编. —北京：化学工业出版社，2024.6
ISBN 978-7-122-45374-7

I.①电⋯ Ⅱ.①韩⋯②吴⋯③韩⋯ Ⅲ.①电动自行车-维修-图解 Ⅳ.①U484.07-64

中国国家版本馆CIP数据核字（2024）第069584号

责任编辑：李军亮　徐卿华　　　文字编辑：徐　秀　师明远
责任校对：李露洁　　　　　　　装帧设计：王晓宇

出版发行：化学工业出版社
　　　　　（北京市东城区青年湖南街13号　邮政编码100011）
印　　装：北京瑞禾彩色印刷有限公司
787mm×1092mm　1/16　印张22¾　字数591千字
2024年8月北京第1版第1次印刷

购书咨询：010-64518888　　　　售后服务：010-64518899
网　　址：http://www.cip.com.cn
凡购买本书，如有缺损质量问题，本社销售中心负责调换。

定　　价：99.00元　　　　　　　　　　　　版权所有　违者必究

前　言

　　随着新能源技术的发展，电动自行车以其便捷、快速的特点成为人们生活中重要的交通代步工具。而且随着技术的不断成熟，电动自行车的普及率得到进一步提升，并带动了生产、销售、维修等一系列产业链的发展，特别是售后维修领域，市场需要大批具备专业维修技能的从业人员。然而，如何能够在短时间内搞清电动自行车的工作原理，进而掌握电动自行车的维修技能，是成为一名合格的电动自行车维修人员的关键。为此我们从初学者的角度出发，根据岗位实际需求编写了本书，旨在帮助读者快速掌握电动自行车维修的专业知识和技能。

　　本书涵盖了目前市场上主流的电动自行车品牌。根据电动自行车的维修特点，将维修知识与技能紧密结合，全面介绍电动自行车各组成电路的结构、工作原理及具体检修方法，并结合典型案例详细讲解各种故障的特点和维修方法，帮助读者快速掌握实操技能，并将所学内容运用到工作中。

　　本书主要特点如下：

　　1. 立足于初学者，以就业为导向

　　首先对读者的定位和岗位需求进行了充分的调研，然后从电动自行车的维修基础入手，将目前流行的电动自行车按照维修特点划分为各单元模块，并针对不同故障特点和检修流程提炼维修方法和维修技巧。

　　2. 知识全面，贴近实际需求

　　电动自行车维修的学习最忌与实际需求脱节。维修过程中所涉及的基础电路知识不是单纯的理论学习，而是真正通过对实际样机的解剖、对电路进行深入的分析，将实际电路板与电路图相结合，通过对照让读者清楚电路结构组成和电路工作流程，建立科学的检修思路。然后通过大量实际维修案例的讲解，让读者掌握各种故障对应的维修方法和维修技巧，最终掌握最实用的维修技能。

　　3. 彩色图解，更直观易懂

　　本书的编写充分考虑读者的学习习惯和岗位特点，将维修知识和技能通过图解演示的方式呈现，非常直观，力求让读者一看就懂，一学就会。在检修操作环节，运用大量的实际维修场景照片，结合图解演示，让读者真实感受维修现场，充分调动学习的主观能动性，提升学习的效率。

　　4. 配二维码视频讲解，学习更方便

　　本书对关键知识和技能配视频二维码，用手机扫描书中二维码即可观看教学视频，同步实时学习对应知识和实操技能，帮助读者轻松入门，在短时间内获得较好的学习效果。

　　需要说明的是，本书所选用的很多实际工作案例的电路图纸大多是原厂图纸，电路图中所使用的图形及文字符号与厂家实物标注一致（各厂家的标注不完全一致），为了便于学习和查阅，本书对电路图中不符合国家标准规定的图形及文字符号不作修改，在此特别加以说明。

本书由数码维修工程师鉴定指导中心组织编写,编写人员有行业工程师、高级技师和一线教师,使读者在学习过程中如同有一群专家在身边指导,将学习和实践中需要注意的重点、难点一一化解,大大提升学习效果。同时,读者可登录数码维修工程师的官方网站获得超值技术服务。

本书由韩雪涛主编,吴瑛、韩广兴任副主编,参与本书编写的还有张丽梅、宋明芳、朱勇、吴玮、吴惠英、张湘萍、高瑞征、韩雪冬、周文静、吴鹏飞、唐秀鸯、王新霞、马梦霞、张义伟、冯晓茸等。

由于水平有限,书中难免会出现疏漏和不足,欢迎读者指正。

编者

目录

第1章 电动自行车的结构原理

1.1 电动自行车的结构 ·········· 001
    1.1.1 电动自行车的机械构成 ·········· 001
    1.1.2 电动自行车的电路结构 ·········· 005

1.2 电动自行车的工作原理 ·········· 010
    1.2.1 电动自行车的工作流程 ·········· 010
    1.2.2 电动自行车的控制过程 ·········· 013

第2章 电动自行车的维修工具和仪表

2.1 拆装工具 ·········· 019
    2.1.1 螺丝刀 ·········· 019
    2.1.2 扳手 ·········· 021
    2.1.3 钳子 ·········· 022

2.2 焊接工具 ·········· 023
    2.2.1 电烙铁 ·········· 023
    2.2.2 热风焊机 ·········· 024
    2.2.3 吸锡器 ·········· 024

2.3 专用维修仪表 ·········· 026
    2.3.1 万用表 ·········· 026
    2.3.2 示波器 ·········· 028
    2.3.3 电动自行车专用检测仪 ·········· 029
    2.3.4 蓄电池检测修复仪 ·········· 030

2.4 辅助工具 ·········· 033
    2.4.1 保养工具 ·········· 033
    2.4.2 清洁工具 ·········· 034
    2.4.3 电动自行车维修辅助材料 ·········· 035

第3章 电动自行车的选购与保养维护

3.1 电动自行车的选购 ·········· 036
    3.1.1 电动自行车选购参考依据 ·········· 036
    3.1.2 电动自行车选购注意事项 ·········· 040

3.2 电动自行车的保养维护 ·········· 044
    3.2.1 机械系统的日常保养与维护 ·········· 044
    3.2.2 电路系统的日常保养与维护 ·········· 048

第4章 电动自行车的电路识读

4.1 电动自行车整机接线图 ········ 057
4.1.1 电动自行车整机接线图的特点 ········ 057
4.1.2 电动自行车整机接线图的识读 ········ 058

4.2 电动自行车控制器电路 ········ 060
4.2.1 电动自行车控制器电路的特点 ········ 060
4.2.2 电动自行车控制器电路的识读 ········ 064

4.3 电动自行车充电器电路 ········ 069
4.3.1 电动自行车充电器电路的特点 ········ 069
4.3.2 电动自行车充电器电路的识读 ········ 071

第5章 电动自行车电子元器件的识别与检测

5.1 电阻器的识别与检测 ········ 076
5.1.1 电阻器的功能特点 ········ 076
5.1.2 电阻器的检测方法 ········ 077

5.2 电容器的识别与检测 ········ 078
5.2.1 电容器的功能特点 ········ 078
5.2.2 电容器的检测方法 ········ 079

5.3 二极管的识别与检测 ········ 080
5.3.1 二极管的功能特点 ········ 080
5.3.2 二极管的检测方法 ········ 081

5.4 三极管的识别与检测 ········ 082
5.4.1 三极管的功能特点 ········ 082
5.4.2 三极管的检测方法 ········ 082

5.5 场效应管的识别与检测 ········ 084
5.5.1 场效应管的功能特点 ········ 084
5.5.2 场效应管的检测方法 ········ 085

5.6 三端稳压器的识别与检测 ········ 086
5.6.1 三端稳压器的功能特点 ········ 086
5.6.2 三端稳压器的检测方法 ········ 087

5.7 集成电路的识别与检测 ········ 087
5.7.1 集成电路的功能特点 ········ 087
5.7.2 集成电路的检测方法 ········ 089

第6章 电动自行车的故障特点与检修分析

6.1 电动自行车的故障特点 …………………………… 093
    6.1.1 电动自行车常见的机械类故障 …………… 093
    6.1.2 电动自行车常见的电气类故障 …………… 095

6.2 电动自行车常见故障的基本检修流程 ………… 100
    6.2.1 电动自行车机械部件的故障检修流程 …… 100
    6.2.2 电动自行车机械系统的故障检修流程 …… 103
    6.2.3 电动自行车电气系统的故障检修流程 …… 107

第7章 电动自行车的拆装

7.1 电动自行车的拆卸 …………………………………… 114
    7.1.1 电动自行车的拆卸流程 …………………… 114
    7.1.2 电动自行车控制器的拆卸 ………………… 115
    7.1.3 电动自行车电动机的拆卸 ………………… 117
    7.1.4 电动自行车蓄电池的拆卸 ………………… 121
    7.1.5 电动自行车充电器的拆卸 ………………… 124
    7.1.6 电动自行车仪表盘的拆卸 ………………… 125
    7.1.7 电动自行车其他部件的拆卸 ……………… 125

7.2 电动自行车的组装 …………………………………… 128
    7.2.1 电动自行车的组装流程 …………………… 128
    7.2.2 电动自行车控制器的组装 ………………… 129
    7.2.3 电动自行车电动机的组装 ………………… 130
    7.2.4 电动自行车蓄电池的组装 ………………… 132
    7.2.5 电动自行车充电器的组装 ………………… 133
    7.2.6 电动自行车仪表盘的组装 ………………… 134

第8章 电动自行车转把和闸把的检修

8.1 转把的检修 …………………………………………… 135
    8.1.1 转把的特点和结构 ………………………… 135
    8.1.2 转把的工作原理 …………………………… 139
    8.1.3 转把的检修方法 …………………………… 140

8.2 闸把的检修 …………………………………………… 142
    8.2.1 闸把的特点和结构 ………………………… 142
    8.2.2 闸把的工作原理 …………………………… 145
    8.2.3 闸把的检修方法 …………………………… 146

第9章 电动自行车车灯和仪表盘的检修

9.1 车灯的检修 ·········· 148
    9.1.1　车灯的特点　148
    9.1.2　车灯的工作原理　149
    9.1.3　车灯的检修方法　150

9.2 仪表盘的检修 ·········· 152
    9.2.1　仪表盘的特点　152
    9.2.2　仪表盘的工作原理　153
    9.2.3　仪表盘的检修方法　154

第10章 电动自行车喇叭、电源锁与助力传感器的检修

10.1 喇叭的检修 ·········· 158
    10.1.1　喇叭的特点　158
    10.1.2　喇叭的工作原理　158
    10.1.3　喇叭的检修代换方法　159

10.2 电源锁的检修 ·········· 160
    10.2.1　电源锁的特点　160
    10.2.2　电源锁的工作原理　162
    10.2.3　电源锁的检修代换方法　162

10.3 助力传感器的检修 ·········· 164
    10.3.1　助力传感器的特点　164
    10.3.2　助力传感器的工作原理　165
    10.3.3　助力传感器的检修代换方法　166

第11章 电动自行车控制器的检修

11.1 控制器的结构原理 ·········· 170
    11.1.1　控制器的功能特点　170
    11.1.2　控制器的结构　173

11.2 控制器的工作原理 ·········· 181
    11.2.1　有刷电动机控制器的工作原理　181
    11.2.2　无刷电动机控制器的工作原理　186

11.3 控制器的检修 ·········· 192
    11.3.1　控制器的检修分析　192
    11.3.2　控制器的检修方法　194

目录

第12章 电动自行车电动机的检修

12.1 电动机的结构原理 …… 203
    12.1.1 电动机的特点 …… 203
    12.1.2 电动机的工作原理 …… 205
12.2 电动机的故障特点与检修分析 …… 207
    12.2.1 电动机机械故障的特点与检修分析 …… 207
    12.2.2 电动机电气故障的特点与检修分析 …… 208
12.3 电动机的检测与修复 …… 210
    12.3.1 电动机的检测 …… 210
    12.3.2 电动机的代换 …… 220

第13章 电动自行车蓄电池的检修

13.1 蓄电池的结构原理 …… 225
    13.1.1 蓄电池的功能特点 …… 226
    13.1.2 蓄电池的工作原理 …… 237
13.2 蓄电池的故障特点与检修分析 …… 240
    13.2.1 蓄电池的故障特点 …… 240
    13.2.2 蓄电池的检修分析 …… 241
13.3 蓄电池的检测与修复 …… 247
    13.3.1 蓄电池的检测 …… 247
    13.3.2 蓄电池的修复 …… 255

第14章 电动自行车充电器的检修

14.1 充电器的结构原理 …… 268
    14.1.1 充电器的结构特点 …… 268
    14.1.2 充电器的工作原理 …… 277
14.2 充电器的故障特点与检修分析 …… 280
    14.2.1 充电器的故障特点 …… 280
    14.2.2 充电器的检修分析 …… 282
14.3 充电器的检测与修复 …… 283
    14.3.1 充电器的检测 …… 283
    14.3.2 充电器的代换 …… 289

第15章 电动自行车控制功能失常的检修案例

- 15.1 爱玛电动自行车骑行时旋动调速转把无法达到最高速度 …… 294
- 15.2 雅迪无刷电动自行车所有控制功能失常 …… 297
- 15.3 宝岛牌电动自行车全车没电无反应 …… 299
- 15.4 小刀电动自行车加电不启动 …… 301
- 15.5 新日无刷电动自行车淋雨后电动机突然不转 …… 305

第16章 电动自行车蓄电池及充电器故障的检修案例

- 16.1 博宇牌电动自行车充电器不能充电 …… 310
- 16.2 顺泰牌电动自行车充电器温度过高 …… 315
- 16.3 有刷电动自行车蓄电池续航能力差 …… 318
- 16.4 电动自行车蓄电池存电能力差 …… 322
- 16.5 新日牌电动自行车突然断电 …… 324

第17章 电动自行车动力故障的检修案例

- 17.1 比德文牌无刷电动自行车电动机过热 …… 328
- 17.2 绿源牌电动自行车行驶有停顿感 …… 330
- 17.3 新日牌电动自行车突然停转 …… 333
- 17.4 小刀牌电动自行车起步困难 …… 334
- 17.5 爱玛牌电动自行车电动机运转无力 …… 339

第18章 电动自行车部分功能失灵的检修案例

- 18.1 台铃牌电动自行车扬声器不响 …… 343
- 18.2 雅迪牌电动自行车转向灯不亮 …… 345
- 18.3 新日牌有刷电动车巡航失常 …… 347
- 18.4 绿源牌电动自行车调速不稳 …… 349
- 18.5 小刀牌电动自行车照明失常 …… 350

视频讲解目录

电动自行车的整车结构 …………………………………… 001
电动自行车的电路结构 …………………………………… 005
电动自行车的工作过程 …………………………………… 011
热风焊机的特点与使用 …………………………………… 024
采用 MC33035 芯片的无刷电动机控制器电路 …………… 061
采用 AT89C2051 芯片的有刷电动机控制器电路 ………… 065
典型电动自行车 36V 蓄电池充电器电路 ………………… 070
电动自行车电阻器的识别与检测 ………………………… 076
电动自行车电容器的识别与检测 ………………………… 078
电动自行车二极管的识别与检测 ………………………… 080
电动自行车三端稳压器的识别与检测 …………………… 086
有刷直流电动机的拆卸方法 ……………………………… 119
电动自行车转把供电电压的检测方法 …………………… 140
电动自行车闸把中微动开关的检测 ……………………… 146
有刷直流电动机控制器的结构组成 ……………………… 175
无刷直流电动机控制器的结构组成 ……………………… 179
控制器与闸把之间控制信号的检测方法 ………………… 197
有刷电动机的结构特点 …………………………………… 204
无刷电动机的结构特点 …………………………………… 205
有刷电动机的工作原理 …………………………………… 206
有刷电动机内部短路或断路的故障判别 ………………… 210
无刷电动机定子绕组的检测方法 ………………………… 216
无刷电动机霍尔元件的检测方法 ………………………… 217
铅酸蓄电池的结构组成 …………………………………… 228
单体铅酸蓄电池的内部结构 ……………………………… 232
蓄电池总电压的检测方法 ………………………………… 248
单体蓄电池电压的检测方法 ……………………………… 249

蓄电池的重组修复方法 …………………………………… 257
蓄电池的补水修复方法 …………………………………… 260
电动自行车充电器中开关振荡集成电路的检测方法 ……… 286
电动自行车充电器中开关晶体管的检测方法 ……………… 287

第1章 电动自行车的结构原理

1.1 电动自行车的结构

1.1.1 电动自行车的机械构成

电动自行车是以蓄电池等电能储存装置作为主能源，人力骑行作为辅助能源，以实现骑行、电力驱动、电力助动以及变速等功能的特种自行车，图1-1所示为典型电动自行车的实物外形。

电动自行车的整车结构

普通型电动自行车

豪华型电动自行车

摩托型电动自行车

图1-1 典型电动自行车的实物外形

电动自行车的外形介于普通自行车和摩托车之间，在自行车的基础上增加了电动机、蓄电池、控制器、转把等操纵部件以及显示仪表系统，由此我们可以将电动自行车的整机构成划分为机械系统和电气系统两大部分。

电动自行车的机械系统与普通自行车基本相同，主要包括车架、车把、车梯、鞍座、前叉、脚蹬、链条、飞轮、前后轮、车筐、前后挡泥板、车闸、抱闸等部分，如图1-2所示。

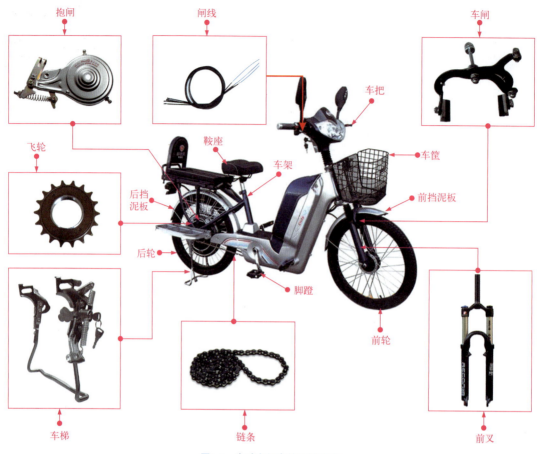

图1-2 电动自行车的机械系统

（1）车把、车架、车梯、鞍座和前叉

车把、车架、车梯、鞍座和前叉是电动自行车的行车和承重部分，如图1-3所示。其中，车把用于操纵电动自行车的行驶方向，车架、车梯和鞍座用于支撑整个车体和驾驶人员的重量，并承载着所有电动自行车的零部件；前叉除了用来固定前轮外，还具有减振功能。

> **特别提示**
>
> 在电动自行车中，上述部件构成了一个整体，不仅具有操纵、支撑作用，而且承受着电动自行车在骑行过程中重力和冲击力等作用于车轮上的各种反力，保证电动自行车的正常和安全行驶。

（2）脚蹬、链条、飞轮和前后轮

脚蹬、链条、飞轮和前后轮是电动自行车的人力传动部分，如图1-4所示，驾驶人员通过踩踏脚蹬带动轮盘转动，轮盘带动链条使后轮处的飞轮转动，从而带动后轮转动，推动电动自行车前进。

第1章 电动自行车的结构原理

图1-3 典型电动自行车的行车和承重部分

> **相关资料**
>
> 在上述的人力传动部分中，前后轮是电动自行车的主要组成部分，也是决定电动自行车行车平稳、安全和正常行驶的重要因素。

（3）闸线和车闸

闸线和前后车闸是电动自行车的制动部分，如图1-5所示，前后车闸受闸把控制，主要用来对电动自行车进行刹车，降低行驶速度。

003

图1-4　电动自行车的人力传动部分

图1-5　电动自行车的制动部分

1.1.2 电动自行车的电路结构

电路系统是电动自行车特有的部分,该部分主要是指与"电"相关的功能部件,该系统具有一定的控制、操作和执行功能。图 1-6 所示为典型电动自行车电路系统的结构组成。

从电动自行车的电路系统结构可以看出,该系统大致包括控制器、电动机、蓄电池、转把、闸把、显示仪表、电源锁、车灯和充电器等几部分。

图1-6 电动自行车的电路系统

电动自行车的
电路结构

（1）控制器

电动自行车中的控制器也称为速度控制器,根据电动机的不同,控制器分为有刷控制器和无刷控制器两种,图 1-7 所示为常见控制器的实物外形。

（2）电动机

电动自行车的电动机是将蓄电池的电能转换成机械能,从而驱动电动车的后轮转动。目前,市场上流行的电动自行车的电动机主要包括有刷电动机和无刷电动机两种,图 1-8 所示为电动自行车中电动机的实物外形。

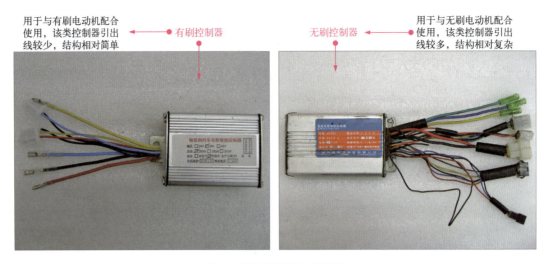

图1-7 常见控制器的实物外形

图1-8 电动自行车电动机的实物外形

（3）蓄电池

蓄电池俗称电瓶，是一种储电的专用装置，它在电动自行车中的主要作用是为整机的所有电气部件供电，图1-9所示为蓄电池的实物外形。

（4）充电器

充电器是专门为蓄电池进行充电的装置，通常在购买电动自行车时，会根据蓄电池的型号进行配套附带充电器，其实物外形如图1-10所示。

第1章 电动自行车的结构原理

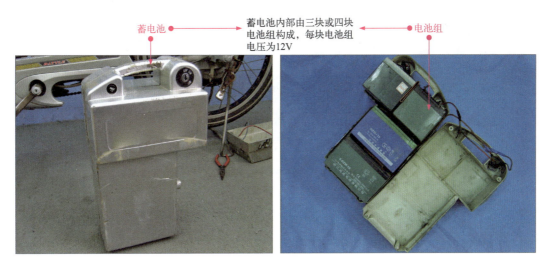

图1-9 电动自行车蓄电池的实物外形

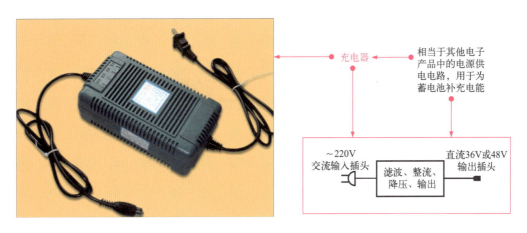

图1-10 电动自行车充电器的实物外形

> **相关资料**　通常，习惯上将电动自行车的控制器、电动机、蓄电池、充电器称为电动自行车四大件。这四个部件是实现电动自行车电动功能的关键部件；在维修过程中，这四个部件也是检修的重点。

图1-11所示为电动自行车四大件的关系示意图。

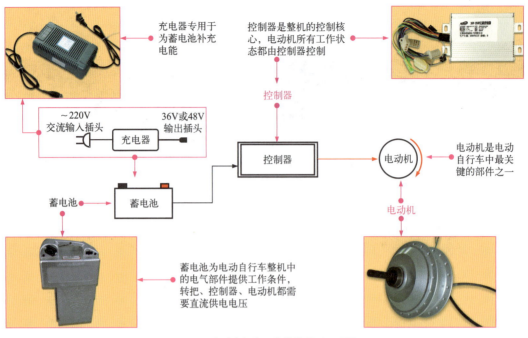

图1-11 电动自行车四大件的关系示意图

（5）转把

在调节电动自行车车速快慢的元器件中，转把是非常重要的器件之一，根据旋转不同的角度输出的高低电平驱动电动自行车的车速。目前常见的转把主要有霍尔转把和光电转把两种，图1-12所示为典型转把的实物外形。

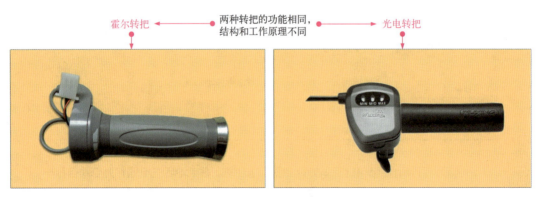

图1-12 转把的实物外形

（6）闸把

电动自行车的闸把有两种功能，一种是进行机械刹车，另一种则是使内部的电路信号断开，切断电动机的供电，达到刹车的目的，图1-13所示为闸把的实物外形。

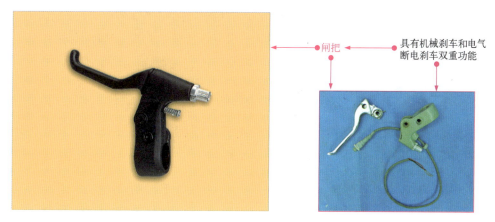

图1-13 电动自行车闸把的实物外形

（7）其他电气部件

在电动自行车的电气部分中，除上述的主要电气器件之外，还设有仪表盘、车灯、喇叭、助力传感器、电源锁等，如图1-14所示。

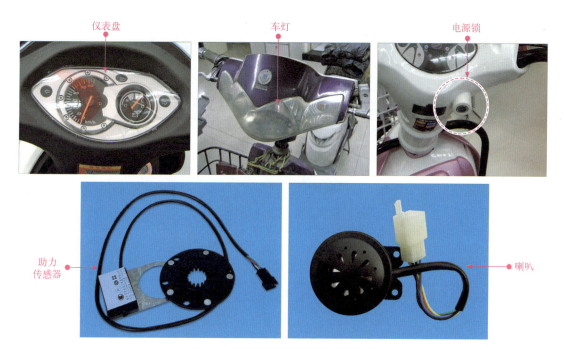

图1-14 电动自行车其他器件的实物外形

其中，仪表盘可用来指示剩余电量、行驶状态、行驶速度等信息。

车灯用于在黑暗环境下行驶时辅助照明或指示转向；车灯通常标识有额定功率和额定电压。普通电动车车灯的额定功率为40～100W，LED电动车车灯的额定功率约为3W。常见电动车车灯的额定电压为12V、36V、48V、60V等，不同额定电压的车灯适用于不同的电路。

喇叭是一种电声器件,可发出警示声,用于在行车时提醒周围行人注意。

助力传感器是一种辅助功能部件,一般在骑行状态下辅助工作,有效降低骑行阻力。

电源锁是电动自行车的整机供电控制开关,电源锁接通,蓄电池为整机供电;电源锁断开,整机不工作。

> **特别提示**
>
> 简单地说,电动自行车是一种在普通自行车的基础上,安装了电动机、控制器、蓄电池、转把、闸把等操纵部件和显示仪表系统的机电一体化的交通工具。
>
> 目前,不同类型和品牌电动自行车的造型、电动机及电池的安装位置并不相同,但从整机来说,其基本的构造存在共性,多数情况是在其基本部件的基础上增加一些辅助配件,如一些新型的电动自行车上还安装电子防盗感应系统,需要使用身份识别卡识别才可启动,如图1-15所示。
>
>
>
> 图1-15 典型电动自行车的结构组成

1.2 电动自行车的工作原理

1.2.1 电动自行车的工作流程

电动自行车是用电力驱动行驶的一种交通工具,其实现自动行驶功能的工作过程如图1-16所示。

从其工作过程上来说,它主要是由电路系统驱动机械系统工作的,图1-17所示为电动自行车实现电动行驶的基本工作流程。

第1章 电动自行车的结构原理

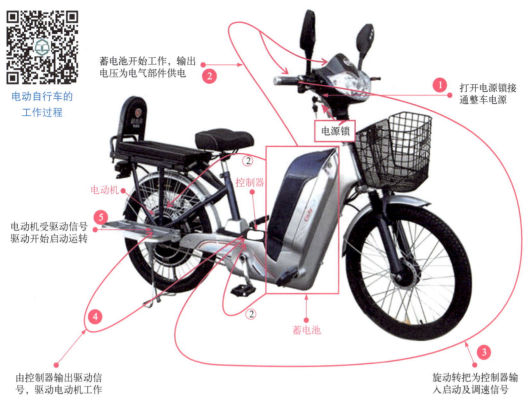

图1-16 电动自行车实现自动行驶功能的工作过程

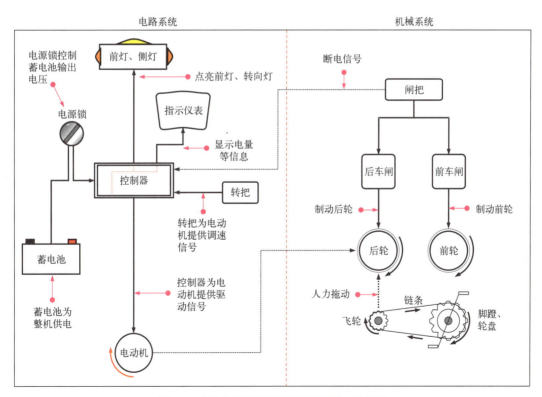

图1-17 电动自行车实现电动行驶的基本工作流程

电动自行车的具体工作如下。

当需要启动电动自行车时,首先使用钥匙打开电源锁,接通电源(蓄电池),控制器得电进入工作状态;当转动转把时,转把输出调速信号送往控制器中,控制器根据接收到的调速信号输出相应的驱动信号,控制电动机旋转,电动机开始旋转并带动后轮转动,电动自行车启动行驶,如图 1-18 所示。

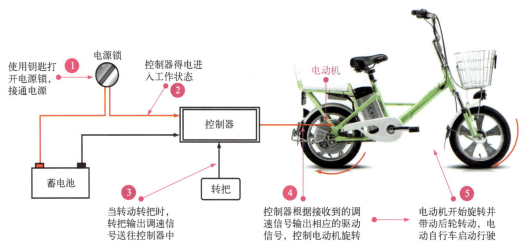

图1-18　电动自行车行车工作过程

当行驶过程中按下闸把时,闸把通过信号线将断电信号送入控制器中,控制器收到信号后立即断开电动机的供电电源,同时闸把通过闸线控制电动自行车前、后轮的车闸动作,实现机械制动刹车,如图 1-19 所示。

图1-19　电动自行车停车工作过程

当需要人力骑行电动自行车时，通过踩踏脚蹬带动轮盘转动，轮盘带动链条使后轮处的飞轮转动，从而带动后轮转动，推动电动自行车前进，如图1-20所示。

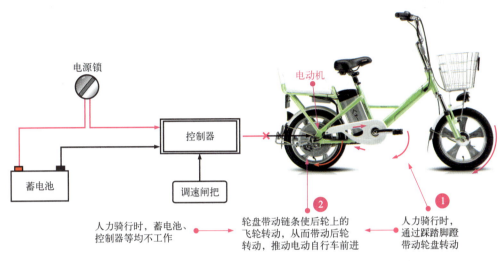

图1-20　电动自行车骑行工作过程

1.2.2　电动自行车的控制过程

图1-21所示为典型电动自行车的整机控制关系示意图。从图中可以看出，控制器是电动自行车的控制核心，几乎所有的器件都与控制器进行连接。

从图1-21中可以看到，在以控制器为核心的整机中各部件与控制器之间的控制关系。

（1）电动自行车的整机供电关系

在电动自行车整机供电关系中，蓄电池直接与控制器连接，直流供电电压经控制器内部稳压电路及相关保护电路后，为其他电气部件供电，如图1-22所示。

可以看到，在使用钥匙打开电源锁，接通电源后，蓄电池输出供电电压送入控制器中，其中一路直接送到控制器中的驱动及输出电路为其提供工作条件；另一路经控制器内部稳压电路处理后，输出多路直流电压为控制器内部电路、转把、闸把、仪表盘、车灯、喇叭等供电。

（2）转把、控制器与电动机的控制关系

旋转转把，转把便会将输出的调速信号（直流电压）送到控制器中，经控制器内部处理后，由驱动及输出电路输出驱动信号，驱动电动机绕组，使电动机旋转，如图1-23所示。当转把旋转幅度较大时，电动机绕组通过电流变大，电动机转速提高；相反，电动机转速便会降低。

当转把旋至最大角度时，电动机达到最高速，实现高速行驶。当需要减速或变速时，松开转把并轻轻旋动（解除定速功能），转把实时地将调速信号送往控制器，控制器根据接收到的调速信号输出相应的驱动信号，控制电动机转速降低或变化，进而实现电动自行车的减速或变速控制。

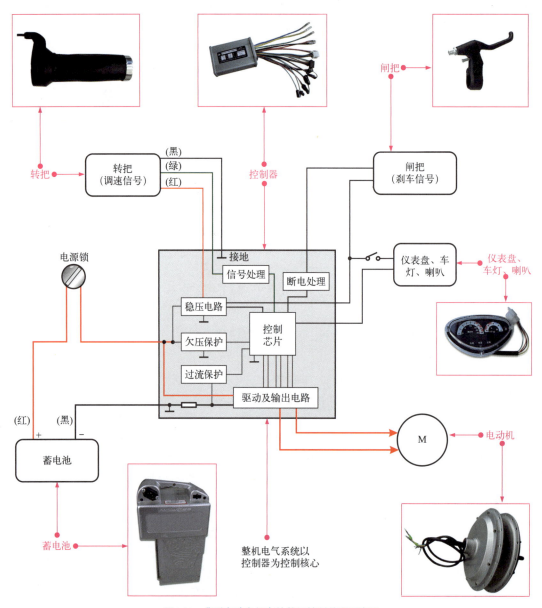

图1-21 典型电动自行车的整机控制关系示意图

（3）闸把、控制器与电动机的控制关系

电动自行车正常行驶，当捏下闸把时，闸把中的触点动作，为电动自行车控制器输入断电信号，由控制芯片识别后，进行断电处理，停止输出驱动信号，电动机失电停止转动。同时闸把拉动闸线使电动自行车车闸动作，电动自行车减速直至停车，如图1-24所示。

（4）仪表盘、车灯、喇叭的控制关系

仪表盘、车灯、喇叭与控制器没有直接的控制关系。其中，仪表盘受电源锁控制；车灯、喇叭等分别由设置在闸把上的控制开关控制供电通断，如图1-25所示。

第 1 章 电动自行车的结构原理

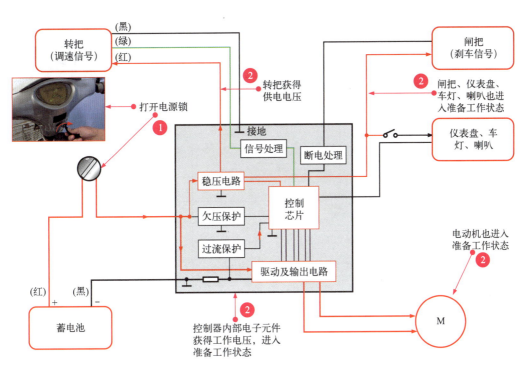

图1-22 电动自行车整机供电关系

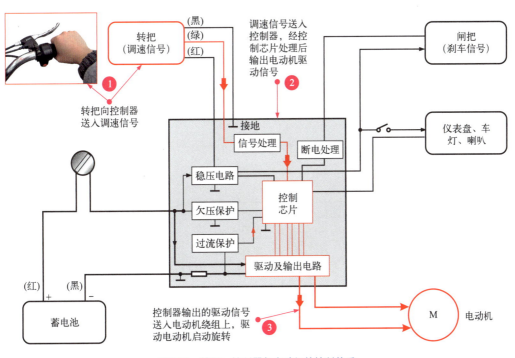

图1-23 转把、控制器与电动机的控制关系

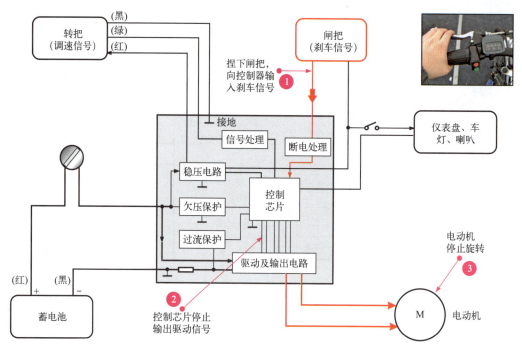

图1-24 闸把、控制器与电动机的控制关系

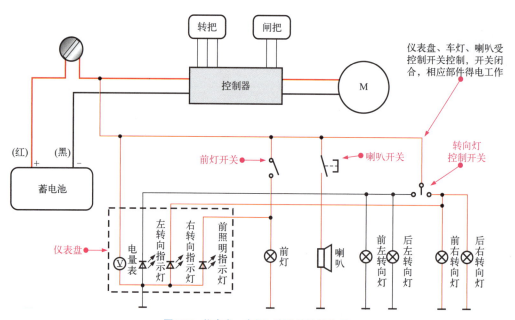

图1-25 仪表盘、车灯、喇叭的控制关系

第1章 电动自行车的结构原理

特别提示

在电动机驱动控制过程中,核心的控制是由控制器控制电动机的工作状态,实现整机行车、停车、变速行驶等工作状态。因此,控制器和电动机的控制关系和工作过程就是整机的控制过程。

目前市场上流行的电动自行车,根据采用的动力部件电动机类型的不同,分为有刷电动机驱动式和无刷电动机驱动式两大类。采用不同类型电动机的电动自行车,整机的控制过程基本相同,不同的是其驱动过程的复杂程度、控制器与电动机之间的驱动关系及驱动原理。

图1-26所示为分别采用无刷电动机和有刷电动机的电动自行车的控制过程。

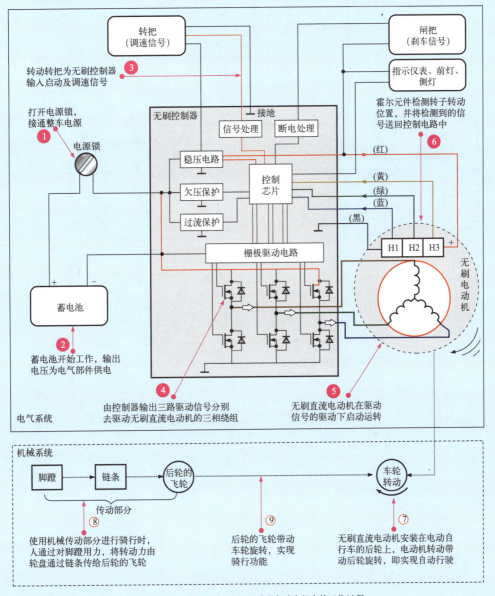

(a) 无刷直流电动机驱动式电动自行车的工作过程

图1-26

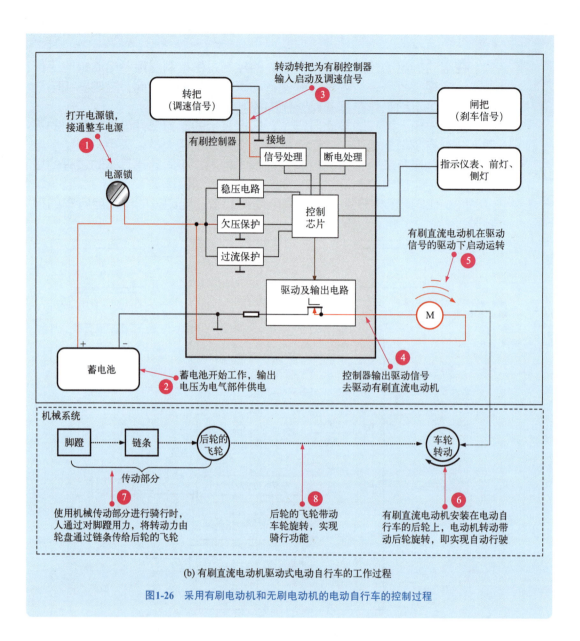

(b) 有刷直流电动机驱动式电动自行车的工作过程

图1-26 采用有刷电动机和无刷电动机的电动自行车的控制过程

第2章 电动自行车的维修工具和仪表

图2-1为电动自行车常用的维修工具和仪表。在动手操作前应首先将相关的拆装工具、焊接工具、检修仪表、维修辅助材料等准备齐全，再对电动自行车进行检修。

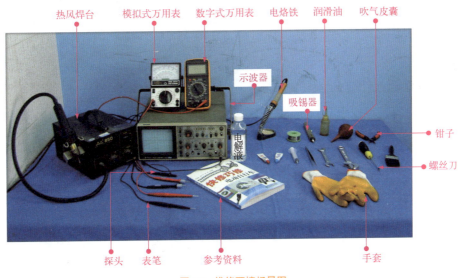

图2-1 维修环境场景图

2.1 拆装工具

拆装电动自行车时，常会用到螺丝刀、扳手、钳子等工具，这些工具是进行电动自行车拆装时必备的基础工具。

2.1.1 螺丝刀

螺丝刀主要用来拆装电动自行车外壳、功能部件上的固定螺钉。图2-2所示为螺丝刀的实物外形及使用方法。电动自行车维修中常用的螺丝刀有十字、一字和内六角螺丝刀。在拆卸电动自行车外壳或功能部件时，应根据固定螺钉的类型、大小和位置，选择合适的螺丝刀。

电动自行车维修从入门到精通

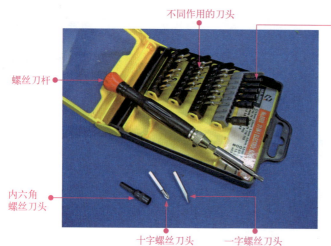

- 不同作用的刀头
- 该螺丝刀套件内有多个不同大小的螺丝刀头,方便使用者更换、使用
- 螺丝刀杆
- 内六角螺丝刀头
- 十字螺丝刀头
- 一字螺丝刀头
- 将选择好的合适的螺丝刀头安装在螺丝刀杆上

 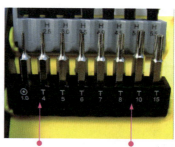 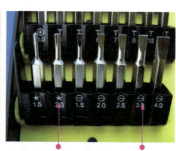

十字刀头　　特殊刀头　　圆形刀头　　六角刀头　　五角刀头　　一字刀头

十字螺丝刀

在拆卸电动自行车的过程中,若遇到内六角、外六角槽口的螺钉时,就需要使用与之尺寸匹配的螺丝刀,方可进行拆卸

一字螺丝刀

十字螺丝刀通常用来拧下十字螺钉,不同尺寸的螺钉,需使用尺寸匹配的螺丝刀进行拆卸

内六角螺钉

一字形螺丝刀通常用来拆卸一字螺钉,有时还可以作为撬开暗扣或卡扣的工具使用

图2-2　螺丝刀的实物外形及使用方法

 特别提示

在对电动自行车进行拆卸时,要尽量采用合适规格的螺丝刀来拆卸螺钉,螺丝刀的尺寸不合适会损坏螺钉,给拆卸带来困难。需注意的是,尽量采用带有磁性的螺丝刀,以便于在拆卸和安装螺钉时方便使用。

2.1.2 扳手

拆卸电动自行车的过程中,有些螺母需要使用扳手来拧下。图 2-3 所示为扳手的实物外形及使用方法。扳手的种类较多,而维修电动自行车主要使用活络扳手、呆扳手、梅花扳手、力矩扳手(外六角扳手)等进行设备的拆装、固定等操作。在拆卸电动自行车的功能部件时,应根据螺母的类型和大小,选择适合的扳手。

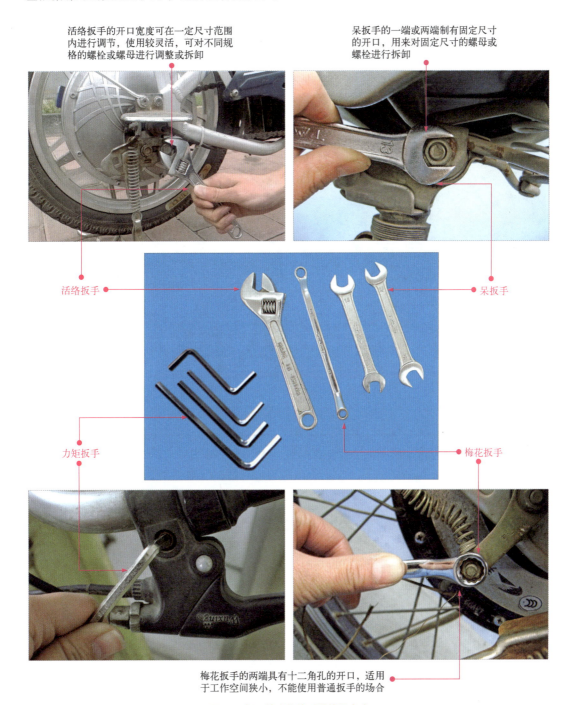

图2-3 扳手的实物外形及使用方法

2.1.3 钳子

拆装电动自行车时，常会用钳子夹持机械部分的悬架弹簧、卡簧或微小部件等，也可用于拆卸或安装不易操作的部件，图2-4所示为钳子的实物外形及使用方法。电动自行车维修中常用的钳子主要有尖嘴钳、钢丝钳（也称老虎钳）和斜口钳（也称断线钳或偏口钳）等几种。在拆卸电动自行车外壳或功能部件时，应根据被拆部件的类型，选择适合的钳子。

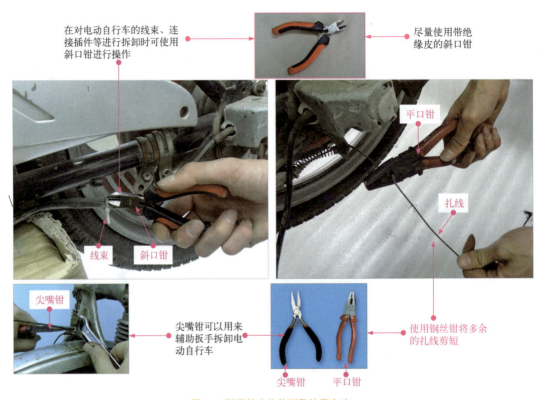

图2-4　钳子的实物外形及使用方法

相关资料　剥线钳在电动自行车维修时也会用到，主要用来剥除导线的绝缘外皮，如图2-5所示。

图2-5　剥线钳的实物外形及使用方法

2.2 焊接工具

对电动自行车进行检修时，经常会遇到部件或元器件的拆卸与代换等问题，这种情况下往往会用到焊接工具。

2.2.1 电烙铁

图2-6所示为电烙铁的使用方法。电烙铁是手工焊接或拆焊的常用工具，使用时，利用电烙铁加热焊锡物质（如焊锡丝或焊锡凝固体）使其熔化，对待焊的引线进行焊接或拆焊。

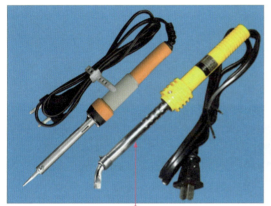

图2-6 电烙铁的实物外形及使用方法

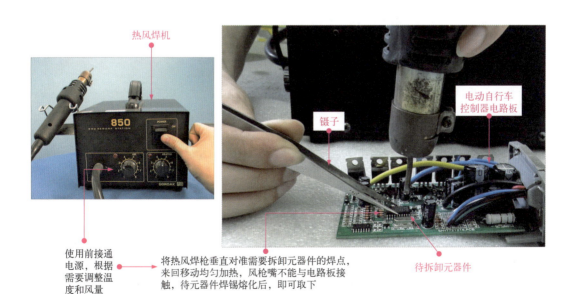

图2-7 热风焊机的实物外形及使用方法

2.2.2 热风焊机

电动自行车控制器中采用了很多贴片式元件和集成电路,拆卸这类元器件时,一般需要使用热风焊机。

热风焊机是专门用来拆焊、焊接贴片元件和贴片集成电路的焊接工具,它主要由主机和热风焊枪等部分构成,热风焊机配有不同形状的喷嘴,在进行元件的拆卸时根据焊接部位的大小选择适合的喷嘴即可。图2-7所示为热风焊机的实物外形及使用方法。

热风焊机的特点与使用

相关资料

使用热风焊机拆卸/焊接元器件时,不同类型的元器件,需设置不同的风量及温度挡位,例如拆卸/焊接贴片电阻时,一般将温度调节钮调至5~6挡,风量调节钮调至1~2挡,具体设置如图2-8所示。

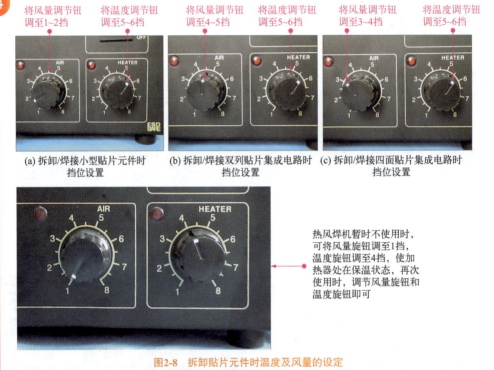

图2-8 拆卸贴片元件时温度及风量的设定

2.2.3 吸锡器

吸锡器可用来吸除周围熔化的焊锡物质,以便焊接或拆焊。图2-9所示为吸锡器的实物外形及使用方法。

特别提示

使用吸锡器时,先压下吸锡器的活塞杆,再将吸嘴放置到待拆解元件的焊点上,用电烙铁加热焊点,待焊点熔化后,按下吸锡器上的按钮,活塞杆就会随之弹起,通过吸锡装置,将熔化的焊锡吸入吸锡器内。

第 2 章　电动自行车的维修工具和仪表

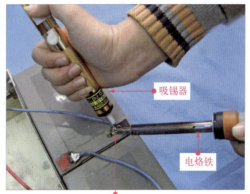

将吸锡器放到被电烙铁熔化的焊锡上按动活塞杆按钮，吸除熔化的焊锡

使用电烙铁加热焊锡物质使其熔化

图2-9　吸锡器的实物外形及使用方法

相关资料　除了热风焊机、电烙铁及焊接辅助工具外，维修电动自行车时，可能还会用到热熔胶枪和塑料焊枪，如图2-10所示。

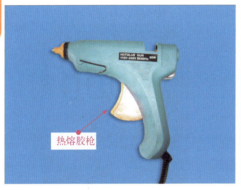

图2-10　热熔胶枪和塑料焊枪

相关资料　在对元件进行焊接过程中，除了使用焊接工具外，还需使用一些辅助材料，如图2-11所示。其中焊锡丝在加热熔化后可覆盖在焊接部位上，形成牢固的焊点，而助焊剂可在焊接过程中使焊件上的金属氧化物或非金属杂质生成熔渣，并将所生成的熔渣覆盖在焊点表面以隔绝空气，从而增强焊接质量。

图2-11　常用的辅助工具

025

2.3 专用维修仪表

检修电动自行车时，常会用到万用表和示波器。万用表用来对元器件的电压、电阻值等进行测量，而示波器则用来对各种信号波形进行检测。

2.3.1 万用表

万用表是一种多功能、多量程的便携式仪表，是电动自行车检测、维修过程中不可缺少的测量仪表之一。它可以通过对电路中电子元器件通断的检测，来判别电动自行车电路板中是否存在故障。在维修电动自行车的过程中，常使用万用表对电动自行车电路板上的元器件进行检测，通过检测结果判断元器件是否损坏。图2-12所示为常见的模拟式万用表和数字式万用表的实物外形。

图2-12 常见模拟式万用表和数字式万用表的实物外形

第 2 章 电动自行车的维修工具和仪表

 特别提示

待测情况下，指针式万用表的指针应始终指在左侧"0"刻度线处。如果指针位置偏移，可使用一字螺丝刀调整万用表的表头校正钮，进行机械调零操作，如图 2-13 所示。

调整表头校正钮进行机械调零操作　　　　左侧"0"刻度线

图 2-13　机械调零

如图 2-14 所示，使用万用表检测元器件的电阻值时，应先断开电动自行车的电源，然后根据待测元器件的阻值选择万用表的量程，并进行调零校正，最后将红、黑表笔搭在元器件引脚上，检测元器件的阻值。

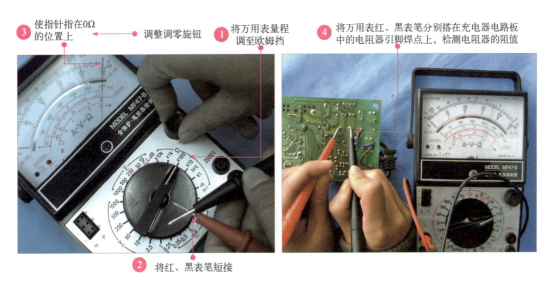

图 2-14　使用指针式万用表检测电动自行车元器件的阻值

如图 2-15 所示，使用万用表检测电压值时，例如检测蓄电池，应先根据待测电压的大小，调整万用表的量程，然后将红、黑表笔按照极性分别搭在蓄电池电压输出端上，检测蓄电池的电压值。

图2-15 使用数字式万用表检测电压值

2.3.2 示波器

在维修电动自行车时,也常使用示波器对电动自行车内部关键测试点进行检测来判断电动自行车电路板中是否存在故障。图2-16所示为常见的模拟式示波器和数字式示波器的实物外形。

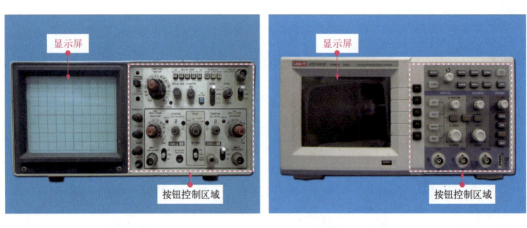

(a) 模拟式示波器   (b) 数字式示波器

图2-16 模拟式示波器和数字式示波器的实物外形

例如,使用示波器检测控制电路中的PWM输入信号波形;使用示波器检测充电器电路振荡信号波形。图2-17所示为示波器的使用方法。

使用示波器检测电动自行车充电器信号波形时,应将电动自行车与信号源相连,由信号源传送音频、视频信号。使用示波器时先将接地夹接地,再将探头接触检测部位,观察示波器显示的波形。

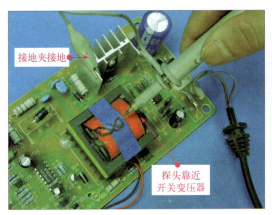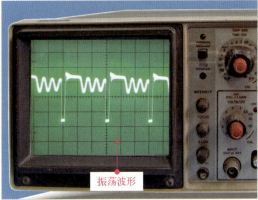

图2-17 示波器的使用方法

> **特别提示**
>
> 测量波形时，若信号波形有些模糊，可以适当调整聚焦钮和亮度调节钮。通过调节这两个旋钮可使波形变得明亮清楚。当波形不同步时，可微调触发电平钮，使波形稳定。

2.3.3 电动自行车专用检测仪

电动自行车维修可借助一些专用检测仪器或设备进行，如常见的电动车综合检测仪、电动机和控制器检测仪（修车宝）以及电动车配线仪等。

电动车综合检测仪是一种电动自行车故障快速检测仪，可对整车进行综合故障检测，如控制器故障、电动机故障、转把故障以及充电器故障等，图2-18 为几种电动车检测仪的实物外形。

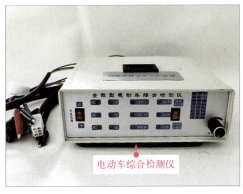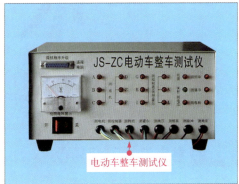

图2-18 电动车检测仪的实物外形

电动机和控制器检测仪俗称修车宝，是一种专门用于快速检测电动自行车电动机和控制器故障的仪器，可通过仪器上的指示灯判断电动机内霍尔元件的好坏、霍尔相序、电动机相位角、电动机绕组有无短路、控制器的好坏等。图 2-19 为控制器检测仪（修车宝）的实物外形。

电动自行车维修从入门到精通

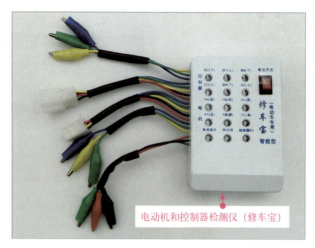

图2-19 电动机和控制器检测仪（修车宝）的实物外形

电动车配线仪是一种专门用于电动自行车控制器与电动机配线接线的仪器。在确保电动自行车电动机和控制器正常的前提下，借助配线仪可检测控制器和电动机的配线状态，并通过指示灯指示状态进行同相位控制器与电动机、不同相位控制器与电动机的配线连接。图2-20为电动车配线仪的实物外形。

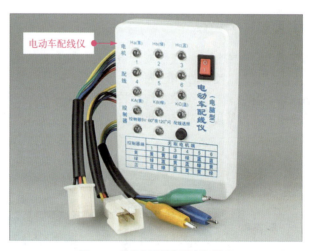

图2-20 电动车配线仪的实物外形

2.3.4 蓄电池检测修复仪

蓄电池是电动自行车中的重要组成部件，目前电动自行车多采用铅酸蓄电池和锂电池作为供电装置。其中铅酸蓄电池可修复性强，该类电池的检测仪表种类繁多，如蓄电池容量/电压检测仪、蓄电池充放电检测仪、蓄电池修复仪等。借助这些专用的检测、修复仪表可快速、准确、有效地判断蓄电池故障或修复蓄电池。

图2-21为几种蓄电池容量/电压检测仪的实物外形。

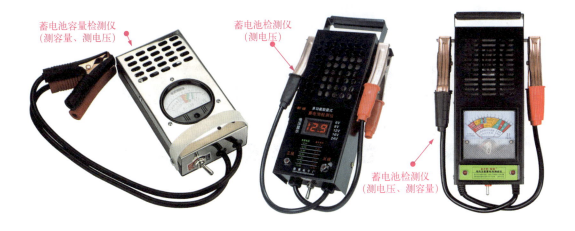

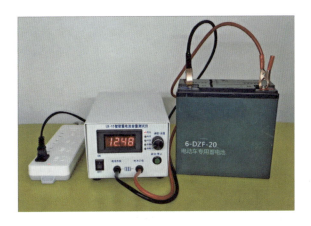

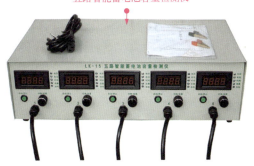

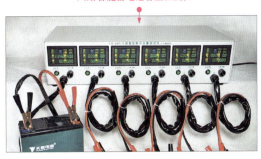

图2-21　几种蓄电池容量/电压检测仪的实物外形

图2-22为蓄电池充放电检测仪的实物外形。
图2-23为蓄电池修复仪（铅酸电池除硫仪）的实物外形。

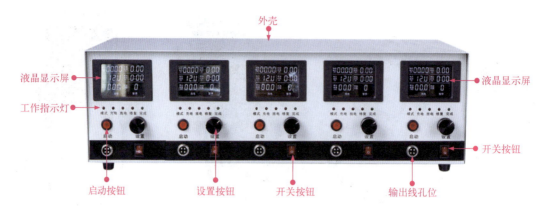

图2-22 蓄电池充放电检测仪的实物外形

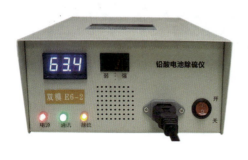

图2-23 蓄电池修复仪的实物外形

2.4 辅助工具

2.4.1 保养工具

(1) 润滑油和润滑脂

润滑硅脂和润滑油主要用于对电动自行车齿轮、轴承、链条或交合处进行润滑，以减少摩擦。其中，润滑硅脂主要用于对电动自行车的齿轮、轴承、链条等进行润滑，在检修电动自行车之后，也可以对相应的部件进行保养，防止其因缺少润滑油而出现磨损现象，从而影响使用寿命。图2-24所示为润滑硅脂和润滑油的实物外形以及适用场合。

图2-24 润滑硅脂和润滑油的实物外形及适用场合

(2) 打气筒和车胎胶片

日常保养或维修电动自行车时，还会用到打气筒、拔胎扳手和车胎胶片等，如图2-25所示。

图2-25 其他辅助工具

2.4.2 清洁工具

维修电动自行车常用的清洁工具主要有清洁刷和吹气皮囊、手提式电动吹风机（鼓风机）等。

（1）手提式电动吹风机（鼓风机）

手提式电动吹风机（鼓风机）主要是用于清理电动自行车外围大量的灰尘。图2-26所示为手提式电动吹风机（鼓风机）的实物外形及适用场合。

图2-26 手提式电动吹风机（鼓风机）的实物外形及适用场合

（2）清洁刷和吹气皮囊

清洁刷和吹气皮囊主要用于清理电动自行车外围及部件内部轻微的灰尘，便于对内部的器件或电路进行检修。图2-27所示为清洁刷和吹气皮囊的实物外形及适用场合。

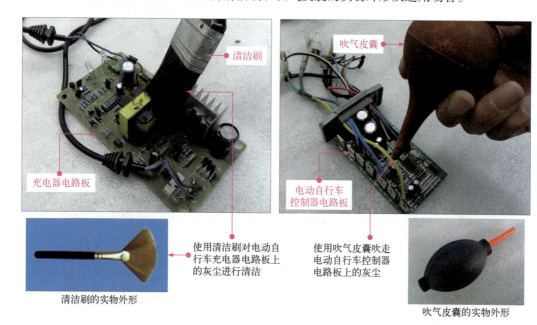

图2-27 清洁刷和吹气皮囊的实物外形及适用场合

2.4.3 电动自行车维修辅助材料

电动自行车维修辅助材料主要包括蓄电池修复辅助材料、电动机检修辅助材料及其他辅助材料。

(1) 蓄电池修复辅助材料

对铅酸蓄电池进行修复时,除了使用蓄电池修复仪外,有时还会用到铅酸蓄电池电解液、铅酸蓄电池修复液、蒸馏水、注射器、黏合剂、手套等蓄电池修复辅助材料及工具,图2-28所示。

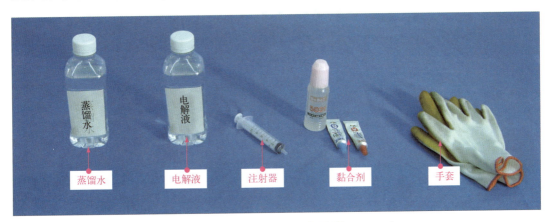

图2-28 蓄电池修复辅助材料

(2) 电动机检修辅助材料

维修电动自行车电动机的过程中常用的材料主要有导电材料、绝缘材料和清洁润滑材料等。其中导电材料主要包括电动机绕组线圈所用的电磁线(漆包线)、电动机输出引线端的电源线等;绝缘材料包括绝缘布、绝缘漆、绝缘胶带等;清洗润滑材料包括汽油、润滑剂、润滑脂等。图2-29所示为电动自行车电动机检修常用材料。

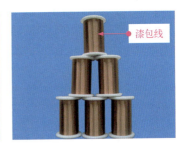

图2-29 电动机检修常用材料

第3章 电动自行车的选购与保养维护

3.1 电动自行车的选购

3.1.1 电动自行车选购参考依据

在选购电动自行车时,消费者可以从以下几方面入手,选购适合自己的电动自行车。

(1)款式

随着技术的发展,电动自行车的款式也由之前的单一标准型,繁衍出多种款式,如迷你型、多功能型、豪华型等。

① 标准型 标准型电动自行车的电动机功率一般为150W,其特点是造型简洁流畅,最大行程约为40~50km,操作简便,价格适中,适合上下班距离较长,工作、生活有一定规律性的消费者使用,如图3-1所示。

图3-1 标准型电动自行车

② 迷你型　迷你型电动自行车是指体积较小的电动自行车,该类电动自行车的实物外形如图 3-2 所示。

图3-2　迷你型电动自行车

③ 多功能型　多功能型电动自行车一般是在标准型电动自行车的基础上增加前叉避振、鞍座避振、前照灯、电喇叭等,其特点是功能较多,骑行时比较舒适,夜间使用也比较方便,价格要比标准型电动自行车高一些,其实物外形如图 3-3 所示。

图3-3　多功能型电动自行车

④ 豪华型　豪华型电动自行车的特点是外观比较新颖豪华,功能更全,通常在车把上增有多功能仪表板,以显示速度、里程、电压、电量等,有的还装有转向灯、工具箱、安全网等,价格较高,如图 3-4 所示。

图3-4 豪华型电动自行车

（2）供电电压

电动自行车最大的特点就是将供电电压（电能）转换为机械能，从而为我们带来便利。电动自行车中用于存储电能的装置称为蓄电池，根据存储量的不同，可以将蓄电池分为36V、48V和60V三种，目前常见的蓄电池为36V和48V，我们可以根据日常行驶里程的需求选择不同的蓄电池，即供电电压。各蓄电池的实物外形如图3-5所示。

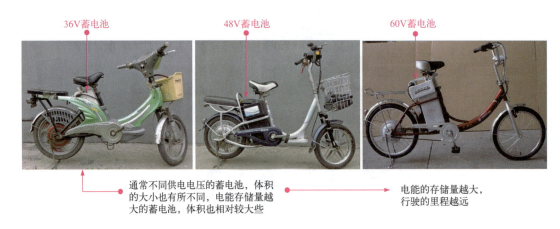

图3-5 蓄电池的实物外形

（3）驱动方式

根据骑行者对电动自行车驱动方式的要求不同，目前电动自行车主要可以分为两种，即轮毂式驱动方式和中置式驱动方式，如图3-6所示。

第3章　电动自行车的选购与保养维护

图3-6　不同驱动方式的电动自行车

　　轮毂式驱动方式的电动自行车是将电动机安装在车轮的轮毂里，该类电动自行车的电动机可安装在前轮或后轮中，由辐条与车圈连接，直接带动车轮转动。这类电动自行车具有体积小、重量轻、能耗低、效率高等优点。

　　中置式驱动方式的电动自行车是将电动机安装在特殊设计的车架的中轴处，通过链条带动后轮转动。

（4）轮圈大小

　　在选购电动自行车时，还应对整体的大小进行考量，根据轮圈大小的不同，目前电动自行车可以分为12in[1]、14in、16in、18in、20in以及26in等不同大小的电动自行车，如图3-7所示，消费者在选购时，可以根据实际的使用进行选购。

---

❶　1in=2.54cm，余同。

039

图3-7 不同轮圈大小的电动自行车

3.1.2 电动自行车选购注意事项

在选购电动自行车时，除了重点参考上节讲到的依据外，还要注意以下几方面。

（1）外观

选购电动自行车时，除了选购自己喜欢的外观和样式，不需要对电动自行车的表面进行检查，查看商标、贴花是否完好，油漆、电镀部分、塑料部件等表面是否正常，如图3-8所示。

图3-8 注意检查电动自行车的外观

（2）灵敏性

电动自行车是通过骑行者操作转把、闸把以及电动机等部件来配合完成启动、加速以及制动等工作,其中各部件的灵敏性也是尤为重要的。如图 3-9 所示,如打开电源锁后转动转把,检查变速;握下闸把,检查制动效果;同时还需要检查电动机运转是否平稳、声音是否正常等。

正常情况下,通过慢慢转动转把的手柄,电动机应平稳启动并加速,松开手柄后,手柄能迅速复位,电动机均匀减速

转动转把手柄,电动机运行,捏下闸把,查看电动机能否即刻断电,如有电量显示,可以查看是否显示回零

图3-9　电动自行车灵敏性的检查

(3) 便携性

由于电动自行车的动力源(蓄电池)每天需要在电动自行车的车架中进行拆装操作,所以骑行者可以选择蓄电池位置方便自己提取和安装,如图 3-10 所示,除此之外,可以根据骑行者的外出频率、用途等选择电动自行车的款式,如外出旅游使用时,可选用迷你型。

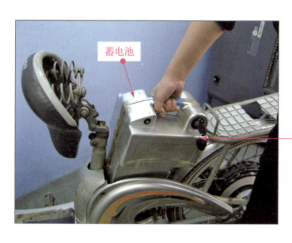
蓄电池的拆装要方便。通常铅酸蓄电池的质量一般约13.5kg,由于要每天拆装,所以蓄电池的位置一定要适合自己的身高

图3-10　考虑电动自行车的便携性

(4) 安全性

在选购电动自行车时还应考虑安全性,主要是各机械部件之间的连接是否牢固,如固定螺钉是否安装到位,车把和支架等是否左右对称等,如图 3-11 所示。

图3-11 注意电动自行车的安全性

> **特别提示**
>
> 在选购电动自行车时，可使用钥匙对电源锁和电池锁试用一下，以安全可靠、使用方便为宜。电源锁、电池锁、工具箱锁应通用一把钥匙最为方便。

（5）主要性能参数

电动自行车主要的性能参数包括车速、续行里程、整车质量、电动机额定输出功率及最大输出功率、电动自行车效率和效率区间等。

① 车速　车速即单位时间内行驶的距离，单位为 km/h（千米/小时）。最高车速是指骑行者质量为 75kg、风速不大于 3m/s 的标准条件下，在平坦沥青或混凝土路面上所能达到的最高车速值。

② 续行里程　续行里程是指将新电池充满电，让质量（或配重）为 75kg 的骑行者在平坦的公路上（无强风条件下）骑行，当骑至电池电压小于 10.5V/ 节时断电，得到的骑行里程称为电动自行车的续行里程。

续行里程的大小主要是由蓄电池的额定容量的大小决定的。蓄电池的额定容量小，就会导致电动自行车的续行里程缩短。如：一般 36V 12Ah（安时）优质电池的典型电动自行车的续行里程大约都标称为 45～60km；48V 12Ah 会更高一些。

③ 整车质量　整车质量也是选购电动自行车时的一个重要参考数据，特别是电动自行车蓄电池的质量。国家标准规定，电动自行车的整车质量不应超过 40kg。

④ 电动机额定输出功率及最大输出功率　电动机的额定功率表示当电动机工作在这个功率点时，该电动机可以连续可靠地运行。一般电动自行车电动机的额定功率可以是 150W、180W 或 200W 以上。

电动机最大输出功率是衡量电动自行车输出扭矩能力的关键指标。当外在负载较大时，电动自行车的工作电流达到最大值，输出功率也就达到最大值。

⑤ 电动自行车的效率　电动自行车的效率是电动轮毂效率、控制系统效率和机械转动损耗的综合体现，但其主要取决于电动轮毂（电动机）的效率。它可以反映出相同的电池、相同的骑行负载条件下骑行里程的长短。效率高则骑行里程长，效率低则反之。

（6）其他

选购完电动自行车后，最后还需要注意检查各票具、配件是否齐全，如发票、合格证、说明书、维修三包卡以及充电器等，如图3-12所示。

电动自行车相关的技术参数

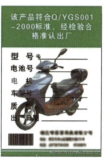
电动自行车的合格证

图3-12　选购电动自行车时需要注意的其他事项

特别提示

除了上述几个电动自行车整车的一些规格参数外，选购电动自行车时还需要重点查看蓄电池、控制器以及电动机各自的参数，如蓄电池的额定电压和容量，常见的有48V 10Ah、36V 10Ah、36V 12Ah等；控制器的类型、电动机为有刷还是无刷、电动机的额定功率等，都是选购和检修时需要特别注意的参数，如图3-13所示。

消费者在购买电动自行车之前，应重点注意蓄电池的电池容量，根据消费者的需求选择36V还是48V蓄电池，除此之外还应查看蓄电池的续行里程以及生产商是否正规，然后注意其出厂日期及使用寿命等参数

从整车平衡和方便使用者上下车，蓄电池应以电池放置于车架斜管或立管位置的较好

图3-13

在选择充电器时，一定要注意选择正规厂商的充电器，最好做到充电器生产厂家与电池生产厂家一致

电动机是电动自行车完成启动和加速等功能的关键器件，电动机效率的高低将直接影响到蓄电池寿命的长短。而控制器作为电动车调速、刹车和启动等功能的助力器件，如果限流过大，也会严重影响蓄电池和电动机的寿命。所以在选购电动车的时候，一定要体验电动车的启动、加速、定速、刹车、平衡性等功能是否与说明书一致

图3-13 其他需要注意的几个部件

> **相关资料**
>
> 根据国标"GB 17761—2018电动自行车安全技术规范"标准规定：
>
> 电动自行车的最高速度应不大于25km/h，车速超过25km/h时，电动机不得提供动力输出；装配完整的电动自行车的整车质量小于或等于55kg；具有脚踏行驶能力；具有电驱动或/和电助动功能；蓄电池标称电压小于或等于48V；电动机额定连续输出功率小于或等于400W；30min的脚踏行驶距离应大于或等于5km；
>
> 在干态条件下，骑行速度最高为25km/h时，同时使用前后车闸制动，制动距离应≤7m；单用后闸制动，制动距离应≤15m。在湿态条件下，骑行速度最高为16km/h时，同时使用前后车闸制动，制动距离应≤9m；单用后闸制动，制动距离应≤19m。

3.2 电动自行车的保养维护

为了延长电动自行车的寿命，除了具有很好的品质外，掌握电动自行车的保养与维护也是非常重要的，在日常使用过程中可分别从两方面着手进行保养维护，即机械系统和电路系统。

3.2.1 机械系统的日常保养与维护

电动自行车的机械系统主要包括车把、车架、车梯、轮胎、链条等，在对这些器件进行日常保养与维护时，主要是从清洁、润滑等方面入手。

（1）清洁

由于电动自行车通常在室外暴露，所以日常的清洁是必不可少的，可以定期对电动自行车整体进行清洁操作。如图3-14所示，车辆被雨淋后要及时用干布擦净，避免一些零部件生锈、电气部件受潮而发生短路故障。

第 3 章　电动自行车的选购与保养维护

图3-14　电动自行车的清洁

电动自行车车身上的油漆件不要用塑料包扎，否则遇到雨淋后不容易干燥，会使漆膜脱落。

每隔半年到一年应将全车擦洗一次，在洗车时，当心不要让水进入到控制器或相关连接插件中，清洗后将所有传动（转动）部分加适量的润滑油脂，并对辐条进行仔细的校正。

（2）机械部件间的润滑

电动自行车上的机械运动部件之间要经常加少许机油，以减少零件之间的磨损，起到润滑和密封作用，特别是车架中轴部分，以保证有效传动的灵活性，如图 3-15 所示。

图3-15　机械部件间的润滑

（3）链条

要经常擦拭电动自行车的链条保持其本身的清洁，并定时加润滑油进行润滑，以减少磨损。还要经常检查链条接头处锁片的保险程度，如图 3-16 所示。

图3-16 检查链条接头处锁片是否损坏

（4）机械固定部分

电动自行车各部件之间是通过固定螺钉、螺母等进行固定的，在对机械系统保养时还应对这些部件进行检查，确保牢靠，如图3-17所示。

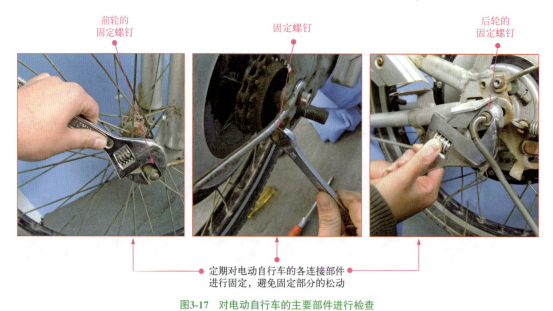

图3-17 对电动自行车的主要部件进行检查

（5）轮胎

经常查看轮胎的气压是否充足，通常是以大拇指使劲按压轮胎时，略能压下一点为宜，如图3-18所示。若是气压过高，则会造成铝圈变形；气压过低时，很可能会造成外胎裂开或是咬内胎，从而使内胎漏气。

第3章 电动自行车的选购与保养维护

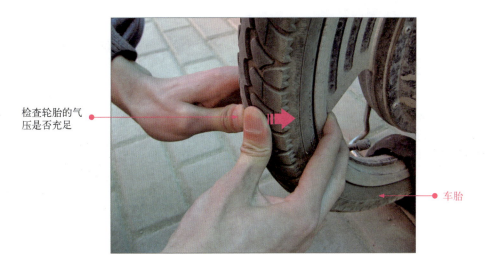

图3-18 检查轮胎的气压是否正常

由于电动自行车的轮胎是易损的部件,所以应经常检查其磨损的程度,若是达到磨损极限,应及时进行更换,并及时清除轮胎外花纹沟槽里的异物,如图3-19所示,避免有坚硬锐利的异物损坏内、外胎。

图3-19 清除轮胎外花纹沟槽内的异物

每次为轮胎充气时,应仔细检查一下气门嘴是否偏歪,严重时应及时到专业维修电动车的地方进行校正。

(6)存放环境

日常在存放电动自行车时,应将其放在通风良好的车棚中,避免放在潮湿或是高温暴晒的地方,图3-20所示为电动自行车的存放环境。

电动自行车维修从入门到精通

图3-20 电动自行车存放位置的选择

3.2.2 电路系统的日常保养与维护

电动自行车的电路系统主要包括控制器、电动机、蓄电池、充电器以及转把和闸把等器件，在对这些部件进行日常保养与维护时，应重点对骑行环境以及各重要部件进行保养。

（1）骑行环境

① 多使用助力　电动自行车的电路系统是控制的主要部分，在日常保养与维护中非常重要，在平时骑行过程中应多使用助力，尤其是起步时，可先用助力骑行，在骑行过程中扭动转把，上桥、上坡、逆风和重载行驶时也可以使用助力骑行，以避免对电池造成冲击性伤害，影响蓄电池续行里程和使用寿命。

② 避免积水骑行　在大雨暴雨天气，路面积水超过车轮电动机外缘的最低位置时，不要在水中骑行，避免电动机和电路可能出现短路故障。

③ 启动方式　电动自行车在行驶的过程中，经常会遇到减速、加速或刹车等问题，当刹车或是将调速转把归位后，都是将电源切断，这样就会涉及一个重新启动的问题，通常情况下，还是根据助力启动的标准，进行重启电动自行车。

（2）控制器的保养与维护

电动自行车的控制器与各电气部件都有连接，并控制相关的操作，在日常的使用过程中，应从以下几方面进行维护。

① 各连接线的维护　定期的检查控制器与各连接插件的连接情况，避免有脱落、松动或接触不良的情况发生，如图3-21所示。

② 控制器进水后的保养　若在骑行过程中或清洁过程中不小心将水弄到控制器中，应先关闭电源锁，切断供电，然后取下控制器并进行拆卸，将内部的水处理干净后，再用酒精进行擦拭，最后将控制器电路板放置在通风良好的环境中进行吹干，如图3-22所示。

图3-21 检测电动自行车控制器的连接状态

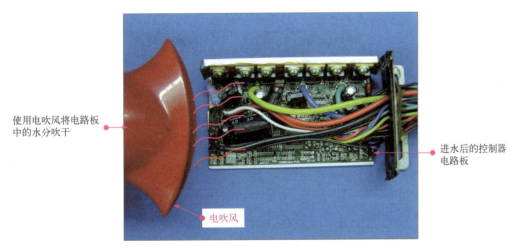

图3-22 处理进水控制器的方法

目前,有些电动自行车的控制器采用了全密封的方式,这样在遇水行驶时,可以避免控制器进水的现象,但是因为控制器对周围的工作温度有所要求,尤其是在寒冷和多雨的季节,温度的急剧变化造成的膨胀和收缩,使密封的控制器产生呼吸现象,导致内外空气对流,带有水分的空气就会在电路板上结霜,使电路的密集结点处短路,将电子元器件烧毁,就可能引起一些不必要的故障。

(3)电动机的保养与维护

电动自行车的电动机是将蓄电池的电能转换成机械能的重要器件,所以在日常使用过程中对电动机的保养非常重要,可以参考以下几点。

① 在骑行时,即电动机在运转中,尽量使其供电电压的波动不要太大,以免超出额定电压,造成损坏。

② 在行驶到比较颠簸的道路时,应减速骑行,以免电动机在运行时振动幅度过大。

③ 对于有刷有齿轮毂电动机和无刷有齿轮毂电动机日常保养时,为了避免磨损速度加快,可以在齿轮所有的齿面涂满专用的润滑脂。

(4) 蓄电池的保养与维护

蓄电池是为电动自行车提供动力源的主要器件,而且也是一种易耗品,购买时的价格也较高,因此在日常生活中对蓄电池的保养与维护是保证其寿命的关键,也非常重要。

在对蓄电池进行保养时,可以遵循以下几点。

1)蓄电池的保养

① 蓄电池和充电器的匹配。为蓄电池进行充电的充电器型号,一般情况下需要与蓄电池进行匹配,例如补充电流、充电最高电压和转换电流、浮充电压、浮充电流等,不然可能会出现刚开始使用时没有问题,但随着蓄电池的充、放电循环使用,充电器本身由于温升,内部元器件老化,致使充电电压和转换电流产生漂移现象,从而损坏蓄电池。所以在选用蓄电池的充电器时,最好是购买蓄电池厂家配套或匹配的充电器,图3-23所示为型号匹配的蓄电池和充电器实物外形。

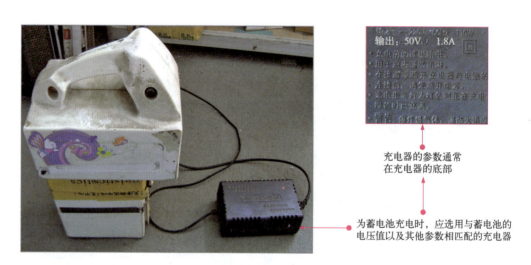

图3-23　型号匹配的蓄电池和充电器实物外形

② 新蓄电池应先充电。对于新购买回来的电动自行车,其出厂后搁置了一段时间后,蓄电池内的电量不足,所以应先充足电后再使用,图3-24所示为新蓄电池电量的示意图,而且充电后最好也不要立即使用,需要静置10min左右后再使用。

③ 检查蓄电池的安装是否牢固。在使用蓄电池前,要重点检查安装是否牢固,以防止在骑行的过程中因颠簸而使蓄电池受到振动的损害,如图3-25所示。在对其进行搬运时,应禁止翻滚、摔打、掷高或重压等。

④ 定期补充电解液。蓄电池在充电和大电流放电过程中会产生热量,内部电解液中的水会因电解和蒸发而逐渐减少,造成电解液面下降。若不及时进行补充,将会缩短蓄电池的使用寿命。若蓄电池内电解液面的高度偏低,应及时补充蒸馏水,如图3-26所示。

建议每6个月给蓄电池补充一次电解液或蒸馏水,这样才能保证蓄电池的使用寿命。

第 3 章 电动自行车的选购与保养维护

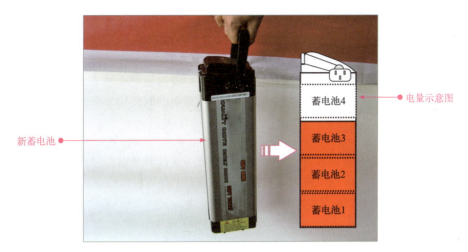

图3-24　新蓄电池电量的示意图

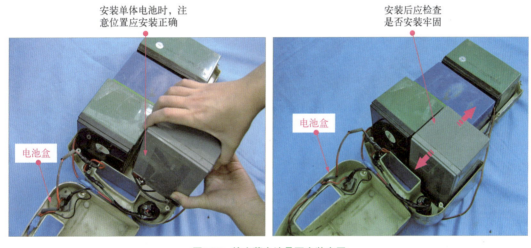

图3-25　检查蓄电池是否安装牢固

图3-26　定期为蓄电池补充蒸馏水

⑤ 不可以随意改装电动自行车。在正常使用电动自行车时，不要为了提高其行驶速度而剪断控制限速器的限速线，更不要为了加大扭矩选用 350W 左右的大功率电动机，因为蓄电池的放电电流与时速、阻力矩大体上是成正比的关系，特别是加速阶段，放电电流成倍地增加，持续的大电流放电，电化学反应激烈，会引起蓄电池极板的变形、活性物质脱落、电解液析氧，析氧溢出从而造成失水，这些现象都会缩短蓄电池的使用寿命，甚至可能会造成蓄电池不可修复的损坏。

⑥ 定期修复蓄电池。对于使用 8 个月以内的蓄电池，可以每隔 1.5～2 个月修复一次；使用 8 个月及以上的蓄电池可以每隔 15～30 天修复一次。对蓄电池进行修复时可以使用具有修复功能的蓄电池修复仪或者使用带有修复功能的充电器对蓄电池进行修复，图 3-27 所示为带有修复功能的充电器对蓄电池进行修复。

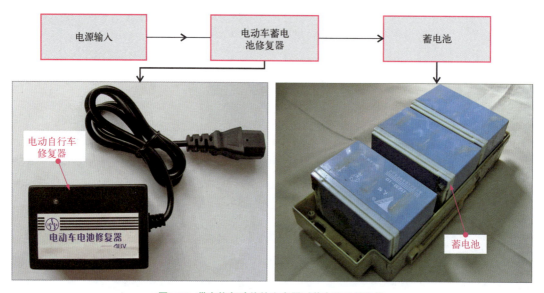

图3-27　带有修复功能的充电器对蓄电池进行修复

值得注意的是，首次在对蓄电池进行修复之前，应先将蓄电池内的电量用完，以后的修复则不需要此操作了。首次修复的时间应在 10～15h，以后每次的修复时间在 8～12h 就可以了。

⑦ 及时更换损坏的蓄电池。如果发现蓄电池有破裂或电液渗漏，如图 3-28 所示，应对其时行更换，以免造成酸液腐蚀，为电动自行车带来更大的损伤。

⑧ 每季度对蓄电池深度放电一次。电动自行车的蓄电池在使用一段时间后必然会有一些活性物质下沉，如果活性物质不及时激活，势必会对电池的容量造成一些影响，因此，在经常使用电动自行车的时候，要做到每季度对电池深度放电一次。

2）蓄电池的日常维护　除了以上的日常保养外，还需要对电动自行车的性能进行维护，通常情况下，应着重从以下几点进行。

① 及时并合理地进行充、放电。若在骑行电动自行车时，显示仪表中最后一个电压低绿灯亮时，说明蓄电池需要进行充电，如图 3-29 所示，不要等电能消耗至控制器的保护电压才开始充电，否则不仅保护不了电池，而且缩短了电池的寿命。

第 3 章 电动自行车的选购与保养维护

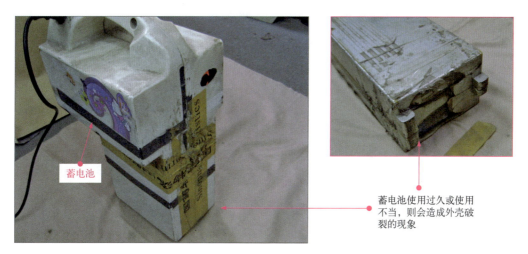

图3-28 外壳破裂严重的蓄电池

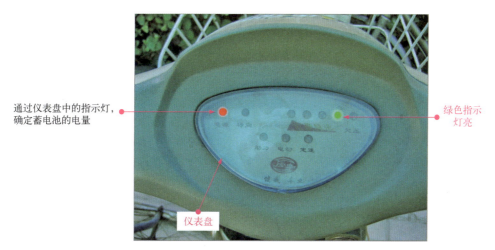

图3-29 显示仪表中显示蓄电池的状态

值得一提的是，在蓄电池充电末期保证在浮充状态即绿灯亮起时还要继续充 2-3h，一般情况下蓄电池的平均充电时间控制在 8h 左右，以保证充足电量。尽量避免电池组的电量只用了一部分就充电的情况。

② 存放时需要充满电。蓄电池在长时间闲置不使用时，为了保持蓄电池的健康状态，应每月充电一次，而且每次充电时应将其充满，否则会引起蓄电池的亏电状态，即蓄电池使用后没有及时充电，容易出现硫酸盐化，硫酸铅结晶物附在极板上，堵塞电离子通道，造成充电不足，蓄电池的容量下降，亏电状态闲置时间越长，蓄电池损坏越严重。

③ 避免存放在恶劣环境中。在高温暴晒的情况下，电动自行车的蓄电池壳体通常会起鼓、变形，还会使电池内部压力增加，限压阀被迫自动开启，从而增加失水量，蓄电池过度失水必然引发其活性下降，加速极板软化。图 3-30 所示为被高温暴晒后损坏的蓄电池实物外形。

在雨天的情况下，为了避免蓄电池因雨水而引起内部短路或漏电现象，通常在开关和接头处采取防雨措施，或禁止骑电动自行车出行；在有积水的路面行驶时，积水的深度不可以超过电动自行车车轮中心。

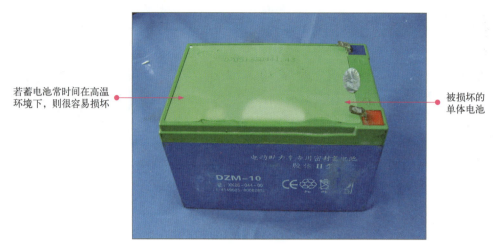

图3-30 被高温暴晒后损坏的蓄电池实物外形

④ 蓄电池使用的温度范围。电池温度（电解液温度）过高，电池内部的活性物质有可能会劣化，并腐蚀阳极格子，进而缩短电池寿命；若电池温度太低，会使电池蓄电容量减少，容易过度放电，也会使电池寿命缩短。故应遵守下列使用条件：放电时 -15～55℃，充电时 0～60℃的温度范围。维持在 15～55℃为理想使用状态，实际使用时，由于充电时温度会上升，因此，放电终了时电解液温度维持在 40℃以下为最理想。

⑤ 正确使用锁开关。电动自行车的欠压保护是由控制器控制的，但是控制器以外的其他一些设备是由蓄电池直接供电的，其电源的供给一般不受控制器的控制，例如电压表、指示灯等耗电电器，电动车的锁开关一旦合上（开启）就开始用电，虽然电流很小，但若长时间放电 1～2 周后就会出现"过放电"现象，即蓄电池放电到终止电压后，继续放电，这样就很容易引起蓄电池严重亏电，从而缩短其使用寿命。

⑥ 保持蓄电池表面的清洁。应经常清理蓄电池盖上的灰尘，避免加注孔盖或螺塞上的通气孔被异物堵塞。若发现极柱上出现固体氧化物，应及时用热水冲洗干净，以免影响极柱与接线柱之间的传导作用。清洗干净后，将蓄电池表面擦拭干净，在极柱及接线柱上抹上黄油，保证极柱不会被氧化，如图 3-31 所示。

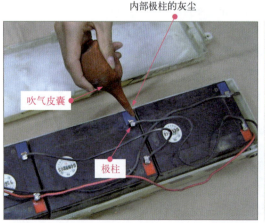
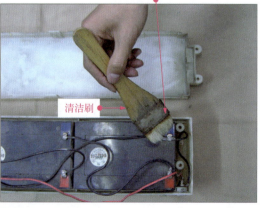

图3-31 清洁蓄电池的极柱并进行保养

⑦ 使用蓄电池保护器。蓄电池保护器也就是脉冲发生器，因脉冲不间断地消除蓄电池硫化，使极板可以始终保持干净，从而延长蓄电池的使用寿命，所以通常情况下也可以使用蓄电池保护器来维护蓄电池的性能并增长使用时间。图 3-32 所示为蓄电池保护器的实物外形。

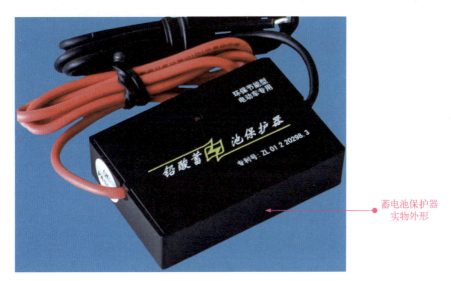

图3-32　蓄电池保护器的实物外形

> **相关资料**　勤充电是指使用铅酸电池，要养成电量用完及时充电的习惯，不要等电用光（欠压状态）了再充电，以免因"深放电"缩短电池使用寿命，也不要在电池倒置的情况下充电。

（5）充电器的保养与维护

充电器主要是为蓄电池进行充电操作，在对充电器进行日常的保养维护时，应注意使用环境及正常的使用方法。

① 充电器的使用环境　由于充电器在充电的开始阶段电流量很大，工作时散发的热量也最多，所以要放置在通风良好的位置进行充电。而且充电器属于比较精密的电子装置，因此在使用中要注意防振动，尽量不要随车携带，如果确实需要携带，需要做好防振的准备。

② 充电器的正常使用方法　使用充电器时，应使用蓄电池专用的充电器，然后将充电器的直流输出端插入蓄电池中，交流输入端插入 220V 插座上，如图 3-33 所示。

充电完成后，则应先断开交流 220V 电源，然后再断开充电器与蓄电池的连接，如图 3-34 所示。

① 先将充电器的直流输出端与蓄电池进行连接

② 将充电器的交流输入端与插座进行连接，为蓄电池充电

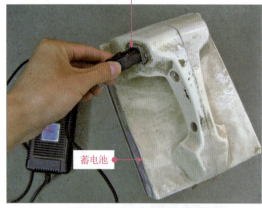
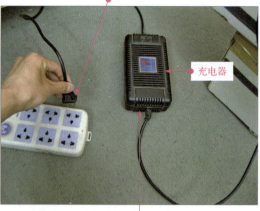

值得注意的是，充电器在充电时，指示灯呈绿色时表示蓄电池的电已经充满，此时，蓄电池处于浮充的状态，不需要切断电源

图3-33　充电器的连接方法

① 当蓄电池充电完成后，先将充电器与插座的连接断开

② 然后将充电器与蓄电池的连接头拔开

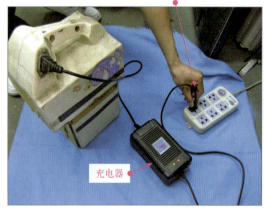
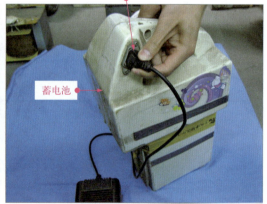

图3-34　充电完成后断开充电器的方法

第4章 电动自行车的电路识读

4.1 电动自行车整机接线图

4.1.1 电动自行车整机接线图的特点

整机接线图的核心是电气部件的图形符号或示意符号,通过连接引线实现关联,因此对该类电路图进行识读时,可根据各部件之间的连接引线,理清各功能部件的连接关系,完成对整个电路的识读。

另外,通常情况下电动自行车、三轮车都是以控制器为核心对整机工作过程进行控制的,因此识读时根据控制器与电动机、转把、闸把和电池之间的连接引线了解其相互关系,或根据供电、控制关系两方面入手进行识读。

图 4-1 所示为典型电动自行车的整机接线图。

从图 4-1 中首先找到电路中的控制器,以控制器与其他部件之间的连接入手,展开识读。

(1) 围绕控制器相关联部件进行识读

控制器经电源开关、20A 的熔断器后与蓄电池连接,由此可知,控制器的总供电电压即为蓄电池的 48V 电压。

控制器通过 8 根引线与电动机连接,根据连接引线的根数可知,该控制器所连接的电动机为无刷电动机。8 根引线中 3 根引线与电动机内绕组连接进行供电;另外 5 根引线与电动机内霍尔元件连接,由霍尔元件获取电动机转速信息,传送至控制器中。

控制器通过黑绿红 3 根引线与转把连接,红色线为转把提供 +5V 供电电压;绿色线为调速线,由转把送至控制器中;黑色线为接地线。

控制器通过一根黄/绿线与闸把连接,由闸把向控制器输送制动信号,控制电动机直接断电,减速停车。

(2) 根据供电、控制关系进行识读

使用钥匙接通电源开关,蓄电池输出供电电压送入控制器中,经内部稳压后输出直流电压为闸把、转把等进行供电;另外,蓄电池电压还经相应操作部件(按钮开关等)送入仪表盘和车灯、喇叭等电路,为其提供供电电压。

电动自行车维修从入门到精通

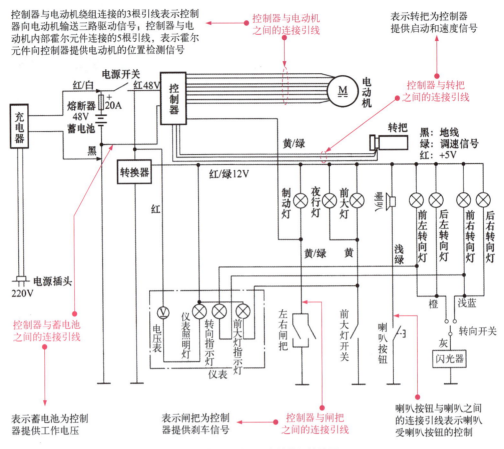

图4-1 典型电动自行车的整机接线图

在满足整车供电条件前提下，操作转把向控制器输入调速信号，由控制器输出驱动信号，驱动电动机启动、加速等；另外，操作喇叭按钮，可接通喇叭供电线路，使喇叭发声等。

4.1.2 电动自行车整机接线图的识读

（1）典型有刷电动自行车整机接线图的识读

图4-2所示为典型有刷电动自行车的整机接线图。

由图4-2分析可知，典型有刷电动自行车整机接线图的识图过程如下。

① 供电电路　使用钥匙打开电源锁，蓄电池输出供电电压送入控制器中，经内部稳压后输出直流电压为闸把、转把等进行供电；蓄电池电压同时送入仪表盘和车灯、喇叭控制电路，为其供电。

② 启动和调速电路　旋转转把，转把输出调速信号（直流电压）送到控制器中，经控制器内部处理后，输出驱动信号，电动机旋转。当转把旋转幅度较大时，电动机绕组通过电流变大，电动机转速提高；相反，电动机转速便会降低。

③ 刹车电路　电动自行车正常行驶，当捏下闸把时，闸把中的触点动作，为电动自行车控制器输入制动信号，经处理后，控制器停止输出驱动信号，电动机失电停止转动。同时闸把拉动闸线使电动自行车车闸动作，电动自行车减速直至停车。

第4章 电动自行车的电路识读

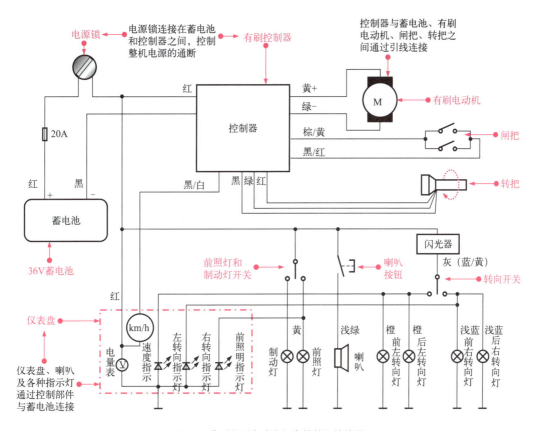

图4-2 典型有刷电动自行车的整机接线图

④ 仪表盘、车灯、喇叭电路　仪表盘受电源锁控制；车灯、喇叭等分别由设置在闸把上的控制开关控制供电通断。

（2）典型无刷电动自行车整机接线图的识读

图4-3所示为典型无刷电动自行车的整机接线图。

由图4-3分析可知，典型无刷电动自行车整机接线图的识图过程如下。

① 供电电路　连接蓄电池接口插座，控制器获得36V直流供电，为进入工作状态做好准备。同时，控制器内的稳压电路将36V直流电压稳压为+5V直流电压，为控制器内部的电子元件、芯片等供电。

使用钥匙打开电源锁，蓄电池将输出的供电电压送入仪表盘中，仪表盘中的相应状态指示灯亮；另外，蓄电池输出的36V电压经仪表盘接口为车灯、喇叭等供电。

② 启动和调速电路　旋转转把，转把将输出的调速信号（直流电压）送到控制器中，经控制器内部处理后，输出驱动信号，电动机旋转。当转把旋转幅度较大时，电动机绕组通过电流变大，电动机转速提高；相反，电动机转速便会降低。

③ 刹车电路　电动自行车正常行驶，当捏下闸把时，闸把中的触点动作，为电动自行车控制器输入制动信号，经处理后，控制器停止输出驱动信号，电动机失电停止转动。同时闸把拉动闸线使自行车车闸动作，电动自行车减速直至停车。

④ 仪表盘、车灯、喇叭电路　仪表盘受电源锁控制；车灯、喇叭等分别由设置在闸把上的控制按钮控制供电通断。

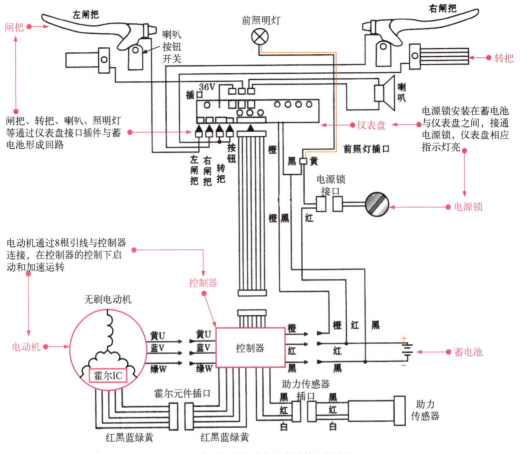

图4-3 典型无刷电动自行车的整机接线图

4.2 电动自行车控制器电路

4.2.1 电动自行车控制器电路的特点

控制器电路是电动自行车的控制核心，它将整车中的一个个独立部件联系起来，形成一个整体，并对各部件的工作状态进行控制。

该电路主要由各种电子元器件及集成电路构成，电路结构较复杂，对该电路进行识读时，一般可遵循以下识读要领进行识读，从而熟悉整个控制器电路的具体流程与内部原理。

① 对于含有集成芯片的电路，可先从芯片的引脚功能入手。
② 从电源供电的流程入手，理清电路中的供电线路。
③ 找到关键部件的控制信号流程，大致掌握主要的信号关系。
④ 识别驱动信号的流程，了解主要的驱动过程。

第4章 电动自行车的电路识读

⑤ 补充外围电路,如欠压保护、过流保护电路工作过程。

图4-4所示为采用MC33035芯片的无刷电动机控制器电路,该电路主要由供电电路、启动电路、刹车电路、调速电路、欠压保护电路、过流保护电路等部分构成。

采用MC33035芯片的无刷电动机控制器电路

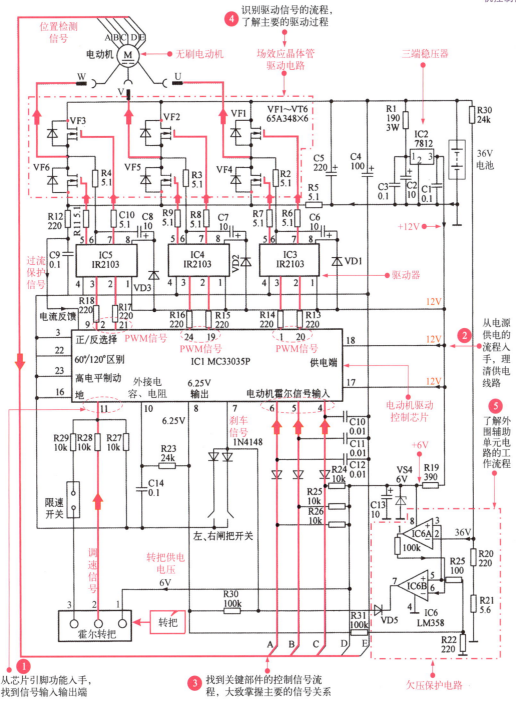

图4-4 采用MC33035芯片的无刷电动机控制器电路

(1) 从集成电路的引脚功能入手

遵循上述识图要领,首先了解到该控制器电路原理图中采用了一个型号为 MC33035 的集成芯片,该集成芯片的外形和引脚功能如图 4-5 所示,其各引脚含义见表 4-1 所列。

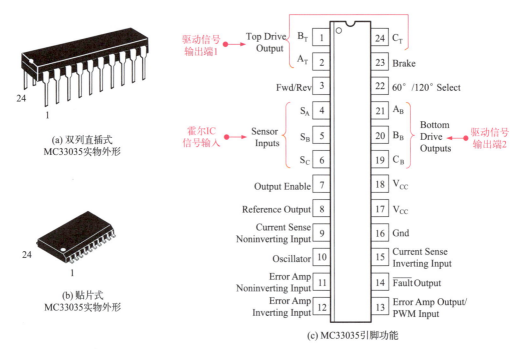

图4-5　MC33035芯片的外形和引脚排列

表4-1　MC33035各引脚功能

引脚	功能定义
①、②、㉔	驱动信号输出端,用于驱动外部上端功率开关晶体管
③	正向/反向输入,用于改变电动机转向
④、⑤、⑥	霍尔IC信号输入,用于控制整流序列
⑦	启动端,高电平有效。该脚为高电平时,可使电动机转动
⑧	霍尔IC供电端
⑨	电流检测同相输入端
⑩	振荡器引脚,振荡频率由定时元件RT和CT所选择的参数决定
⑪	误差信号放大器同相输入。通常连接到速度设置电位器上
⑫	误差信号放大器反相输入。在开环应用情况下,此输入通常连接到误差放大器输出端
⑬	误差放大器输出/PWM输入。在闭环应用情况下,此引脚作补偿
⑭	故障输出端。当下列的任一个或多个条件满足时,集电极开路输出端被触发而变为低电平:无效的传感器输入码,电流检测超过100mV,低电压锁定或热关断
⑮	电流检测反相输入端。用于给内部100mV门限电压提供参考地,该引脚通常连接到电流检测电路的底端
⑯	该引脚用于为控制电路提供一个分离的接地点,并可以作为参考返回到电源地
⑰	电源输入端。V_{CC}在10~30V的范围内
⑱	电源输入端。V_{CC}在10~30V的范围内
⑲、⑳、㉑	驱动信号输出端,用于驱动外部底部功率开关晶体管
㉒	此引脚可选择控制电路是工作在60°(高电平状态)还是120°(低电平状态)的传感器相位输入状态
㉓	制动输入。该引脚为低电平时允许电动机运行,为高电平时电动机运行停止

结合集成电路引脚功能和内部结构，很容易找到信号的输入端和输出端，顺输入端引脚所连接线路，一般即可找到信号的来源；顺输出端引脚所连接线路即可找到信号的去向。

（2）从电源供电的流程入手

电池的 36V 电压经电阻器 R1 限流，电容器 C3、C2 滤波后送入三端稳压器 IC2 7812 的①脚，经其稳压后，由其③脚输出 +12V 电压，该电压经电容器 C1 滤波后，送入 IC1（MC33035P）的⑱、⑰脚，为其提供工作电压；同时分别送入三个驱动器 IC3、IC4、IC5 的①脚供电。

另外，+12V 电压再经电阻器 R19 限流、二极管 VS4 稳压、C13 滤波后输出 +6V 电压，分别为 IC6 及转把供电。

（3）找到关键部件的控制信号流程

找到控制信号的输入电路和信号输入部位，如速度控制信号、刹车制动信号的控制过程。

图 4-4 中，红色线部分为主要的信号流程，它是以控制芯片为核心，输入信号来自霍尔转把、闸把和电动机霍尔元件感知的位置信号，输出端则将该信号处理后输出 PWM 控制信号。理顺该信号的同时，能够很容易掌握整个电路的主信号关系，对识读整个电路非常有帮助。

（4）识别驱动信号的流程

图 4-4 中，由集成电路输出的三组 PWM 控制信号经三个驱动集成电路后输出，分别用于驱动电动机转动的信号，如图中的箭头所示，由此不难了解电动机的驱动流程。

① 启动电路　控制芯片 MC33035 的⑱、⑰脚得到供电电压后，IC1 内部开始工作，其①脚和⑳脚、⑲脚和㉔脚、②脚和㉑脚分别输出驱动信号，送入 IC3、IC4、IC5 处理后，去驱动 VF1～VF6，最后去驱动电动机三相绕组，使电动机旋转。

电动机旋转时，霍尔元件输出位置检测信号送入 IC1 中，经处理后去控制驱动信号的输出。

② 刹车电路　IC1 的⑦脚及外围电路与闸把开关组成刹车电路。电动自行车正常运转时，IC1 的⑦脚为高电平，当捏下闸把时，闸把中的常开触点闭合，IC1 的⑦脚电压经二极管和闸把开关后接地，IC1 的⑦脚变为低电平，IC1 停止工作，VF1～VF6 截止，电动机停止转动。随后闸把拉动钢丝使电动自行车抱闸闸紧，电动自行车停车。

③ 调速电路　旋转转把时，转把的②脚输出的直流控制电压经 R28 送入 IC1 的⑪脚，当该直流电压从低到高变化时，IC1 的⑪脚电压相应也升高，经 IC1 内部电路处理后，输出 PWM 信号，使通过 IC3～IC5 驱动 VF1～VF6 的导通时间延长，电动机绕组电流加大，电动机转速提高。反之，电动机转速降低，进而实现电动自行车的调速功能。

（5）外围电路工作过程

图 4-4 中，除了关键部件控制关系和驱动信号外，还设有欠压保护电路、过流保护电路，需要对这部分进行补充说明，完善整个控制器电路原理图的识读分析。

① 欠压保护电路　电压比较器 IC6（LM358），取样电阻器 R20、R21，IC1 的⑦脚构成了该控制器的欠压保护电路。

当蓄电池电量充足时，加到 IC6A 的②脚的电压高于③脚的基准电压，其①脚输出低电平，经电阻器后送入 IC6B 的⑥脚（低电平），与⑤脚基准电压相比较后，由其⑦脚输出高电平，VD5 截止，IC1 的⑦脚电平保持为高电平，IC1 正常工作。

当电池放电至低于约 31.5V 时，IC6A 的②脚电压低于③脚电压，其①脚输出高电平，那么加到 IC6B 的⑥脚为高电平，相应其⑦脚输出低电平，VD5 导通，IC1 的⑦脚的电平也变为低电平，IC1 停止工作，无 PWM 信号输出，电动机停止转动，实现欠压保护。

②过流保护电路　IC1 的⑨脚，电容器 C9，电阻器 R12、R5 构成了过流保护电路。

当电动自行车正常行车时，电阻器 R5 上流过的电流较小，其产生的压降也较低，经 R12 后加到 IC1 的⑨脚的电压极低，不足以驱动 IC1 内部的电流保护电路动作，IC1 正常工作。

当负载过大或某种原因引起场效应晶体管 VF1～VF6 导通电流过大时，R5 两端压降升高，相应加到 IC1 的⑨脚的电压也升高，当该电压足以促使 IC1 内部的过流电路动作时，IC1 将停止工作，VF1～VF6 停止工作，电动机停止转动，实现过流保护。

根据上述方法，对图 4-4 中相关部件的信号关系已有初步的了解，由此不难理解该电动自行车控制器电路的工作原理，完成对该类电路的识读。

4.2.2　电动自行车控制器电路的识读

（1）采用 AT89C2051 芯片的有刷电动机控制器电路的识读

图 4-6 所示为采用 AT89C2051 微处理器芯片为控制核心的有刷电动机控制器电路。AT89C2051 芯片正常工作需要 3 个最基本的条件：5V 供电电压、复位电压和时钟信号。

由图 4-6 分析可知，采用 AT89C2051 芯片的有刷电动机控制器电路的识图过程如下。

①供电电路　电池的 36V 电压经三端稳压器 IC2 7815 稳压后，由其③脚输出 +15V 电压，该电压经电容器 C3、C4 滤波后送入三端稳压器 IC3 78L05 的①脚，经 IC3 输出 +5V 直流电压。

②启动电路　电动自行车接通电源时，+5V 电压经 R7 为 C12 充电，使 IC4 的⑥脚电压低于⑦脚，①脚输出高电平，该信号送到 IC1 的①脚进行复位，同时 +5V 电压加到 IC1 的⑳脚为其提供工作电压，④、⑤脚在外接晶体 X1（6.0 MHz）作用下产生时钟信号，使 IC1 进入工作状态。

IC1 工作后，其⑭脚输出低电平，VT3、VT2 导通。此时 +15V 电压经 VT2、R32 后加到 VT1 栅极，VT1 导通，于是 36V 电源经电动机绕组、VT1 和 R34、R35 形成回路，电动机旋转。

③刹车电路　刹车电路主要是由 R31 和 IC1 内部电路构成的。当捏下闸把时，闸把的常开开关闭合，IC1 的⑪脚的电压经 R31 和闸把开关接地，此时 IC1 的⑪脚变为低电平，为芯片提供制动信号，IC1 的⑭脚停止信号输出，场效应晶体管 VT1 截止，电动机停转。

④调速电路　调速电路主要是由转把和 IC1、IC4、IC5 构成的。该电路中电动机的速度由 IC1 的②、③、⑥、⑦、⑧、⑨脚电压进行控制（六种速度），此六脚电压分别受到 IC5 内的四个电压比较器 IC5A、IC5B、IC5C、IC5D 和 IC4 内的两个电压比较器 IC4C、IC4D 控制。这六个电压比较器的基准电压是由取样电阻 R11～R17 分压得到。

当转动转把时，转把内产生由低变高的直流控制电压，调速电压作为比较信号送到六个电压比较器的输入端（反相输入端）。六个电压比较器根据输入电压值为 IC1 的②、③、⑥、⑦、⑧、⑨脚提供控制信号。当仅有⑨脚为低电平时，车速最低；若⑨、⑧脚为低电平时，车速稍高；依次类推，若六个引脚均为低电平，则车速最高。反之，若转把输出由高变低的控制电压，则车速由高逐步变低，由此实现自行车的调速功能。

⑤欠压保护电路　一般，若电池在电量不足时，继续使用会导致放电过量损坏，因此一般电路中均设有欠压保护电路。

第4章 电动自行车的电路识读

采用AT89C2051芯片的有刷电动机控制器电路

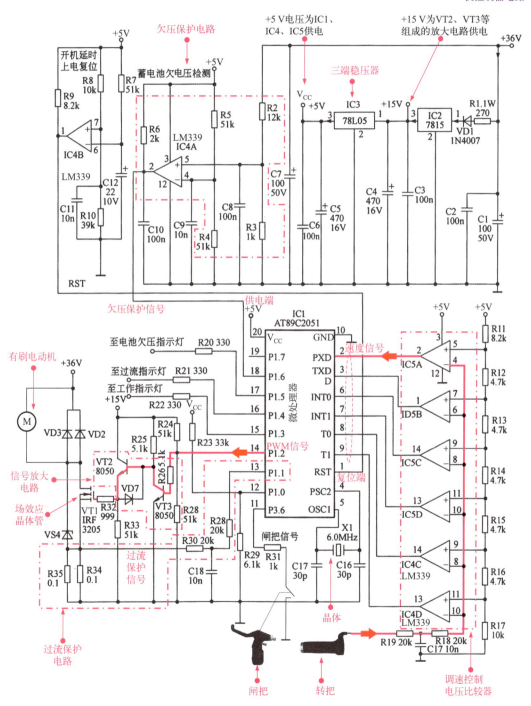

图4-6 采用AT89C2051芯片的有刷电动机控制器电路

该电路中 IC1 内部过压保护电路、IC4A、R2、R3、R4、R5 等器件构成了欠压保护电路。当电池电量较多时，IC4A 的 ⑤脚电压高于 ④脚（④脚电压由 +5V 电压经 R5、R4 分压后得到），其 ②脚输出高电平，IC1 的 ⑱ 脚也为高电平，芯片 IC1 处于正常工作状态；当电池放电一段时间后，电池电压低于 31.5V 时，IC4A 的 ⑤脚电压低于 ④脚，此时 IC4A 的 ②脚输出低电平，IC1 的 ⑱ 脚也降为低电平，此时，IC1 的 ⑭ 脚停止输出 PWM 信号，VT1 截止，电动机停止转动，从而实现了欠压保护。

⑥ **过流保护电路** 电动自行车中功能较完善的控制器均同时具备欠压保护和过流保护等功能。一般为避免负载过重烧坏功率放大管，电路中均设有过流保护电路。

小阻值电阻 R34、R35 接在电动机驱动场效应晶体管的源极电路中，流过该电阻的电流等于流过场效应晶体管的电流，因此 R34 上的压降与电流成正比，而当场效应晶体管 VT1 导通电流过大时，R34、R35 上的电压升高，送入 IC1 的 ⑬ 脚的电压升高，从而引起过流保护电路启动，IC1 停止输出，VT1 截止，电动机停转，实现过流保护。同时 IC1 的 ⑯ 脚输出电压使过流指示灯点亮。

（2）采用 LB11820+IR2103 组合芯片的无刷电动机控制器电路的识读

图 4-7 所示为典型无刷电动机控制器电路原理图。由图可知，该电路中的主要器件有控制芯片 LB11820S、半桥式放大器 IR2103、双电压运算放大器 LM358 和六反相器 CD4069。其中控制芯片 LB11820S 主要用于调整控制、刹车控制、PWM 脉冲形成和欠压保护；半桥式放大器 IR2103 主要用于激励信号的放大；双电压运算放大器 LM358 主要用于保护信号的放大；六反相器 CD4069 主要用于激励脉冲倒相放大。

由图 4-7 分析可知，采用 LB11820+IR2103 芯片的无刷电动机控制器电路的识图过程如下。

① **供电电路** 电动自行车接电源后，+36V 供电端为控制电路中的功率管 VF1 ~ VF6 进行供电，另一路则经三端稳压器 LM7812 稳压后输出 +12V 的电压为控制芯片 IC1（LB11820S）、双电压运算放大器 IC2（LM358）和半桥式放大器 IC3 ~ IC5（IR2103）等供电。其中微处理器芯片 LB11820S 内部的基准电压发生器产生 5V 的基准电压，该电压从 ⑮ 脚输出，同时还为转把内的霍尔元器件供电。

② **激励脉冲形成电路** 在该控制电路中微处理器芯片 LB11820S 的供电电压正常的情况下，其内部的振荡器控制 ㉑ 脚外接的电容 C9 进行充、放电，由此产生锯齿波脉冲。该脉冲作为触发信号控制 LB11820S 内部的 PWM 脉冲形成电路产生 6 路激励脉冲，经放大后从 ②~⑦脚输出，其中 3 个高端驱动脉冲从②、④、⑥脚输出，3 个低端驱动脉冲从③、⑤、⑦脚输出。

③ **启动电路** 启动电路主要是采用了 3 个半桥式放大器 IC3 ~ IC5（IR2103），该电路中微处理器芯片 LB11820S 的⑧脚和 ⑮ 脚得到供电电压后，内部开始工作，其②~⑦脚分别输出驱动信号，送入 3 个半桥式放大器 IR2103 中进行处理，然后再驱动 VF1 ~ VF6，最后驱动电动机三相绕组，使电动机旋转。

④ **调速电路** 调速电路主要是由转把和微处理器芯片 LB11820S 构成。在旋转转把时，转把内的霍尔元器件在磁钢产生的磁场信号下，产生由低到高或由高到低的调整信号，即控制电压，该信号经过电阻 R15 限流后，送到 LB11820S 的 ㉒ 脚，经处理后，输出 PWM 信号，使 3 个半桥式放大器 IR2103 驱动功率管导通的时间延长，为电动机绕组提供大的电流，达到提高电动机转速的目的，实现电动自行车的加速行驶。反之，电动机的转速降低，使电动自行车的行驶速度减慢。

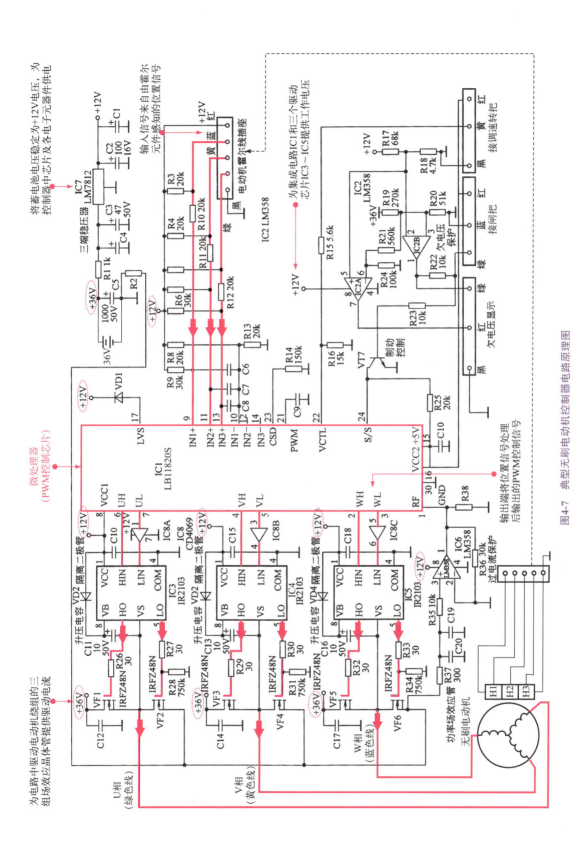

图4-7 典型无刷电动机控制器电路原理图

⑤ 相序控制和功率放大电路　为了使电动机实现换向的功能，该控制电路中微处理器芯片 LB11820S 内部的转子定位解码器和电动机内的霍尔元件构成了相序控制电路，当控制芯片 LB11820S 工作后，由它输出的驱动信号使电动机旋转。电动机旋转后，其内部的霍尔元件产生位置传感脉冲信号，它们分别通过 R10、R11 和 R12 进行限流，再经过 C6、C7、C8 滤波后，送到 LB11820S 中处理，其内部的转子定位解码器对这些信号处理后，确保控制芯片输出的激励信号相位准确后，再次启动电路，驱动电动机旋转。

⑥ 刹车制动电路　刹车制动电路主要是由闸把、微处理器芯片 LB11820S、运算放大器 LM358 和晶体管 VT7 等构成。闸把红色引线为 5V 的供电端，绿色引线通过晶体管 VT7 连接控制芯片 LB11820S。

当使用闸把进行刹车时，其内部的机械开关闭合使 VT7 截止，芯片 LB11820S 的 ⑮ 脚输出的 5V 电压通过 R25 为 LB11820S 的 ㉔ 脚提供高电平电压，经过其内部电路处理后，使 ②~⑦ 脚不再输出激励脉冲，从而使功率管截止，电动机停转，实现了刹车功能。

⑦ 欠压保护电路　在电动自行车使用过程中，为了防止蓄电池过放电，该控制电路中的运算放大器 IC2（LM358），取样电阻 R17、R18、R19、R20 和芯片 LB11820S 等组成了欠压保护电路。

当蓄电池的 +36V 电压充足时，电压比较器 IC2B 中的③脚电压高于②脚的电压，经过内部的电压比较后，①脚输出高电平，通过 R22、R23 后输入到晶体管 VT7 中，此时 VT7 导通，LB11820S 的 ㉔ 脚输入低电平，LB11820S 检测后执行正常操作，驱动功率管工作，同时，通过电压比较器 IC2B 中的①脚输出的另一路通过连接插件为绿色发光管进行供电，使其发光，表明蓄电池的电量充足。而电压比较器 IC2A 中的⑤脚电位低于⑥脚的电位，其⑦脚输出低电平，红色发光管不能发光。

当蓄电池内的电量消耗低于约 31.5V 时，其中一路是经取样电阻 R19 和 R20 后输出的电压送到电压比较器 IC2B 中的③脚，12V 电压经取样电阻 R17 和 R18 后输出的电压送到电压比较器 IC2B 中的②脚，此时③脚的电压低于②脚的电压，经过内部的电压比较后，①脚输出低电平，从而使 VT7 截止，并且绿色发光管熄灭。

当 VT7 截止后，LB11820S 中的 ⑮ 脚输出电压通过电阻 R25 后为其 ㉔ 脚提供高电平，经 LB11820S 检测后，则不能输出激励脉冲，功率管停止工作，从而导致电动机停止转动。另一路则分别送到电压比较器 IC2A 中的⑤脚和⑥脚，由于蓄电池内的电量过低，所以⑥脚电位低于⑤脚电位，其⑦脚输出高电平，红色发光管发光，表明蓄电池处于欠压状态。

⑧ 过流保护电路　控制芯片 LB1180S、运算放大器 IC6（LM358）和电阻器 R37 构成了过流保护电路。

过流保护电路主要是用来对功率管进行保护，以免因电流过大损坏功率管。当通过功率管的电流正常时，取样电阻 R37 产生的压降较小，通过 IC6 送到控制芯片①脚的电压较低，它内部的过流保护电路不动作，功率管可以正常接收到激励脉冲，正常使电动机运转。

当负载过大或因电动机堵转等原因导致功率管电流过大时，取样电阻 R37 的压降加大，通过 LM358 放大后为芯片 LB11820S ①脚提供的电压升高，其内部的过流保护电路开始工作，使其不能输出激励脉冲，从而功率管停止工作，电动机停止转动，实现过流保护。

相关资料　LB11820 芯片的各引脚功能，如图 4-8 所示。

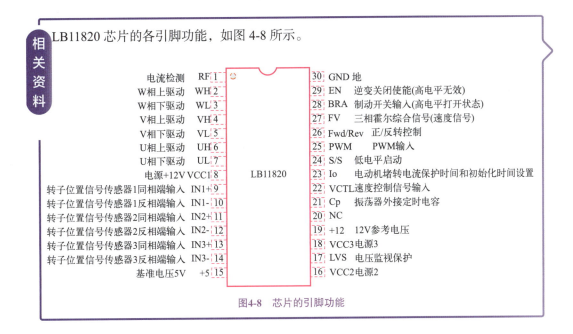

图4-8　芯片的引脚功能

4.3　电动自行车充电器电路

4.3.1　电动自行车充电器电路的特点

充电器电路是对电动自行车的蓄电池进行充电的电路。

该电路相对比较独立，主要完成市电交流电压到直流充电电压的转换。该电路的结构较复杂，进行识读时，可首先找到电路中具有一些明显特征的元器件，然后根据各元器件的功能特点对电路进行划分，即把原来的电源电路划分成若干个单元电路模块，这样便可按信号流程和元器件的控制过程完成对充电器电路的识读分析。

图 4-9 所示为典型电动自行车的 36V 蓄电池充电器电路原理图。

由图 4-9 可知，典型电动自行车的 36V 蓄电池充电器电路可划分为交流输入电路、整流滤波电路、开关振荡电路、充电电压控制电路和直流输出电路。各电路的具体识读分析如下。

（1）交流输入电路

交流 220V 电压经熔断器 FU1 和互感滤波器后，送到桥式整流电路的输入端。熔断器对电路起到保护作用，当电路中出现短路或过载故障时，熔断器断开，以免损坏其他元器件。

（2）整流滤波电路

整流滤波电路是将滤波后的 220V 交流电压由桥式整流电路 VD1～VD4 整流，C4 滤波后，转换为约 300V 的直流电压，为开关场效应晶体管供电，同时经启动电阻器 R1 后加到开关振荡集成电路 IC1 的⑦脚为 IC1 提供启动电压。

电动自行车维修从入门到精通

典型电动自行车
36V蓄电池充电
器电路

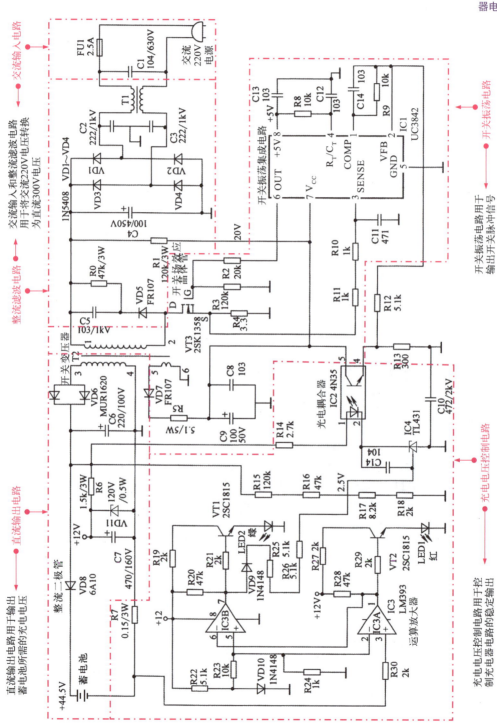

图4-9 36V蓄电池充电器电路原理图

（3）开关振荡电路

开关振荡电路是由开关振荡集成电路 IC1、开关场效应晶体管 VT3 和开关变压器 T2 等构成的。当启动电压加到 IC1 后，IC1 内的振荡电路启动，IC1 输出驱动信号使开关场效应晶体管 VT3 工作，于是开关变压器 T2 初级绕组中有电流产生，开关变压器的次级绕组⑤-⑥绕组便产生感应信号，该信号经 VD7 整流形成正反馈信号，叠加到 IC1 的⑦脚，从而维持 IC1 的振荡状态，开关变压器③、④脚输出交流低压。

（4）充电电压控制电路

充电电压控制电路主要是由开关振荡集成电路 IC1（UC3842）、光电耦合器 IC2（4N35）、运算放大器 IC3（LM393）以及取样电阻 R7 等组成。

当充电器对蓄电池充电时，充电电流较大，蓄电池两端的电压会慢慢上升，充电电流取样电阻 R7 上的压降高，电流小时 R7 上的压降低。正常充电时，送到 IC3A 的③脚的电压高于②脚。①脚输出高电平，从而使 VT2 导通，红色指示灯亮。

当充电完成时，充电电流减小，R7 上的电压降低。IC3A 的①脚的电压降低，IC3B 的⑥脚的电压降低，⑦脚电压升高，VT1 导通，绿色指示灯亮，表示充电完成。

在充电完成时，运算放大器 IC3B 的⑦脚输出一个高电平信号，经二极管 VD9（1N4148）将高电平信号送至电压检测电路 IC4（TL431）的输入端，使 IC4 的阻抗降低，IC4 连接光电耦合器的②脚，使流经光电耦合器 IC2 内部发光二极管的电流增大，经光敏晶体管将信号反馈到开关振荡集成电路 IC1 的②脚，其内部振荡电路降低输出驱动脉冲信号占空比，使开关场效应晶体管 VT3（2SK1358）的导通时间缩短，输出电压降低，电流减小。

（5）直流输出电路

开关变压器③、④脚输出交流低压，经 VD6 整流、C6 滤波、VD8 整流后输出 44.5V 充电电压。

 特别提示

在电动自行车蓄电池充电器电路原理图直流输出电路中，蓄电池旁边可能会标注有电压值，即 36V 的电动自行车蓄电池浮充电压最高不得超过 44.5V，48V 的电动自行车蓄电池浮充电压最高不得超过 56.8V。

4.3.2　电动自行车充电器电路的识读

（1）典型 36V 电动自行车蓄电池充电器电路的识读

图 4-10 为典型 36V 电动自行车蓄电池充电器电路。该充电器电路主要是由交流输入电路、整流滤波电路、开关振荡电路、开关变压器 T2、输出整流滤波电路以及电压控制电路等部分构成。

典型 36V 电动自行车蓄电池充电器电路的识图过程如下。

① 交流输入电路　交流输入电路是由 2A 熔断器，互感滤波器 T1，滤波电容 C1、C2、C3 等部分构成的，其主要功能是滤除交流电路中的噪声和脉冲干扰。

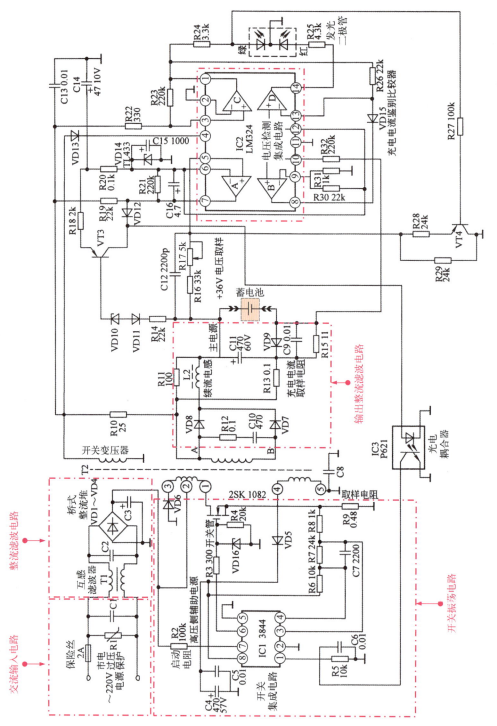

图4-10 典型36V电动自行车蓄电池充电器电路

② 整流滤波电路　整流滤波电路是指将 220V 交流电压经桥式整流堆 VD1～VD4 整流、滤波电容 C1 滤波，输出平稳的 300V 的直流电压，经启动电阻 R2 后加到振荡集成电路 IC1 的⑦脚，为 IC1 提供启动电压。

③ 开关振荡电路　开关振荡电路主要是由开关场效应晶体管（2SK1082）、开关振荡控制集成电路 IC1 以及相关电路构成的。

当接通电源进行充电时，由 220V 交流电压整流输出的 300V 直流电压，经开关变压器 T2 初级绕组②-①加到开关晶体管的漏极 D。开关晶体管的源极 S 经 R9 接地，栅极 G 受开关振荡集成电路 IC1 的⑥脚控制。

300V 直流电压为开关集成电路 IC1 的⑦脚提供启动电压，使 IC1 中的振荡器起振，IC1 的⑥脚为开关晶体管的栅极 G 提供振荡信号，于是开关管开始振荡，使开关变压器 T2 的初级线圈中产生开关电流。开关变压器的次级绕组⑤-④中便产生感应电流，④脚的输出经整流、滤波后形成正反馈电压加到 IC1 的⑧脚，从而维持振荡电路的工作，使开关电源进入正常工作状态。

④ 输出整流滤波电路　当开关电源起振后，开关变压器 T2 的次级线圈 A、B 输出开关脉冲信号，经二极管 VD7、VD8 整流以及电感 L2、C11 滤波后向电动自行车的电池进行充电。

⑤ 电压控制电路　稳压控制电路主要由开关集成电路 IC1、光电耦合器 IC3（P621）、运算放大器集成电路 IC2（LM324）及取样电阻 R16、R17 等组成。

当充电器对电池充电时，电池两端的电压会慢慢上升，当电池两端电压等于或超过 36V 时，该电压经电阻 R16、R17 使集成电路 IC2 ⑤脚输出的电压升高，并超过⑥脚的电压，该高电平进入 IC2 内部的电压比较器 A，经比较后，由其⑦脚输出一个高电平信号，使二极管 VD12 导通，并将该高电平信号送入光电耦合器 IC3 的①脚，使流经光电耦合器 IC3 内部发光二极管的电流增大，其发光管亮度增强，光敏三极管导通程度增强，最终使流入 IC1 的①脚电流增加，其内部振荡电路降低输出驱动脉冲占空比，使开关管（2SK1082）的导通时间缩短，输出电压降低，电流减小。

（2）典型 48V 电动自行车蓄电池充电器电路的识读

图 4-11 所示为典型 48V 电动自行车蓄电池充电器电路原理图。由图可知，该电路主要是由交流输入电路、整流滤波电路、开关振荡电路、直流输出电路、电压控制电路、稳压电路和防蓄电池反接电路等构成。

典型 48V 电动自行车蓄电池充电器电路的识图过程如下：

① 交流输入电路、整流滤波电路　交流 220V 电压经互感滤波器 T1、熔断器 FU1 后送入桥式整流电路 VD1～VD4 进行整流，输出约 300V 直流电压，再经滤波电容 C4 滤波后，经启动电阻 R4 加到开关振荡集成电路 IC1（UC3845）的⑦脚，为 IC1 提供启动电压。

同时，300V 直流电压经开关变压器 T2 的初级绕组 L1 加到开关场效应晶体管 VT2 的漏极，开关场效应晶体管的源极经 R15、R16 接地，栅极受开关振荡集成电路 IC1 的⑥脚控制。

② 开关振荡电路　开关振荡集成电路 IC1 的⑦脚接收到启动电压后，其内部的振荡器起振，IC1 的⑥脚输出开关振荡信号，使开关场效应晶体管 VT2 开始振荡，由此使开关变压器 T2 的初级绕组线圈中产生开关电流。

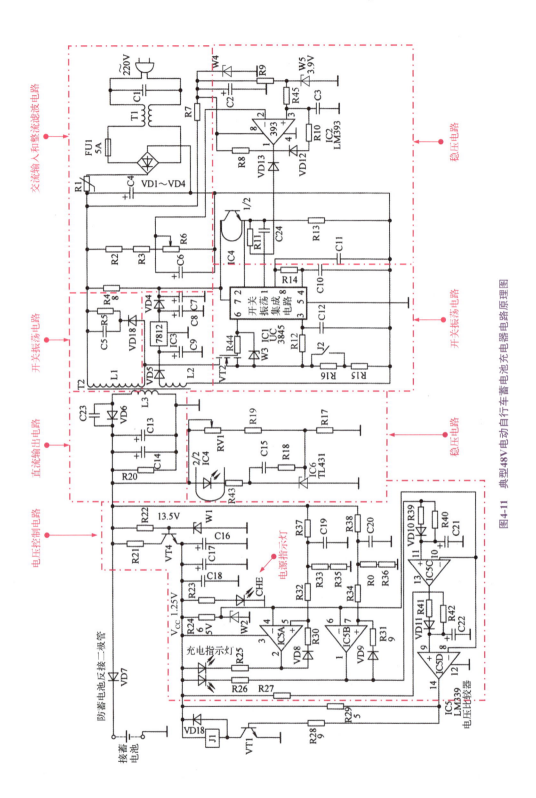

图4-11 典型48V电动自行车蓄电池充电器电路原理图

③ 直流输出电路　开关变压器 T2 的次级绕组 L2 输出交流电压经 VD5 整流，三端稳压器 IC3（7812）稳压，C8、C7 滤波后，一路作为正反馈电压加到 IC1 的⑦脚，另一路加到光电耦合器 IC4 中，为光敏晶体管供电。

开关变压器 T2 的次级绕组 L3 输出开关脉冲信号，该交流信号经二极管 VD6 整流，C13、C14 滤波后输出直流稳定的电压，为电动自行车的蓄电池进行充电。

④ 电压控制电路、稳压电路和防蓄电池反接电路　运算放大器 IC5（LM339）及外围电路构成电压控制电路；光电耦合器 IC4，误差检测电路 IC6（TL431），取样电阻 R17、R19 等构成其稳压电路；二极管 VD7 是为防蓄电池反接而设的。

第 5 章 电动自行车电子元器件的识别与检测

5.1 电阻器的识别与检测

5.1.1 电阻器的功能特点

电阻器是电动自行车电路板中最基本最常见的元器件之一，在电路中主要起限流、分压等作用。电动自行车电路板中采用的电阻器主要有分立式电阻器和贴片式电阻器两种，如图 5-1 所示。维修人员可通过电阻器的外形来识别电阻器的种类。其中，贴片式电阻形状类似扁平的小方块，两边焊有银白色的引脚；分立式电阻器是通过引脚插接在电路板中。

电动自行车电阻器的识别与检测

分立式电阻器是通过引脚插接在电路板中

贴片式电阻形状类似扁平的小方块，两边焊有银白色的引脚

图 5-1 电动自行车电路板中常见的电阻器

5.1.2 电阻器的检测方法

对电阻器的检测,通常是在不通电的状态下用万用表测量其电阻值。

① 如图 5-2 所示,打开数字万用表,调整万用表的功能旋钮到欧姆挡(该万用表不用调整量程)。

图5-2 调整万用表的功能旋钮

② 如图 5-3 所示,将万用表的红、黑表笔分别搭在待测电阻器的两个引脚上,对待测电阻器进行检测。

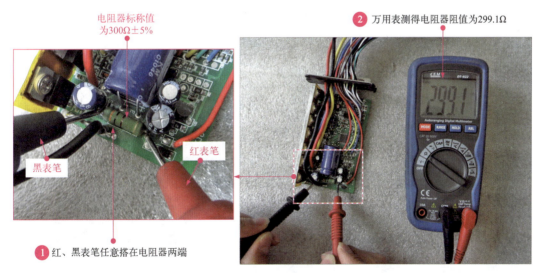

图5-3 检测电阻器的电阻值

> **特别提示**
>
> 万用表读数为299.1Ω,该数值与其标称阻值接近,由此判断该电阻器基本正常。若阻值偏差较大,怀疑该元件损坏,可将其焊下再进行检测和判断。若经检测,实测数值与其标称阻值仍然偏差较大,则应选择阻值和类型相同的电阻器进行代换。

> **相关资料**　使用带有量程的指针式万用表或数字式万用表时,在设置量程时要尽量选择与标称值相近的量程,以保证测量值准确。此外,若直接在电路板上进行检测,可能会受到电路中其他元器件的影响而导致测量结果出现偏差。如需要对电阻器进行精确的测量,应将其从电路板上焊下再进行检测。

5.2 电容器的识别与检测

5.2.1 电容器的功能特点

电容器也是电动自行车电路板中常见的元器件之一,在电路中主要起平滑滤波、耦合等作用。电动自行车电路板中采用的电容器主要有贴片式电容器和立式插脚电容器两种,如图5-4所示。电容器种类可分为无极性电容器和有极性电容器,电容器用字母"C"来标示。通常维修人员可通过电容器的外形来识别种类。

电动自行车电容器的识别与检测

贴片式电容器体积小巧,常用于集成度较高的电路中,如电动自行车控制器中

立式电容器寿命长,误差小

有极性电容器(铝电解电容器)体积小,容量大,适用于低频、低压电路中,例如电动自行车控制器中

无极性电容器稳定,损耗小,体积较大

图5-4　电动自行车电路板中常见的电容器

电容器的容量值一般都标注在电容器的外壳上，如图5-5所示标注的470μ 63V 和 103M 1kV。电解电容器外壳上标有"-"的一侧为负极，另一侧为正极。

图5-5　电容器的容量值

5.2.2　电容器的检测方法

检测电容器是否良好，可使用指针式万用表检测其充放电过程来判断好坏。

如图5-6所示，将指针式万用表调至欧姆挡，对电容器的充放电过程进行检测。

图5-6　检测电容器的充放电过程

> **特别提示**
>
> 在万用表表笔接通的瞬间可以看到指针摆动到接近 0Ω 处又回摆，可以判断该电容器正常；若在表笔接通的瞬间指针有一个很大的摆动并停在电阻较小的位置，可以断定该电容器已击穿或严重漏电；若表盘指针几乎没有摆动，可以断定该电容器已开路。

> **相关资料**　检测时，根据电容器电容量的大小选择欧姆挡量程。100μF以上的电容器可选择"×100"欧姆挡，1～100μF的电容器用"×1k"欧姆挡，1μF以下的电容器用"×10k"欧姆挡。值得注意的是，由于受外围元器件的影响，例如电容器并联有电阻器等，将无法观察到其充放电过程，因此若怀疑某电容器损坏时，可先将其从电路板焊下后，再进行测量，检测电容器的电容量应使用数字万用表。

5.3　二极管的识别与检测

5.3.1　二极管的功能特点

二极管是电动自行车电路板中常见的半导体器件之一，在电路中主要起整流、稳压、检波等作用。二极管的功能种类较多，外形以及电路符号有很大差别，维修人员可通过外形及电路符号来识别种类。图5-7所示为电动自行车电路板中常见的二极管。

电动自行车二极管的识别与检测

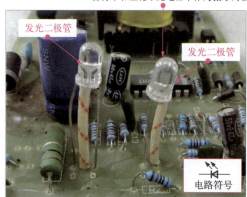
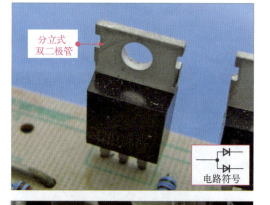

图5-7　电动自行车电路板中常见的二极管

二极管的正、负极，一般是通过外壳标识或电路板上的图形符号来判断，如图5-8所示，外壳上有标记一侧为二极管的负极，另一侧为正极。另外有些电路板上，二极管的旁边标有二极管的图形符号，其中标有横线的一侧为其负极，另一侧为其正极。

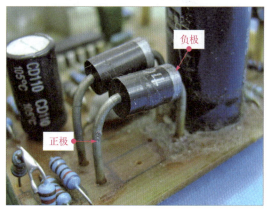
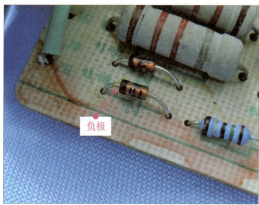

图5-8 二极管的正、负极

5.3.2 二极管的检测方法

二极管具有单向导电性，即正向导通、反向截止的特性。正向导通是指在电路中，将二极管的正极接在高电位端，负极接在低电位端，其才会导通。反向截止是指在电路中，将二极管的正极接在低电位端，负极接在高电位端，二极管中几乎没有电流流过，此时其处于截止状态。因此对二极管的检测，通常是使用万用表测量其正、反向电阻值来判断好坏的。

① 如图5-9所示，使用万用表检测二极管的正向阻值。

图5-9 检测二极管正向阻值

② 按图5-10所示，使用万用表检测二极管的反向阻值。

图5-10 检测二极管反向阻值

> **相关资料**
>
> 通常,二极管的正向阻值有一固定值,而反向阻值趋于无穷大,表明该二极管良好;若正向阻值和反向阻值均趋于无穷大,说明二极管存在断路故障;若正向阻值和反向阻值均趋于零,说明二极管已被击穿。若正向阻值和反向阻值相近,此时并不能确定二极管是否损坏,其有可能受到了其他元器件的影响,必须拆下来进行开路检测。

5.4 三极管的识别与检测

5.4.1 三极管的功能特点

三极管是电动自行车电路中的重要元器件,在电路中主要起放大、开关等作用。在电动自行车电路板中三极管主要分为直立式三极管和贴片式三极管两种,常用字母"VT"或"Q"标识。图5-11所示为电动自行车电路板中常见的三极管。

5.4.2 三极管的检测方法

对三极管进行检测时,通常可使用万用表检测各引脚间的正、反向阻值来判断三极管是否正常。

① 如图5-12所示,用万用表检测三极管基极(b)与发射极(e)之间的正、反向阻值。
② 如图5-13所示,用万用表检测三极管基极(b)与集电极(c)之间的正、反向阻值。

第5章 电动自行车电子元器件的识别与检测

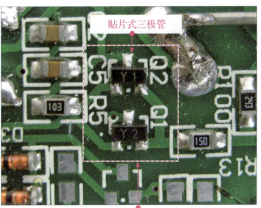

直立式三极管具有放大、开关等作用，在电动自行车和三轮车电路中很常见

贴片式三极管与直立式三极管功能相同，常应用于高集成度的电路中

图5-11 电动自行车电路板中常见的三极管

❶ 黑表笔搭在三极管基极，红表笔搭在发射极上

❷ 测得三极管基极与发射极之间的正向阻值约1.5kΩ

❸ 将黑、红表笔对换

❹ 三极管基极与发射极之间的反向阻值为无穷大

图5-12 三极管基极与发射极之间的正、反向阻值

图5-13　三极管基极与集电极之间的正、反向阻值

③ 如图 5-14 所示，用万用表检测三极管发射极（e）与集电极（c）之间的正反向阻值。

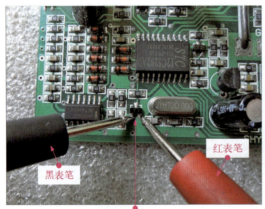

图5-14　三极管发射极与集电极之间的正、反向阻值

正常情况下，基极（b）与集电极（c）、发射极（e）之间有一定的正向阻值，其他各项阻值均为无穷大，若测得的阻值不符，怀疑该二极管可能损坏，可将其焊下后作进一步测量。

5.5　场效应管的识别与检测

5.5.1　场效应管的功能特点

场效应管是一种具有 PN 结构的半导体器件，场效应管外形与晶体三极管相似，也具有三个引脚，即栅极 G、源极 S 和漏极 D。维修人员需要通过场效应管上的型号标识或引脚标识来进行识别，图 5-15 所示为电动自行车电路板中常见的场效应管。

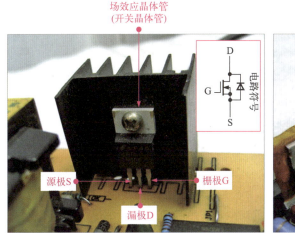

(a) 在充电器中作开关管的场效应管　　(b) 在控制器中用于驱动信号的场效应管

图5-15　电动自行车中的场效应管实物外形

在电动自行车的电路板中，场效应管在充电器中作开关管的场效应管，用来实现开关振荡功能；在控制器中用于驱动信号的场效应管，用来实现驱动功能。

5.5.2　场效应管的检测方法

场效应管极易受外界电磁场或静电影响而损坏，所以在使用万用表检测其引脚间阻抗时一定要做好防静电措施。

如图 5-16 所示，使用万用表检测场效应管栅极 G、漏极 D 和源极 S 之间的正、反向阻抗。

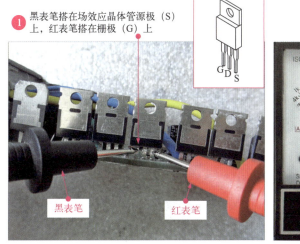

图5-16　检测场效应管引脚间阻值

相关资料

实测场效应管各引脚的正、反向阻值见表5-1所列。

表5-1 场效应管各引脚之间的正、反向阻值（在路测量）

黑表笔	红表笔	阻值	黑表笔	红表笔	阻值
栅极G	源极S	12.8 kΩ	源极S	栅极G	16 kΩ
漏极D	源极S	40 kΩ	源极S	漏极D	6.3 kΩ
漏极D	栅极G	110 kΩ	栅极G	漏极D	29 kΩ

特别提示

场效应管在电路板上检测会受到其他元器件的影响，与单独检测差别很大，这是正常的。若测得场效应管各引脚之间的阻值与表5-1中所列值之间存在很大偏差或趋于零或无穷大，表明场效应管可能已经损坏。值得注意的是，场效应管易受静电作用而被击穿损坏，一般不要将其从电路板上焊下。

5.6 三端稳压器的识别与检测

5.6.1 三端稳压器的功能特点

在电动自行车的控制器电路中，三端稳压器是其中的主要元件之一，主要用于将电池送来的36V或48V电压稳压后输出12V或5V电压，供给电路中其他元件。图5-17所示为其实物外形和电路符号。

电动自行车三端稳压器的识别与检测

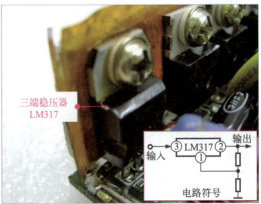

图5-17 典型三端稳压器的实物外形和电路符号

第 5 章 电动自行车电子元器件的识别与检测

> **特别提示**
>
> 三端稳压器的外形与晶体三极管也很相似,通常可根据其表面的型号标识进行识别,电动自行车中采用的三端稳压器主要有7805(78L05)、7806、7812、7815及可调三端稳压器LM317、LM337等。

5.6.2 三端稳压器的检测方法

图 5-18 所示为控制器中稳压器 LM317 的检测方法。

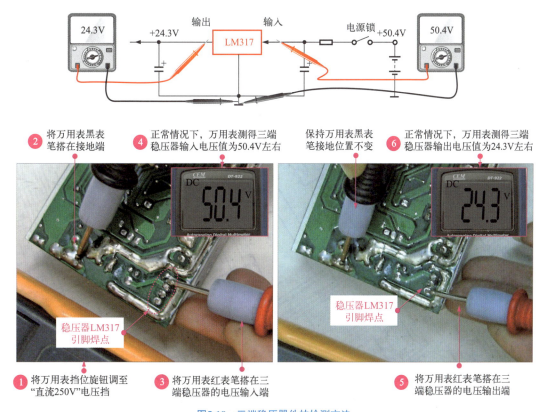

图5-18 三端稳压器件的检测方法

实测其输入端电压约为 50.4V,输出端电压约为 24.3V,正常。若输入正常,无输出,则表明该稳压器损坏,应选用同型号稳压器进行更换。

5.7 集成电路的识别与检测

5.7.1 集成电路的功能特点

在电动自行车电路板中,集成电路是很重要的组成器件,例如充电器中开关振荡集成电路，控制器中的PWM信号产生集成电路、电压比较器、运算放大器、驱动集成电路等。集成电路多以双列直插式或表面贴装式焊接在电路板上。图5-19所示为电动自行车电路板中常见的集成电路。

表面贴装式集成电路

双列直插式集成电路

表面贴装式集成电路，其引脚贴焊在电路板上，引脚数量较多，这种集成电路在电动自行车和三轮车控制器中使用较多

双列直插式集成电路，其引脚插接在电路板上，引脚数量较少，这种集成电路在电动自行车和三轮车充电器电路中使用较多

图5-19　电动自行车电路板中常见的集成电路

集成电路具体功能一般是根据其型号进行识别的。集成电路的型号、生产厂商等信息通常会标识在相应的外壳上，维修人员可从这些标识中获取有用的信息。

特别提示

不同功能、不同厂商生产的集成电路，其标识也五花八门，缺乏维修经验的人员很容易混淆，搞不清集成电路的型号，延误维修进度。因此维修人员需要了解一些电动自行车电路板中常见的型号标识，如"TL系列""LM系列""MC系列""IR系列"等，根据这些型号开头的字母，便可顺利找到集成电路的相关型号。图5-20所示为常见的集成电路实物外形。

开关振荡集成电路 TL3842P

开关振荡集成电路 KA3842

(a) 充电器中的开关振荡集成电路

第 5 章 电动自行车电子元器件的识别与检测

(b) 控制器中的微处理器和电压比较器

(c) 无刷电动机三相绕组驱动集成电路

图5-20 常见的集成电路实物外形

> **相关资料**
>
> 另外，其他常见的开关振荡集成电路还有UC3842、UC3844N、UC3845、KA7500B、TL494、SG3525等；PWM信号产生电路（电压比较器）有LM393、LM339等；运算放大器有LM358、LM324等；无刷控制器微处理器芯片：MC33035、LB11820、A3932SEQ等；驱动集成电路有IR2101、IR2102、IR2103、IR2110、IR2113、IR2130等。

5.7.2 集成电路的检测方法

（1）开关振荡集成电路的检测方法

若怀疑开关振荡集成电路损坏，可在断电状态下，使用万用表对其各引脚的对地阻值进行检测，然后将检测各引脚的阻值与正常开关振荡集成电路各引脚的阻值进行对比，判断开关振荡集成电路是否正常。

开关振荡集成电路的检测方法如图 5-21 所示。

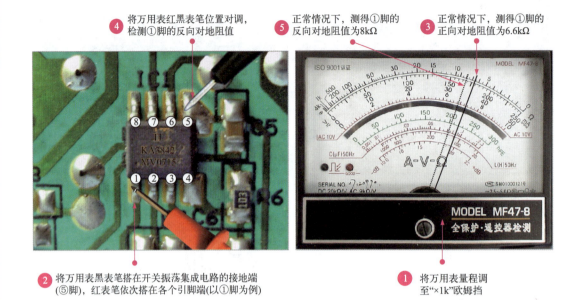

图5-21　开关振荡集成电路的检测方法

特别提示

正常情况下，测得开关振荡集成电路各引脚对地阻值，见表 5-2 所列。若测量结果与表中数值差别较大，说明该开关振荡集成电路已损坏。

表5-2　开关振荡集成电路KA3842各引脚对地阻值

引脚	黑表笔接地/kΩ	红表笔接地/kΩ	引脚	黑表笔接地/kΩ	红表笔接地/kΩ
①	6.6	8	⑤	0	0
②	0	0	⑥	6.4	7.5
③	0.3	0.3	⑦	5	∞（外接电容器）
④	7.4	12	⑧	3.7	3.8

（2）电压比较器（AS339 M）的检测方法

控制器中电压比较器若有损坏，则会造成电动自行车中欠压保护和过流保护起不到相应的作用。对其进行检测时，可以通过断电后检测其各引脚的对地阻值来进行判断。

电压比较器（AS339M）的检测方法如图 5-22 所示。

正常情况下，测得电压比较器（AS339 M）各引脚的正、反向对地阻值见表 5-3 所列。若实测结果与该表格数值偏差较大，则可能芯片内部电路损坏，用同型号芯片更换即可。

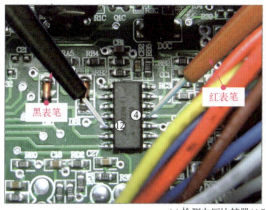

(a) 检测电压比较器(AS339M)④脚的正向阻值

(b) 检测电压比较器(AS339M)④脚的反向阻值

图5-22 电压比较器（AS339 M）的检测方法

表5-3 电压比较器（AS393 M）各引脚正、反向阻值

引脚	黑表笔接地/×10Ω	红表笔接地/kΩ	引脚号	黑表笔接地/×10Ω	红表笔接地/kΩ
①	14	2.6	⑧	27	18
②	14.5	2.5	⑨	36	18
③	13.9	1.4	⑩	16	8.5
④	27	18	⑪	26	4
⑤	32	18	⑫	0	0
⑥	27.5	18	⑬	16	∞
⑦	39	18	⑭	14	3.8

（3）运算放大器集成电路的检测方法

运算放大器集成电路（AS324M-E1）主要用来检测电压以及充电器的工作状态，怀疑运算放大器集成电路损坏时，可在断电状态下，对其各引脚的正、反向阻值进行检测。

运算放大器集成电路的检测方法如图5-23所示。

运算放大器集成电路（AS324M-E1）各引脚正、反向阻值，见表5-4所列。若测量结果与表中数值差别较大，说明该运算放大器集成电路已损坏。

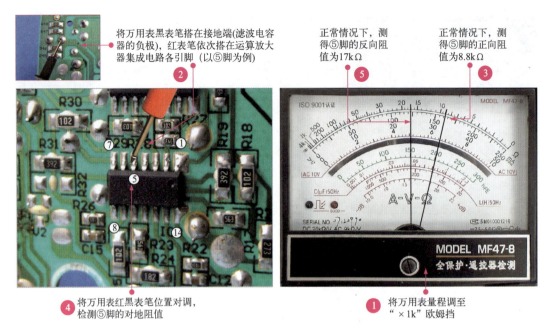

图5-23 运算放大器集成电路的检测方法

表5-4 运算放大器集成电路（AS324M-E1）各引脚正、反向阻值

引脚	黑表笔接地阻值/kΩ	红表笔接地阻值/kΩ	引脚	黑表笔接地阻值/kΩ	红表笔接地阻值/kΩ
①	9.4	37.5	⑧	9	56
②	0.7	0.7	⑨	0.5	0.5
③	0.7	0.7	⑩	0.7	0.7
④	5	13.7	⑪	0	0
⑤	8.8	17	⑫	1.7	1.5
⑥	9	56	⑬	0.7	0.7
⑦	9.4	56	⑭	9.3	55

第 6 章 电动自行车的故障特点与检修分析

6.1 电动自行车的故障特点

对于维修电动自行车，由于其功能结构和工作原理上的特点，加之工作方式、工作场合因素的影响，使得电动自行车的故障会明显区别于其他电器产品。因此，能够掌握电动自行车的故障特点，辨别不同故障的表现，并能够根据故障对产生故障的原因进行分析，制定合理、正确的检修流程是非常有效的一项技能，这项技能将指导我们完成检修。

电动自行车作为交通工具，最基本的功能是实现电动助力行驶和骑行，因此，出现故障后，最常见的故障也主要表现为行驶状态上。另外，由于其机械与电气结合的结构特点，电动自行车的故障又体现在机械和电气两个方面。

6.1.1 电动自行车常见的机械类故障

电动自行车的机械类故障，主要是指电动自行车因机械系统异常引发的故障。由于电动自行车机械系统是由其车体部件组合安装而成，因此，其故障特点非常直观、明显，如图 6-1 所示，多表现为安装连接不当、润滑不良或机械部件损坏等。例如，车把转向不灵活、车闸失灵、链条松脱断裂、车轴磨损有异响等。

① 电动自行车车把晃动、转向不灵活故障　电动自行车车把晃动、转向不灵活主要表现为电动自行车在行驶过程中，车把出现明显晃动，转向时车把发轴、不灵活，如图 6-2 所示。

② 电动自行车中轴"咯吱"异响故障　踩动电动自行车或电动三轮车的脚蹬行驶时，中轴部分发出"吱吱"的噪声，并能明显感觉到晃动，如图 6-3 所示。

③ 电动自行车前闸刹车不灵活故障　电动自行车行驶过程中，捏前闸时感觉闸线过紧，刹车效果不明显，如图 6-4 所示。

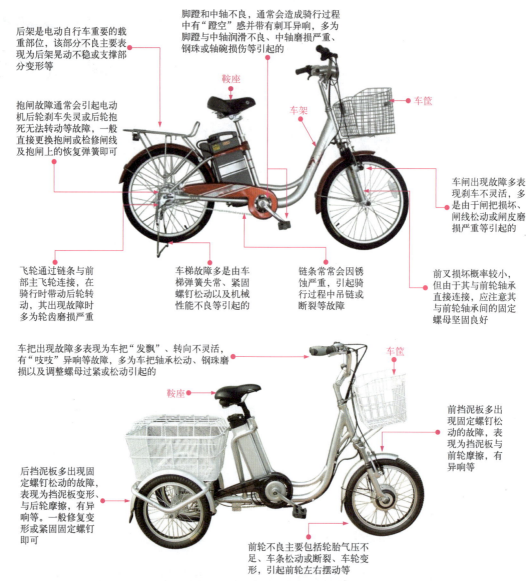

图6-1 电动自行车的机械系统部分

图6-2 车把晃动、转向不灵活的故障表现

第6章 电动自行车的故障特点与检修分析

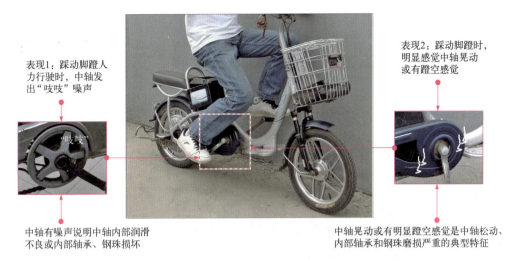

图6-3 中轴"咯吱"异响的故障表现

图6-4 前闸刹车不灵活的故障表现

6.1.2 电动自行车常见的电气类故障

电动自行车可以在电池供电下实现自动行驶,用户可以通过车把处的转把控制电动自行车行驶的速度,这些功能主要是由电动自行车电气系统实现的,一旦电动自行车电气系统出现故障,便会导致电动自行车无法自动行驶,因此,电动自行车电气系统的故障特点与机械系统的故障特点有非常明显的区别。

图6-5所示为电动自行车的电气类故障的故障特点。

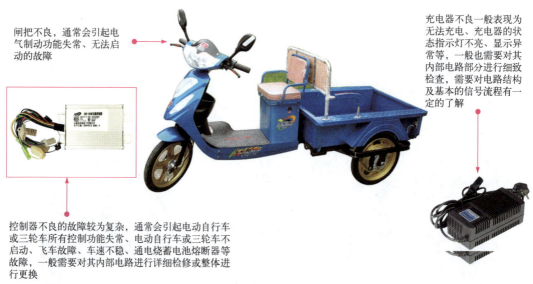

图6-5 电动自行车的电气类故障的故障特点

（1）不启动故障

电动自行车不启动主要表现为打开电动自行车电源锁后，旋动转把，电动自行车不能启动，如图6-6所示。

（2）行驶时抖动故障

电动自行车行驶时抖动的故障主要表现为电动自行车启动无力，并伴有抖动的现象，如图6-7所示。

第 6 章 电动自行车的故障特点与检修分析

表现：打开电源锁，旋动转把时，电动自行车或三轮车不能启动

旋动转把不启动说明：一、调速信号无法送至控制器；二、控制器异常无法输出驱动信号；三、整机无供电，各功能部件无法工作

图6-6　不启动故障表现

表现2：电动自行车或三轮车启动时感觉电动机抖动

电动机抖动说明其启动不均衡，多为缺相故障

启动无力，说明电动机的驱动信号异常

表现1：电量充足，但电动自行车或三轮车启动无力

图6-7　行驶时抖动的故障表现

（3）飞车故障（高速失控）

电动自行车出现飞车的故障较典型，主要体现在：当接通电动自行车或电动三轮车电源后，电动机便高速运转，不受转把的控制；或在行车过程中，未调整转把便进行突然加速等，如图6-8所示。

（4）行驶里程严重缩短故障

电动自行车的行驶里程严重缩短表现为，将蓄电池充满电或同等电量状态下，行驶里程或可持续行驶时间明显缩短，如图6-9所示。

图6-8 飞车故障表现（高速失控）

图6-9 行驶里程严重缩短故障表现

（5）蓄电池放置一段时间后存电不足或无电故障

电动自行车在不使用放置一段时间后，原本电量充足的蓄电池出现电量不足甚至完全无电的情况，如图6-10所示。

（6）蓄电池及充电障碍

电动自行车蓄电池及充电障碍，通常表现为蓄电池不能充电、充电时间短且充电不足、充电充足但绿灯不亮、蓄电池鼓包漏液等情况，如图6-11所示。

（7）电动自行车指示异常故障

电动自行车出现指示故障，通常表现为仪表盘的指示灯不亮、电动机正常，仪表盘的指示灯不亮、电动机不正常等情况，如图6-12所示。

第6章 电动自行车的故障特点与检修分析

图6-10 蓄电池放置一段时间后存电不足或无电故障表现

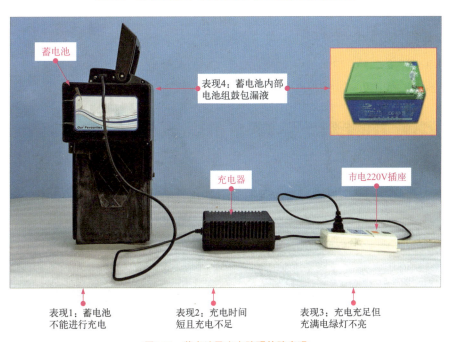

图6-11 蓄电池及充电障碍故障表现

图6-12 指示异常故障表现

099

6.2 电动自行车常见故障的基本检修流程

对电动自行车的故障特点有所了解后，进行检修时，应先进行正确的检修分析，根据电动自行车的故障特点，初步确立电动自行车产生故障的原因及故障部位，然后根据先外部后内部、先易后难进行检修，最后对其可能产生故障的部件进行检查、修复、代换，从而排除电动自行车的故障。

6.2.1 电动自行车机械部件的故障检修流程

电动自行车机械部件主要包括车把、脚蹬和中轴、链条、车闸、车梯、挡泥板、后架、车轮，这些部件的故障多是由于使用保养不当而造成部件本身老化或磨损。其故障表现通常比较直观，检修过程也比较简单。

（1）车把的故障检修流程

车把出现故障多为车把轴承松动、钢珠磨损以及调整螺母过紧或松动引起的，一般进行润滑、更换或紧固即可，如图6-13所示。

图6-13 车把故障分析

（2）脚蹬和中轴的故障检修流程

脚蹬和中轴故障多为脚蹬与中轴润滑不良、中轴磨损严重、钢珠或轴碗损伤等引起的，通常进行更换或润滑即可，如图6-14所示。

（3）链条的故障检修流程

链条出现故障一般进行润滑或重新连接即可排除，如图6-15所示。

（4）车闸的故障检修流程

车闸出现故障多是由于闸把损坏、闸线松动、闸皮磨损或车闸损坏严重等引起的，一般直接更换闸皮、车闸、闸把或检修闸线即可，如图6-16所示。

第 6 章 电动自行车的故障特点与检修分析

图6-14 脚蹬和中轴故障分析

图6-15 链条故障分析

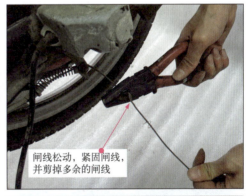

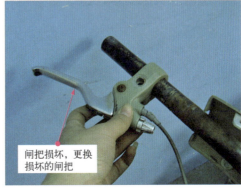

图6-16 车闸故障分析

（5）车梯的故障检修流程

车梯故障多是由车梯弹簧失常、紧固螺钉松动以及力学性能不良等引起的，一般直接更换即可，如图6-17所示。

图6-17 车梯故障分析

（6）挡泥板的故障检修流程

挡泥板故障多出现在挡泥板变形、断裂和固定螺钉松动等，一般修复变形或紧固固定螺钉即可排除故障，如图6-18所示。

图6-18 挡泥板故障分析

（7）后架的故障检修流程

后架故障一般可通过紧固与后轴间的故障螺钉，更换质量良好的后架或对因载重或撞击变形的部位进行修复即可，如图6-19所示。

（8）车轮的故障检修流程

车轮故障一般可通过为轮胎充气或修补、紧固车条或修复轮圈即可排除，如图6-20所示。

第6章 电动自行车的故障特点与检修分析

图6-19 后架故障分析

图6-20 车轮故障分析

6.2.2 电动自行车机械系统的故障检修流程

电动自行车机械类故障不同于其他的电子产品，检修时没有具体的操作先后顺序。例如，当电动自行车出现前刹车失灵故障时，很容易判断出可能是闸线螺钉松动或闸皮部分磨损严重引起的，紧固螺钉或更换闸皮后即可排除故障。又如，在行车时车把不灵活且出现"吱吱"的噪声，则多为车把转轴部分锈蚀严重，适当添加润滑油即可排除故障。

一般对电动自行车机械类故障进行检修时，通常可按图 6-21 所示排除并解决故障。

下面我们针对上一节提出的机械类故障的几个常见故障部位进行简单的故障分析，从中领悟分析的要领、规律，并灵活运用和扩展到其他故障检修中。

（1）车把晃动、转向不灵活的故障检修流程

电动自行车在使用过程中，车把常会出现晃动、转向不灵活的问题，该类故障可能是由前轮轮胎气压过低、前叉调整螺母过紧或松动、前叉轴承或钢珠磨损严重等引起的，车把晃动、转向不灵活的故障检修流程如图 6-22 所示。

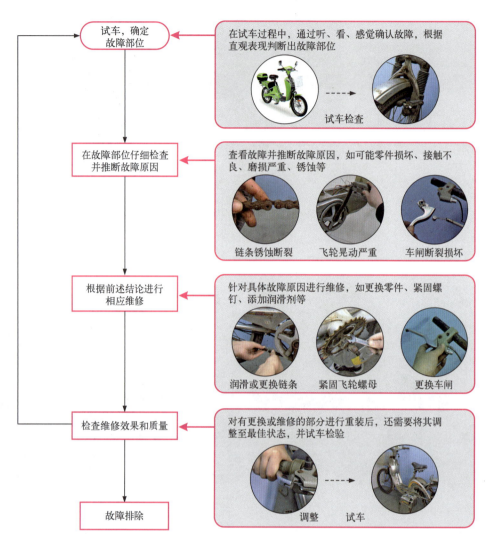

图6-21 机械类的故障检修思路

（2）中轴转动时发出"咯吱"异响的故障检修流程

踩动电动自行车或电动三轮车的脚蹬行驶时，中轴部分发出"咯吱"的噪声，并能明显感觉到中轴被摩擦，该故障是由于中轴缺油以致磨损严重、钢珠损坏所引起的，中轴转动时发出"咯吱"异响的故障检修流程如图6-23所示。

（3）前车闸过紧、不灵活的故障检修流程

电动自行车行驶过程中，按动前闸把时感觉闸线过松，刹车效果不明显或按动闸把时车闸过紧，有明显的摩擦刹车声。该故障多是由前闸闸线、闸皮磨损严重引起的，前车闸过紧、不灵活的故障检修流程如图6-24所示。

第 6 章 电动自行车的故障特点与检修分析

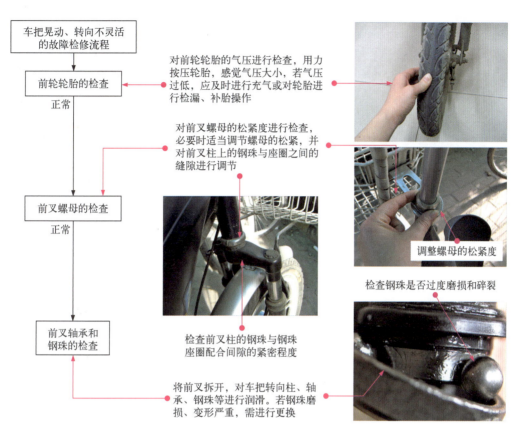

图6-22　车把晃动、转向不灵活的故障检修流程

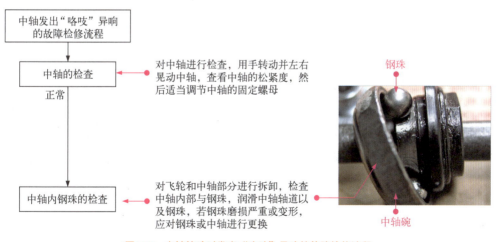

图6-23　中轴转动时发出"咯吱"异响的故障检修流程

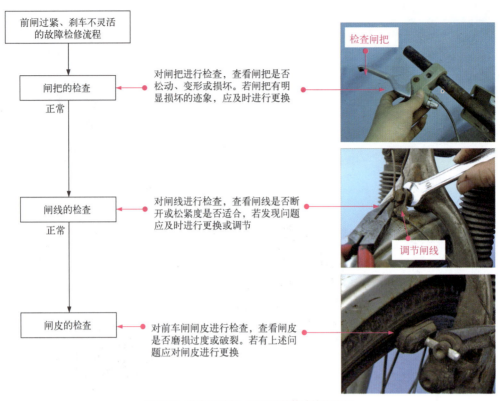

图6-24 前车闸过紧、不灵活的故障检修流程

> **相关资料**
>
> 目前,很多新型电动自行车中,前闸部分得到了很大的改善,有些采用抱闸式,还有些采用轮盘式,如图6-25所示。对该类车闸故障进行检修时,了解其制动原理后,根据具体问题具体分析的原则进行检修,很多问题都可迎刃而解。

图6-25 新型车闸

6.2.3 电动自行车电气系统的故障检修流程

电动自行车电气系统通过电路控制电动自行车的机械系统动作，进而实现电动骑行的功能，电气系统中任何一个元器件不良或部分电路存在故障都可能导致电动自行车无法正常工作。单从故障表现上，虽然很容易检查出故障，但对于故障原因的排查、分析过程较为复杂，很难在第一时间锁定故障部位。例如，电动自行车无法启动时，不仅要检查蓄电池，同时还要对控制器、电动机部分进行检查。另外，电源锁部分连接不良也会出现无法启动的故障。

可以看出，电动自行车电气系统中，一种故障表现可能对应多种故障原因；一个故障原因也可能出现不同故障表现。因此，在对该部分进行检修时，首先要了解其关键部件之间的信号关系，掌握其各部件的功能特点以及工作原理，并从故障表现寻找检修线索，这是检修该类故障的一条捷径。

一般对电动自行车电气类故障进行检修时，通常可按图6-26所示进行。

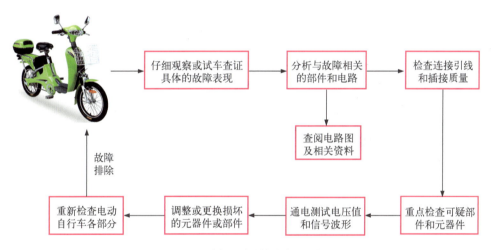

图6-26　电气系统的故障检修思路

（1）供电不良的故障检修流程

图6-27所示为电动自行车供电不良故障的基本检修流程。

① 蓄电池放置一段时间后电量下降的检修流程　蓄电池放置一段时间后电量下降的故障多是由蓄电池导线对地短路、蓄电池内部故障引起的，该类故障的基本检修流程如图6-28所示。

② 蓄电池变形的检修流程　蓄电池变形故障一般从外观上即可很容易判断，其多为内部单个或多个蓄电池组损坏引起的，该类故障的基本检修流程如图6-29所示。

③ 蓄电池充满电后电量下降过快的检修流程　蓄电池充满电后电量下降过快多是由电路中存在主供电线路对地短路、蓄电池本身性能不良等引起的，该类故障的基本检修流程如图6-30所示。

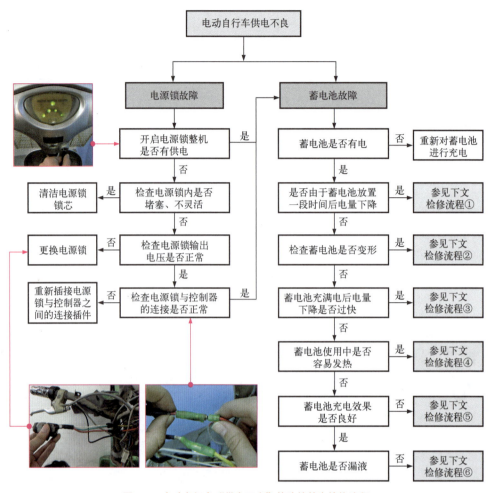

图6-27 电动自行车"供电不良"故障的基本检修流程

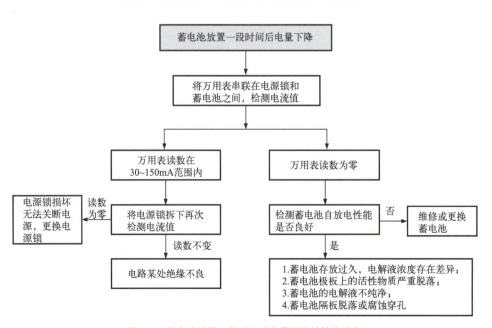

图6-28 蓄电池放置一段时间后电量下降的检修流程

第6章 电动自行车的故障特点与检修分析

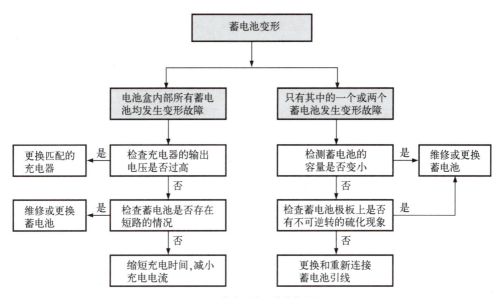

图6-29 蓄电池变形的检修流程

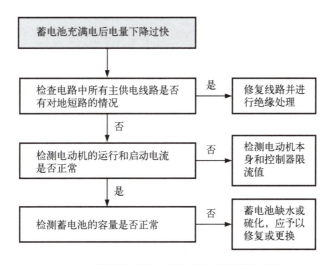

图6-30 蓄电池充满电后电量下降过快的检修流程

④ 蓄电池使用中容易发热的检修流程　正常情况下，蓄电池在使用或充电过程中会有一定程度的发热现象，但若短时间内外壳温度上升过快，则属于过热故障，可能会造成蓄电池内部电解液蒸发过快而引起电池内部电解液干涸；加速电池内部极板等氧化，最终导致蓄电池容量下降，性能不良。该故障多是由电动自行车中机械部件不良引起的阻力过大、负载过重或线路中存在短路等引起。该类故障的基本检修流程如图6-31所示。

⑤ 蓄电池充电效果不良的检修流程　蓄电池充电效果不佳（蓄电池容量下降）多是由蓄电池内部不良引起的，常见的有蓄电池内缺水、电解质干涸、极板硫化等，该类故障的基本检修流程如图6-32所示。

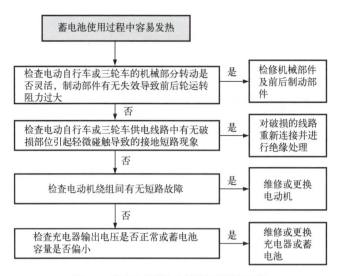

图6-31 蓄电池使用中容易发热的检修流程

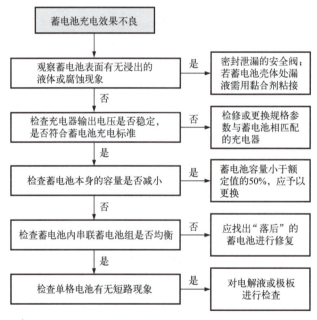

图6-32 蓄电池充电效果不良的检修流程

⑥ 蓄电池漏液的检修流程　蓄电池出现漏液一般是指打开蓄电池外壳后,在其内部电池组的安全阀处有明显的氧化腐蚀现象,多是由安全阀密封不良引起的,该类故障的基本检修流程如图6-33所示。

(2) 电动自行车控制不良的检修流程

电动自行车出现控制不良的故障时,转把故障、闸把故障和控制器故障是最为常见的三个原因,需认真检查。

图6-34所示为电动自行车控制不良故障的基本检修流程。

第6章 电动自行车的故障特点与检修分析

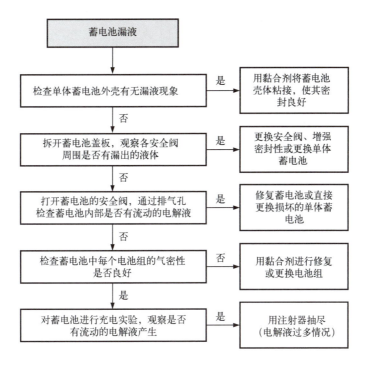

图6-33 蓄电池漏液的检修流程

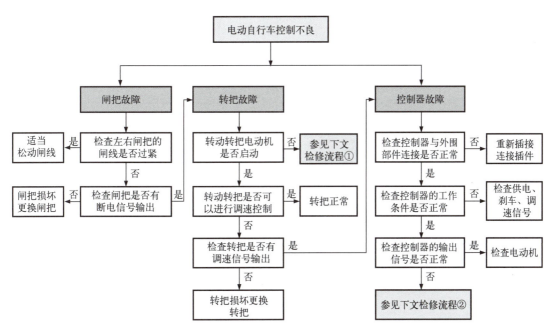

图6-34 电动自行车控制不良故障的基本检修流程

① 转动转把电动机不启动的检修流程　转动转把电动机不启动是指电动机正常的情况下，转动转把电动机不能启动运转，该故障多是由转把损坏或控制器内部元件异常引起的，其基本检修流程如图6-35所示。

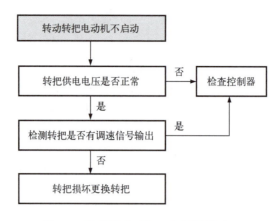

图6-35 转动转把电动机不启动的检修流程

② 控制器输出异常的检修流程 控制器输出异常是指控制器的供电、刹车、调速信号均正常的情况下,控制器的输出使电动机高速运转、控制器输出电压不稳、控制器无输出、控制器输出缺相等,该故障多是由于控制器内部元件异常引起的,其基本检修流程如图6-36所示。

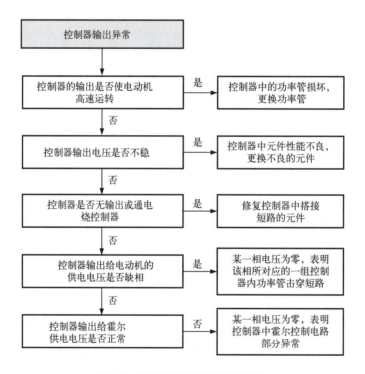

图6-36 控制器输出异常的检修流程

③ 电动自行车动力不良的检修流程 电动自行车出现动力不良的故障时,转把故障、控制器故障和电动机故障是最为常见的三个原因,需认真检查。

图6-37所示为电动自行车动力不良故障的基本检修流程。

第6章 电动自行车的故障特点与检修分析

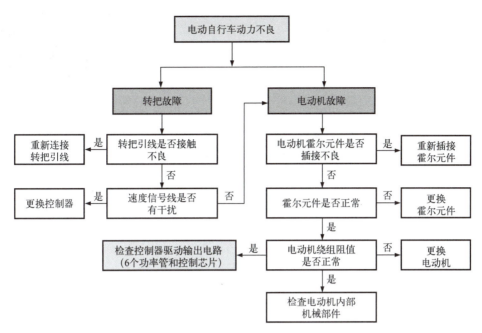

图6-37 电动自行车动力不良故障的基本检修流程

第7章 电动自行车的拆装

7.1 电动自行车的拆卸

7.1.1 电动自行车的拆卸流程

拆卸电动自行车是进行电动自行车维修操作的前提，掌握正确的操作方法和步骤，对于准确、高效拆卸电动自行车，提高维修效率十分关键。在进行电动自行车的拆卸操作之前，应首先了解并熟悉其基本的拆装流程，如图7-1所示。电动自行车根据产品型号、规格及性能的不同，内部结构虽然存在细微差异，但基本的拆装流程十分相似，这里我们从维修角度，将电动自行车的拆卸划分成几部分。

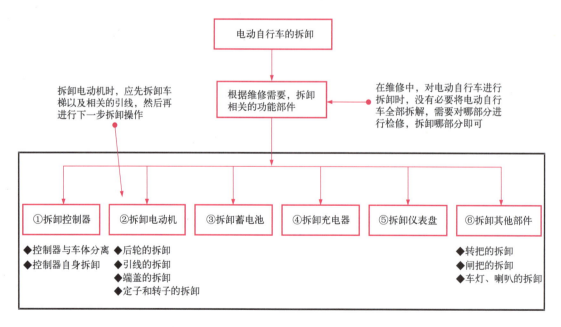

图7-1 电动自行车的拆卸流程

第 7 章 电动自行车的拆装

> **特别提示**
>
> 在对电动自行车各部件拆卸之前,应先判断该部件的连接方式再进行拆卸,常见的连接方式是通过螺钉连接、接插件连接和焊接,很多电动自行车为了美观,会在固定螺钉上方有卡扣固定。图7-2所示为螺钉连接、接插件连接和焊接固定的电动自行车部件。在拆下电路板时要确保所有的螺钉都已拆下,并焊开焊接处,拔下接插件,以免用力过猛损坏电动自行车。

电动机的端盖使用固定螺钉进行固定,拆卸时要使用尺寸合适的十字螺丝刀进行拆卸

固定螺钉

电动机后端盖

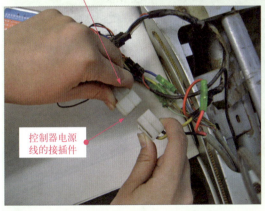

控制器等部件的引线是通过连接插件连接在一起的,拆卸时要用手轻轻地将连接插件拔开

控制器电源线的接插件

焊接部件

蓄电池内的引线焊接在单体电池的接线柱上,拆卸时要使用电烙铁对焊点进行加热,待焊锡熔化后,再取下引线

图7-2 螺钉固定、接插件连接和焊接固定的电动自行车部件

7.1.2 电动自行车控制器的拆卸

若怀疑电动自行车中的控制器出现故障,需要对其进行维修时,首先需要对控制器进行拆卸,拆卸控制器时可分为两大步骤,即将控制器与电动自行车车身进行分离以及控制器自身的拆卸。

(1)控制器与电动自行车车身分离的拆卸方法

目前,电动自行车的控制器多采用分体式,控制器主体部分多安装于车体脚踏板处,防止雨水进入。拆卸时,可先找到控制器,然后将其从电动自行车上取下,最后再对无刷电动机控制器进行拆卸。

控制器与电动自行车车身分离的拆卸方法如图 7-3 所示。

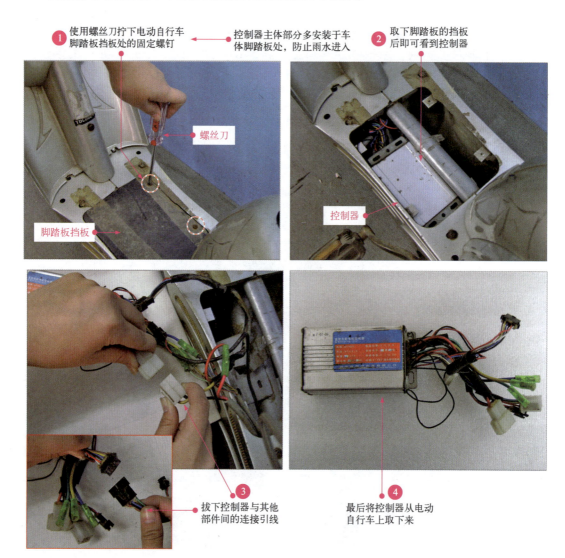

图7-3　控制器与电动自行车车身分离的拆卸方法

（2）控制器自身拆卸的方法

从电动自行车车身上取下控制器后，则可以根据检修的需要进一步对控制器自身进行拆卸。拆卸控制器时，应先找到控制器的固定方式，然后使用合适的工具对控制器进行拆卸。控制器自身拆卸的方法如图 7-4 所示。

> **相关资料**　电动自行车的控制器根据电动机的不同可分为有刷电动机控制器和无刷电动机控制器两种，这两种控制器对电动自行车的控制方式不同，但在对控制器进行拆卸时大致类似，只是在拆卸连接引线时，有刷电动机控制器的引线较少。

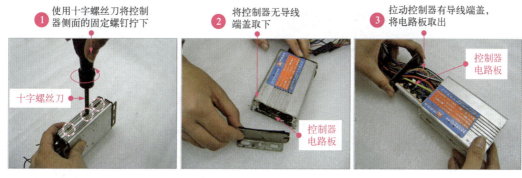

图7-4 控制器自身拆卸的方法

7.1.3 电动自行车电动机的拆卸

电动自行车的电动机根据其结构的不同,主要分为有刷电动机和无刷电动机两大类,下面以无刷电动机为例讲述电动机的拆卸方法。

在对电动机进行拆卸之前,应先查看并分析拆卸的入手点以及螺钉或卡扣的紧固部位,然后根据拆卸流程进行拆卸。

(1)电动自行车后轮的拆卸方法

拆卸无刷电动机前,首先需要将电动自行车后轮卸下,以方便对无刷电动机的进一步拆卸。电动自行车后轮的拆卸方法如图 7-5 所示。

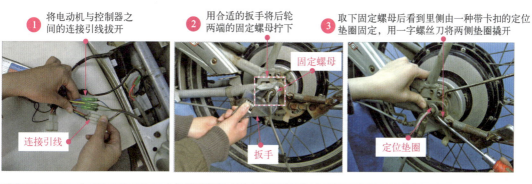

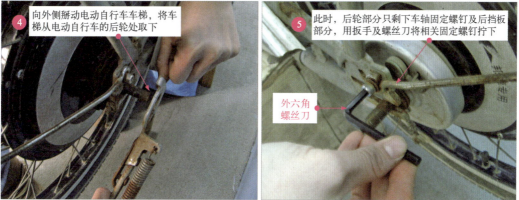

图7-5

图7-5　电动自行车后轮的拆卸方法

（2）电动机连接线的拆卸方法

由于电动机的输出引线端有一个较大的插头，拆卸时，螺母、垫圈、车梯等均无法直接取下，因此，在拆卸电动机前，需要将该插头与引线进行分离。

电动机连接线的拆卸方法如图7-6所示。

图7-6　电动机连接线的拆卸方法

（3）端盖的拆卸方法

端盖是用来固定和保护电动机的正常运行，若无刷电动机功能失常需要进行拆卸维修时，应先对端盖进行拆卸。拆卸时，可首先做好相应的标记，然后再进一步进行拆卸。

端盖的拆卸方法如图7-7所示。

（4）定子和转子的拆卸方法

将电动机的端盖取下后，即可以看到电动机内的定子和转子，进一步检修时，可对定子和转子进行分离，完成电动机的检修。

定子和转子的拆卸方法如图7-8所示。

第 7 章　电动自行车的拆装

① 使用记号笔在电动机的前后端盖上做好标记，以便重装时能够完全对应

② 使用螺丝刀将电动机前后端盖的固定螺钉分别拧下

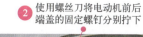
有刷直流电动机的拆卸方法

③ 电动机端盖部分装配紧密，拆卸时在端盖与轴承的衔接处滴加适量润滑油，待过一小段时间后再进行拆卸

④ 接着用一字螺丝刀插入电动机端盖缝隙，轻轻撬动

⑤ 将电动机前端盖从输出引线中抽出，将前端盖彻底取下

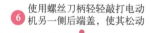

⑥ 使用螺丝刀柄轻轻敲打电动机另一侧后端盖，使其松动

⑦ 将松动的后端盖从电动机上彻底取下

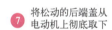

图7-7　端盖的拆卸方法

相关资料　若不需要对无刷电动机内部进行检修或更换，应尽量避免对其内部的拆卸，防止重装不当引起损耗过多，降低电动机本身性能或使用寿命。另外，若怀疑无刷电动机损坏，可以直接更换整个电动机。

① 将后轮放置在地面上，对后轮圆周向下均匀用力

② 向下用力后即可将定子及线圈与转子分离

定子及线圈

电动机转子部分

图7-8　定子和转子的拆卸方法

💡 特别提示

若需要维修的电动自行车采用的电动机为有刷电动机，则在对其进行拆卸检修时，端盖的拆卸方法与无刷电动机类似，只是在对定子和电刷进行拆卸时有所区别，有刷电动机中定子和电刷的拆卸方法如图7-9所示。

定子

固定螺钉　电刷架

螺丝刀

电刷架

① 向下用力按压后轮部分，使电动机定子与转子分离，抽出电动机定子

② 拧下电刷架固定螺钉

③ 固定螺钉拧下后，即可将电刷架取下

电刷架取下后，接着将电刷从定子中抽出

④

定子

电刷

图7-9　有刷电动机中定子和电刷的拆卸方法

7.1.4 电动自行车蓄电池的拆卸

若怀疑电动自行车的蓄电池出现异常，对其进行检修时，应先将蓄电池从电动自行车中进行分离开，然后再进一步对蓄电池本身进行拆卸，找到故障部位。

（1）蓄电池与电动自行车分离的方法

拆卸蓄电池时，首先需要将蓄电池从电动自行车上取下来，然后再对故障蓄电池进行拆卸。分离蓄电池与电动自行车时，需要将电源插头从蓄电池上拔下，然后取下蓄电池。

蓄电池与电动自行车分离的方法如图 7-10 所示。

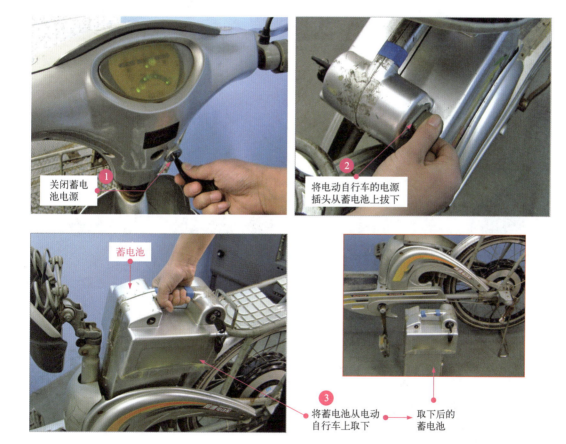

图7-10　蓄电池与电动自行车分离的方法

（2）蓄电池自身的拆卸方法

蓄电池本身是由多个单体电池构成的，在对其进行拆卸时，将蓄电池的外壳打开后，即可看到内部的单体电池。

蓄电池自身的拆卸方法如图 7-11 所示。

❶ 使用十字螺丝刀将蓄电池外壳上的固定螺钉拧下

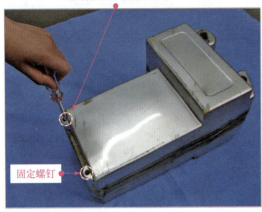

固定螺钉

❷ 将蓄电池外壳打开，此时即可看到内部的单体电池

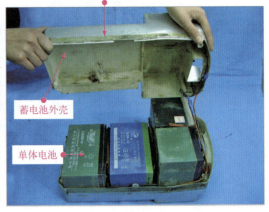

蓄电池外壳

单体电池

❸ 将单体电池从蓄电池的外壳中取出

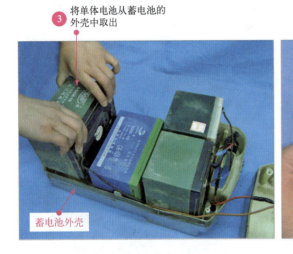

蓄电池外壳

❹ 单体电池是由连接引线进行连接的，使用电烙铁对连接引线的焊点进行加热

连接引线（铜线）

电烙铁

❺ 经加热焊锡熔化后，将连接引线与单体电池分离

❻ 使用一字螺丝刀将单体电池的护板撬起

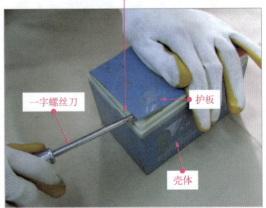

一字螺丝刀

护板

壳体

第 7 章 电动自行车的拆装

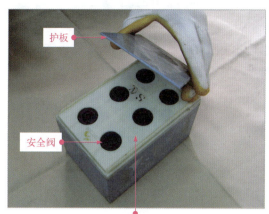

❼ 取下单体电池的护板后即可看到内部的安全阀

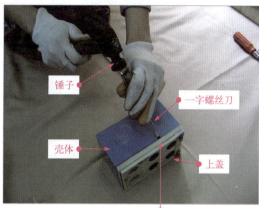

❽ 将一字螺丝刀插入单体电池壳体与上盖之间的缝隙处，用锤子敲击一字螺丝刀，直至单体电池的上盖脱落

❾ 取下单体电池的上盖，即可看到内部的单格电池

❿ 使用尖嘴钳夹住单格电池上的跨桥焊，将单格电池取出

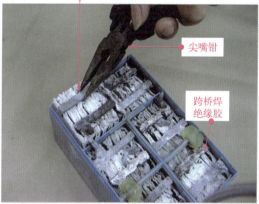

⑪ 将单格电池的负极板与跨桥焊的焊接处焊开，取下负极板，此时即可看到正极板

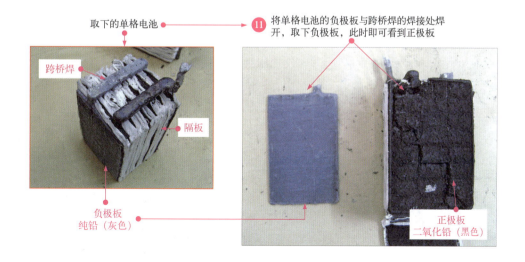

图7-11　蓄电池自身的拆卸方法

特别提示

在对电动自行车蓄电池进行拆卸时,由于其内部的电解液为稀释后的硫酸,如图7-12所示,所以在操作时还应注意避免这种腐蚀性液体对人身和车体的损伤。不能使用有机溶剂清洗蓄电池外壳。

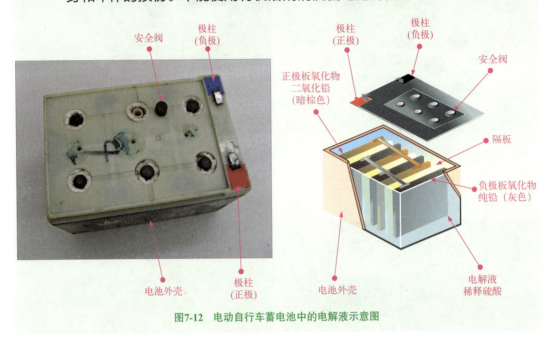

图7-12 电动自行车蓄电池中的电解液示意图

7.1.5 电动自行车充电器的拆卸

若电动自行车出现异常,怀疑充电器有故障时,则需要对充电器进行拆卸。在拆卸过程中,应先观察充电器的固定方式,根据固定方式选择合适的拆卸工具,然后再进一步进行拆卸。

电动自行车充电器的拆卸方法如图7-13所示。

❶ 使用十字螺丝刀将固定螺钉拧下

❷ 打开充电器的外壳,小心用力,防止将其内部引线扯断

第 7 章 电动自行车的拆装

❸ 用十字螺丝刀将散热风扇与外壳之间的固定螺钉拧下

❹ 将散热风扇取下，充电器拆卸完毕

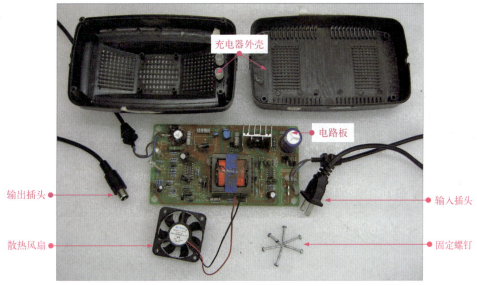

图7-13 电动自行车充电器的拆卸方法

7.1.6 电动自行车仪表盘的拆卸

若电动自行车指示出现异常时，怀疑仪表盘有故障，则需要对仪表盘进行拆卸。在拆卸过程中，应先观察仪表盘的固定方式，根据固定方式选择合适的拆卸工具，然后再进行拆卸。

仪表盘的拆卸方法如图 7-14 所示。

7.1.7 电动自行车其他部件的拆卸

若怀疑电动自行车其他的部件有损坏时，应针对怀疑的具体部件进行拆卸，如闸把、转把、车灯、喇叭、助力传感器等。在对这些部件进行拆卸时，应先确定该部件的固定方式，然后使用相应的工具将相关的部位拆卸下来，进行检修。

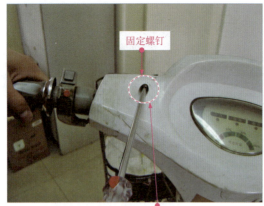

① 使用十字螺丝刀将车把两侧的固定螺钉拧下

② 用较硬的卡片将卡扣撬开，双手向前拉动前外壳将其取下

③ 拧下固定螺钉，取下电路板

④ 拔下固定插头

图7-14 仪表盘的拆卸方法

（1）电动自行车转把的拆卸方法

转把的拆卸方法如图7-15所示。

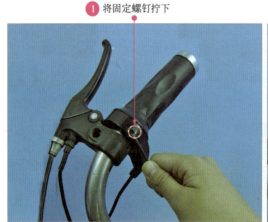
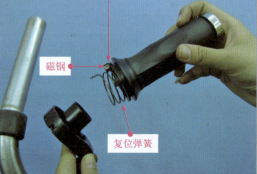

① 将固定螺钉拧下

② 将转把手柄与固定外壳分离

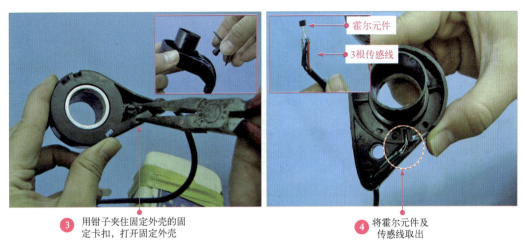

图7-15 转把的拆卸方法

（2）电动自行车闸把的拆卸方法

闸把的拆卸方法如图7-16所示。

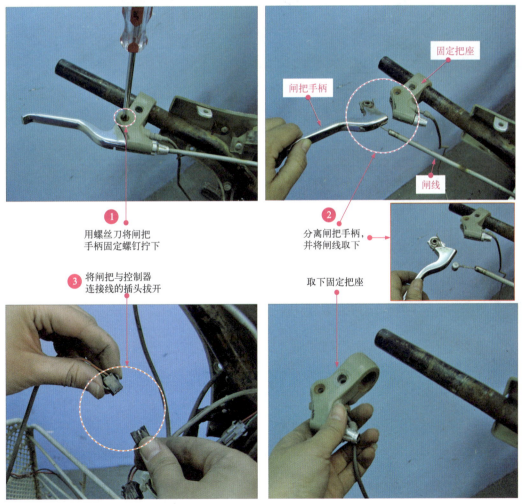

图7-16 闸把的拆卸方法

（3）电动自行车喇叭和车灯的拆卸方法

喇叭与车灯的拆卸方法如图 7-17 所示。

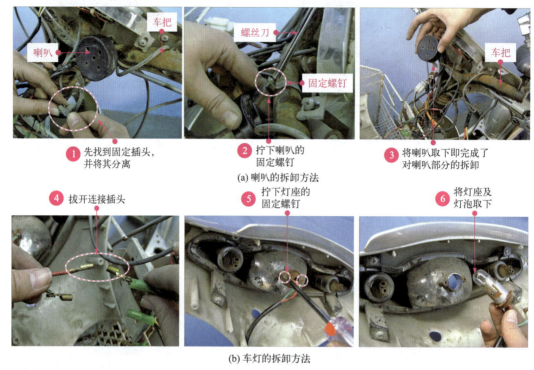

图7-17　车灯与喇叭的拆卸方法

7.2　电动自行车的组装

将电动自行车的故障排除后，应对拆卸的部件进行组装，各部件的组装是完成检修最重要的操作环节之一。在进行重新组装时需要注意零部件的安装顺序，并固定连接牢靠，以免因部件松动造成损坏。

7.2.1　电动自行车的组装流程

将电动自行车检修部件的故障排除后，还需要对该部件进行组装，恢复电动自行车的良好性能。在组装过程中应按照合理的组装流程进行操作，如图 7-18 所示。

在组装过程中，根据不同的部件，具体的组装流程也有所不同，可依据实际的操作进行调整，在组装过程中应重点注意以下几点。

① 重新安装时，应注意零部件安装的先后顺序，不要造成不必要的反拆装过程。

② 在固定螺钉时，应使用原有拆卸下螺钉进行固定，以免造成器件固定不牢，或螺钉过大对车体的损坏。

③ 对其相关线路的连接，应确保线路连接无误，严禁出现插头松动、线路连接错误或虚焊等现象。

第7章 电动自行车的拆装

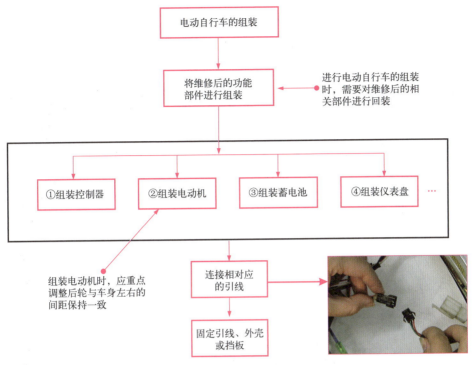

图7-18 电动自行车的组装流程

④ 当重装完成后,应对电动自行车整体进行初步调整和检测,防止重装不当可能引起的严重磨损,影响电动自行车使用寿命。

7.2.2 电动自行车控制器的组装

排除控制器的故障后,需要将控制器组装到电动自行车中,恢复电动自行车的性能,在组装控制器时应先将性能良好的控制器自身组装完成,然后再进一步将控制器组装回电动自行车中。

控制器的组装方法如图7-19所示。

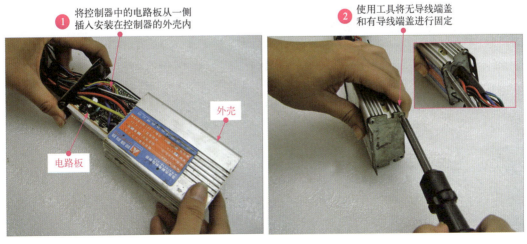

图7-19

129

❸ 使用螺丝刀将控制器侧面用于固定电路板的固定螺钉安装到原位

❹ 为了便于组装时控制器各引线的连接，可以在拆卸前将各连接引线的连接关系做好相对应的标记

❹ 将控制器的各连接引线与电动自行车的功能部件引线进行连接

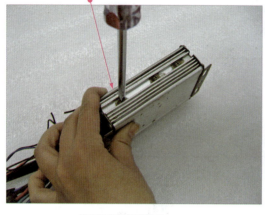

❺ 使用线束将控制器与其他部件之间的连接引线进行固定、绑扎

❻ 将控制器上方的脚踏板安装在原来的位置，并使用固定螺钉进行固定，完成控制器的组装

图7-19 控制器的组装方法

> **特别提示**
>
> 在组装电动自行车的控制器时，应重点核查各连接引线是否连接正确，该环节是控制器组装过程中的重要操作之一，若引线连接错误，则会造成电动自行车控制失常、电动机反转等故障。

7.2.3 电动自行车电动机的组装

电动机的组装方法如图 7-20 所示。

图7-20

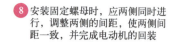

❼ 使用工具将固定螺母安装在电动机（后轮）的两侧，用于固定电动机（后轮）

❽ 安装固定螺母时，应两侧同时进行，调整两侧的间距，使两侧间距一致，并完成电动机的回装

调整间距时，可以使用测量工具对两侧的距离进行测量

图7-20 电动机的组装方法

 特别提示

在组装电动机时，应对角固定螺钉，使端盖与电动机之间没有缝隙；将电动机组装在车体时需要左右对称拧动螺母、调整间距。

7.2.4 电动自行车蓄电池的组装

蓄电池的组装方法如图 7-21 所示。

❶ 将需要代换的单体电池取下后，应把性能良好的单体电池安装回蓄电池中

❷ 根据单体电池的极性，使用电烙铁将连接导线焊接在良好单体电池的正负极

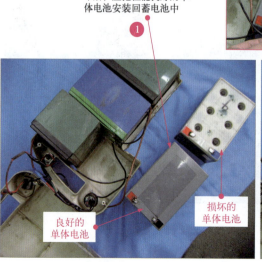
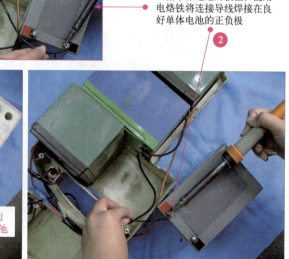

良好的单体电池

损坏的单体电池

第 7 章 电动自行车的拆装

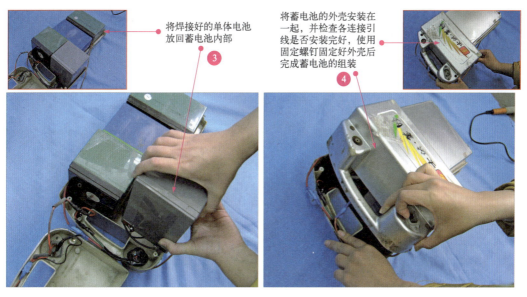

图7-21 蓄电池的组装方法

7.2.5 电动自行车充电器的组装

充电器的组装方法如图 7-22 所示。

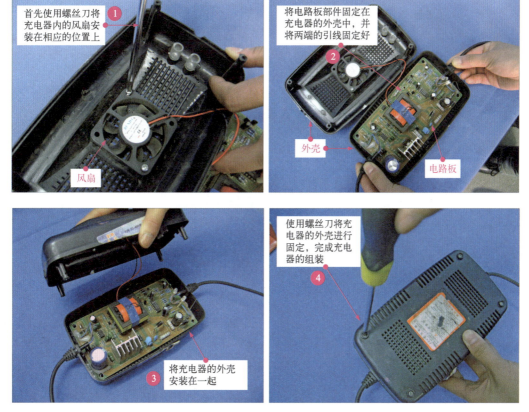

图7-22 充电器的组装方法

7.2.6 电动自行车仪表盘的组装

回装仪表盘时,可先将仪表盘固定在车架上,然后使用固定螺钉或线束对仪表盘进行固定,最后将各连接引线进行连接,完成仪表盘的组装。

仪表盘的组装方法如图7-23所示。

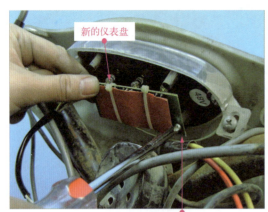
❶ 将需要更换的指示器电路板安装到车体中

❷ 将仪表盘的连接插件与控制器进行连接

❸ 将电动自行车的前外壳安置到车把上

❹ 将前外壳的固定螺钉拧紧后,完成仪表盘的回装操作

图7-23 仪表盘的组装方法

第8章 电动自行车转把和闸把的检修

8.1 转把的检修

8.1.1 转把的特点和结构

转把是电动自行车控制、调节行驶速度的重要部件,所以又称为调整转把。转把旋转的角度不同,对应输出给控制器的信号也不同,控制器根据转把提供的信号控制电动机的转速。电动自行车的转把部件一般安装在右手边,可以方便用户进行速度的调整,如图8-1所示。

图8-1 电动自行车中转把的安装位置

（1）转把的功能特点

将电动自行车通电后，转把主要是通过内部的元件来感应调速信号，然后将不同的调速信号传送到控制器中，由控制器根据调速信号的大小控制电动机的转速，如图 8-2 所示。

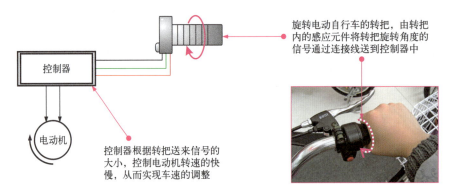

图8-2 转把的功能特点

> **相关资料**　根据转把内部使用的传感器不同，转把可以分为霍尔转把和光电转把两种，霍尔转把是以霍尔元件作为传感器，光电转把是以光电变换器作为传感器，图8-3所示为不同类型转把的实物外形。目前市场上多数转把采用霍尔元件作为传感器。

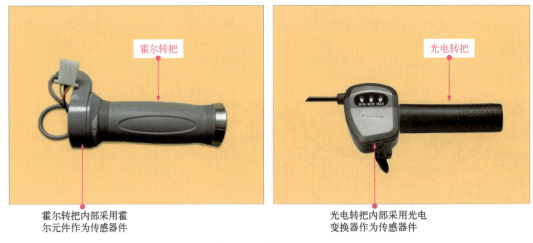

图8-3 不同类型转把的实物外形

（2）转把的结构组成

转把通常安装在电动自行车的右手把上，用以控制电动自行车的行驶速度，大多数转把内部主要是由磁钢、霍尔元件、复位弹簧、传感线路和塑料外壳构成的，如图8-4所示。

第8章 电动自行车转把和闸把的检修

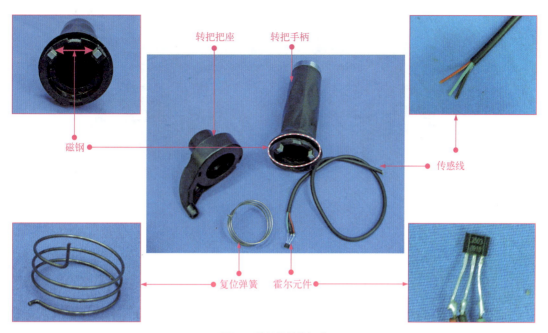

图8-4 转把的结构组成

> **相关资料**
>
> 目前，随着电动自行车技术的不断发展，其转把结构也有了更新，现在的转把上通常还会设置一个机械开关，其主要作用是实现电动自行车在行驶过程中进行定速行驶或加速行驶。图8-5所示为典型转把的实物外形。
>
> 图8-5 转把的实物外形

① 磁钢　磁钢位于转把手柄的内侧，有南北极（N/S）之分，其主要作用是向霍尔元件提供磁场信号，以便将转把的转角转换成速度控制信号。

通常，转把的内部构造根据磁钢可分为两种：一体磁钢型和分体磁钢型，如图8-6所示。

137

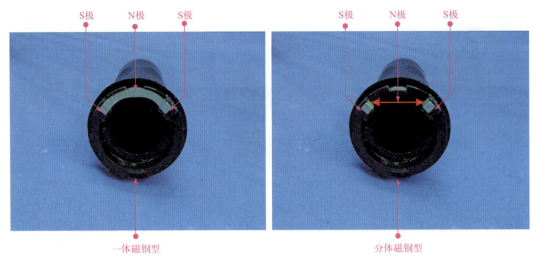

图8-6 磁钢的实物外形

② 霍尔元件 电动自行车转把上的霍尔元件就是一个传感器，其主要作用是将其所感应到的磁场信号转换成相应的电压值，并通过传感线路送入电动自行车的控制器，从而改变电动自行车的速度。霍尔元件传感器型号有很多，常用的有3501、3503、3508、3515等，图8-7所示为典型霍尔元件的实物外形。

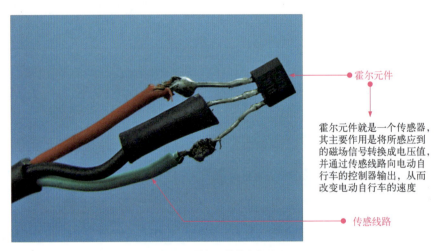

图8-7 霍尔元件的实物外形

③ 复位弹簧 复位弹簧的主要作用是，当旋转电动自行车转把时，其内部的复位弹簧也随之旋转，在其旋转过程中，磁钢的磁场强度及极性将随之改变，同时霍尔元件所感应到的磁场强度发生变化，因而输出不同的电压值。

一般通过旋动转把幅度的大小来改变行驶中加速和减速的功能

④ 传感线路 传感线路是霍尔元件与控制器的连接桥梁。根据转把功能的不同，传感线有3根导线和5根导线之分。在3根导线的传感线路中：红线接霍尔元件的+5V电源端，黑线接负极，绿线为信号输出线，而5根导线的传感线路则比3根导线多出蓝线和棕线，这两根导线用来与定速按钮进行连接，实现巡航功能。

⑤ 转把手柄　转把手柄是安装霍尔传感器的部件，如图8-8所示。

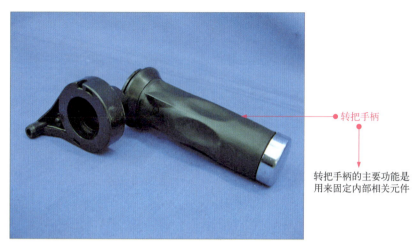

转把手柄

转把手柄的主要功能是用来固定内部相关元件

图8-8　转把手柄的实物外形

8.1.2　转把的工作原理

电动自行车加电后，转把的作用是给控制器提供调速信号，该信号由控制器识别和处理后，输出相应的电动机驱动信号，从而实现电动机的速度控制功能，如图8-9所示。

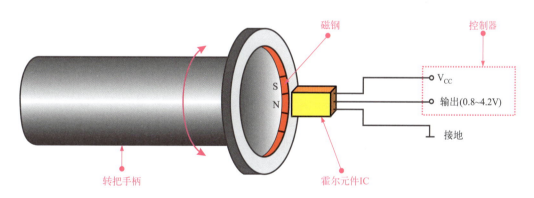

图8-9　转把的功能

骑行者通过转动右手的转把来调节电动车的行驶速度，当旋转转把后，转把带动内部磁钢转动从而使磁场产生变化。转把内的霍尔元件根据磁场强度和极性不同，输出不同的电压值，电压值作为速度信号送到控制器中，进而控制电动机的旋转速度。

电动自行车行驶速度的快慢，是由霍尔元件感应磁场极性来决定的，当磁钢的不同极性接近或离开霍尔元件时，霍尔元件输出的电压值将随之增加或减小。通常情况下，当向内转动转把时，霍尔元件输出的电压值将由低到高，称为正把，其电压值的范围为0.8～4.2V之间，当向外旋转转把时，霍尔元件输出的电压值将由高到低，称为反把，其电压值的范围为4.2～0.8V之间。

8.1.3 转把的检修方法

（1）转把的检修流程

由于电动自行车的启动、加速均是由转把进行控制的，因此转把本身的性能不良或部分元器件出现故障都可能导致电动自行车无法正常使用全电力骑行。

若使用全电力骑行电动自行车，转动转把出现动力全无的故障时，主要是对转把的性能进行检测，具体的检修流程如图 8-10 所示。

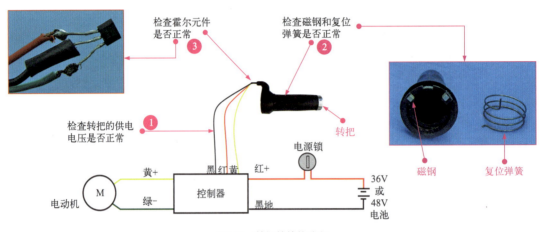

图8-10 转把的检修流程

（2）转把的检测

转把作为电动自行车的调速部件，其在行驶过程中被频繁使用，是易损坏的器件之一，判断转把的好坏时，可根据检测流程分析，先检测转把的电压是否正常，然后检测其重要的部件是否完好。

电动自行车转把供电电压的检测方法

1）供电电压的检测　正常情况下，转把的供电电压应为 +5V 左右；转动转把时，电压应在 0.8～5V 之间变化。

供电电压的检测方法如图 8-11 所示。

2）重要部件的检测　若转把的供电电压正常的情况下仍存在故障，则需要对转把内的重要部件进行检测。

① 磁钢和复位弹簧的检测　磁钢和复位弹簧是转把中非常重要的部件，若该部分损坏，则会造成转把控制失灵的故障。磁钢和复位弹簧的检测方法如图 8-12 所示。

> **相关资料**　磁钢极性的正反颠倒将会导致转把正把与反把的颠倒，如磁钢极性颠倒，只要电动自行车接通电源，无需旋转转把，电动车就会以最大功率行驶，即出现飞车现象。判断磁钢的正反，可使用金属器件对其极性进行判断。

第8章 电动自行车转把和闸把的检修

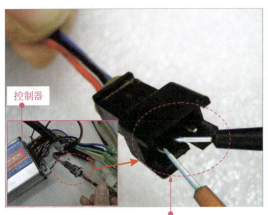

③ 经检测电动自行车的供电电压约为5V

② 将万用表的红表笔搭在红色引线上,黑表笔搭在黑色接地端

① 将万用表量程调至"直流10V"电压挡

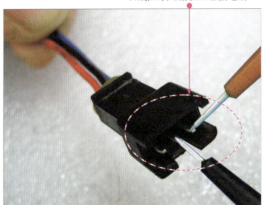

④ 将万用表的红表笔搭在绿色引线,黑表笔搭在黑色接地端

⑤ 经检测在转动转把的同时,电压在0.8~5V之间变化

图8-11 供电电压的检测方法

① 检测复位弹簧是否变形、脱落

② 检测磁钢是否脱落、反转

图8-12 磁钢和复位弹簧的检测方法

② 霍尔元件的检测　若转把内的磁钢和复位弹簧均正常，则应对霍尔元件进行检测，通常，可使用万用表对霍尔元件引脚的阻值进行检测。

霍尔元件的检测方法如图 8-13 所示。

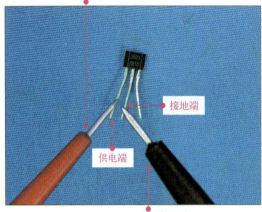

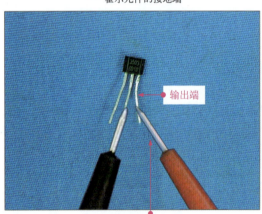

图8-13　霍尔元件的检测方法

8.2　闸把的检修

8.2.1　闸把的特点和结构

闸把是控制电动自行车车闸的操作部分，不论哪种类型的电动自行车其安装位置都是相同的，如图 8-14 所示。

第 8 章 电动自行车转把和闸把的检修

闸把

通常情况下,电动自行车中的闸把安装在前把上,左右各一个

图8-14 电动自行车中闸把的安装位置

(1) 闸把的功能特点

闸把是控制器的人工指令信号输入部件,当需要对电动车刹车时,操作闸把,其内部电路会输出给控制器一个制动信号,控制器接收到这个信号后,就会切断对电动机的供电,从而实现刹车断电功能,如图 8-15 所示。

图8-15 闸把的功能特点

通常电动自行车右手的闸把负责控制电动自行车的前轮制动,电动自行车左手的闸把控制电动自行车后轮的制动。

 特别提示

根据闸把内部结构的不同,闸把可分为机械闸把和电子闸把,如图 8-16 所示。

143

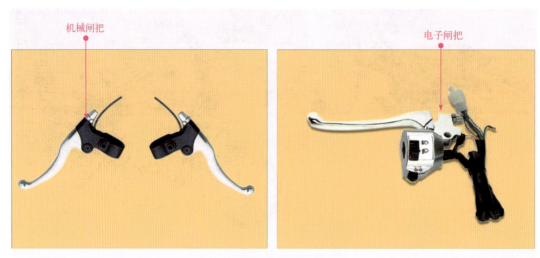

图8-16 不同类型的闸把外形

按闸把的制动方式不同，闸把还可分为常开闸把和常闭闸把，常开闸把是指信号为高电平时正常行驶，信号为低电平时刹车；常闭闸把的信号控制与上述相反，即信号为低电平时正常行驶，信号为高电平时刹车。

> **相关资料**
>
> 闸把实际上是一种控制开关。电子式闸把有的采用高电平控制方式，有的采用低电平控制方式，在选购时应注意。

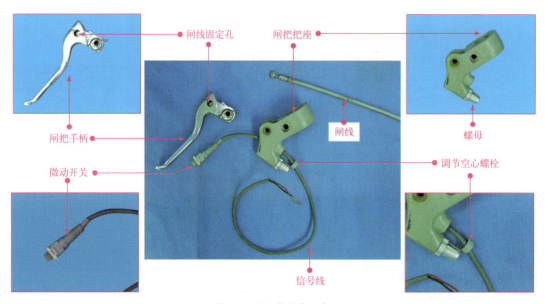

图8-17 闸把的结构组成

（2）闸把的结构组成

闸把的种类多种多样，但其基本结构大致相同，目前电动自行车中采用较多的闸把为机械闸把，该类闸把主要是由闸把把座、闸把手柄、闸线固定孔、闸线、调节空心螺栓以及微动开关等组成的，如图8-17所示。

8.2.2 闸把的工作原理

电动自行车正常行驶过程中握住闸把，将首先向控制器发出一个刹车转换信号，控制器接收到该信号后，将停止对电动机的供电，从而电动机停止转动，实现刹车功能；同时由闸线带动车闸进行机械刹车，如图8-18所示。

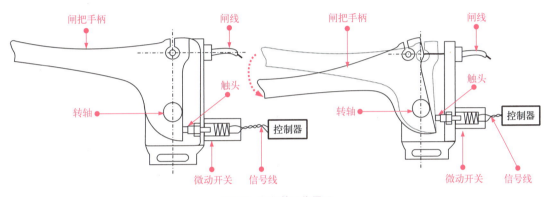

图8-18　闸把的工作原理

当握住闸把手柄时，手柄位置产生变化，微动开关触头被弹起，之后由微动开关触头产生刹车转换信号，并输出给控制器，控制器在接收到信号后切断电源，电动机停止工作；同时，闸把围绕转轴转动，闸线拉动车闸，从而使车轮减慢或停止转动。

> **相关资料**
>
> 若电动自行车中使用的闸把为电子闸把，则该类闸把是通过闸把内部的霍尔元件来实现刹车功能的，其主要原理与电动自行车转把相同。闸把内部包含一个霍尔元件和磁钢，正常行驶过程中，霍尔元件与磁钢接近，霍尔元件并无输出信号。一旦握住闸把进行刹车操作时，手柄位置产生变化，内部磁钢所产生的磁场强度发生改变，霍尔元件根据所感应磁场强度的不同，向控制器输出刹车转换信号，电动机停止工作。

> **特别提示**
>
> 有些电动自行车中的闸把只具有机械刹车的功能，并不能将刹车信号传送给控制器从而控制电动机的转速，因此在使用该类型的闸把时应注意需要调整转把使电动机的转速下降。

8.2.3 闸把的检修方法

（1）闸把的检修流程

闸把是电动自行车进行制动的主要部件，若闸把本身性能不良或部分元器件出现故障，都可能导致电动自行车无法正常制动。

出现该类故障时，应重点对闸把中的关键部件进行检测，具体的检修流程如图8-19所示。

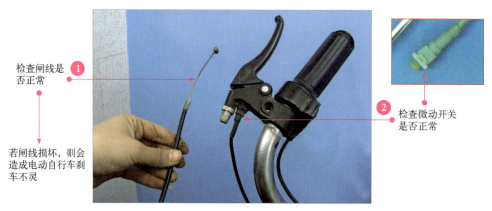

图8-19　闸把的检修流程

（2）闸把的检测

当闸把出现故障时，可能是由机械原因引起的，也可能是由电子元器件损坏引起的，因此，应根据不同的故障原因进行检测。

① 闸线的检测　闸线是闸把进行机械制动时的主要器件之一，若该部分损坏，则会造成电动自行车无法进行机械制动的故障。在对闸线进行检测时，主要是检查闸线是否出现断裂、老化等现象。

闸线的检测方法如图8-20所示。

电动自行车闸把中微动开关的检测

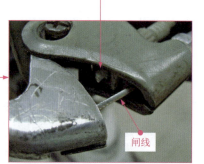

图8-20　闸线的检测方法

② 微动开关的检测　微动开关在闸把中的作用是将刹车信号转换成电信号送到控制器中，从而由控制器控制电动机的转速，实现刹车的目的。若该部分损坏，则会造成电动自行车刹车不灵、松开闸把出现飞车的现象等，在对微动开关进行检测时，主要是检查微动开关的触头动作是否灵活、性能是否良好。

微动开关的检测方法如图8-21所示。

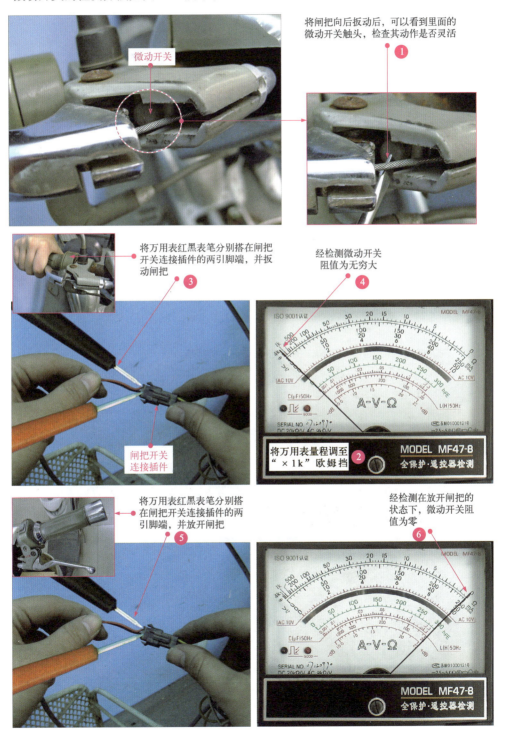

图8-21　微动开关的检测方法

第9章 电动自行车车灯和仪表盘的检修

9.1 车灯的检修

9.1.1 车灯的特点

电动自行车的车灯是一种照明指示装置，主要为驾驶者提供照明并起到提示他人的作用。电动自行车的车灯主要包括前灯、后灯、左右指示灯、侧灯和车轮反光片，如图9-1所示。

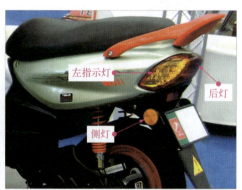

图9-1 典型电动自行车车灯的实物外形

电动自行车的车灯通常采用照明灯和反光灯两种形式。豪华型电动自行车的前灯、后灯、左右指示灯通常为电路控制的照明灯、其余为反光灯。普通型电动自行车有的不安装左右指示灯，前灯、后灯也采用反光灯。

> **特别提示**
>
> 采用反光灯的前灯、后灯、侧灯和车轮反光片是利用光的反射原理，由互成直角的小平面镜组成。通常采用塑料材料制成，前灯为白色，后灯为红色，侧灯和车轮反光片为橘黄色。它利用反射原理和滤光原理，在被光源照射时反射出光。如尾灯反射出的红色光，其较强的穿透力可以对机动车起到提醒作用。

相关资料

电动自行车的车灯开关通常位于左车把上，常见的有前灯开关和左右指示灯开关，如图9-2所示。

图9-2　电动自行车的车灯开关

9.1.2　车灯的工作原理

电动自行车车灯的供电线路很简单，通常是由电动自行车左右车把上的控制开关控制车灯开关的开启和闭合，如图9-3所示。

从图9-3中可以看出，电动自行车的车灯电路主要采用并联方式进行连接，并通过照明开关以及左右转向开关进行控制。在照明电路中，当电动自行车接通电源后，其电压到达照明开关按钮，一旦行驶时按下开关，整个电路形成闭合回路，从而使前、后灯亮起，实现照明功能。

在指示灯电路中，一旦电源接通，其电压将被送到闪光器和三位开关上，此时，该开关将根据行车人的相关操作，实现左右指示灯的功能。当打开左指示灯开关时，左侧指示灯闭合回路形成，从而使左指示灯亮起；右指示灯的原理与其相同；而当左右转向开关处于中间挡时，则使三位开关处于打开状态，电路开路，从而关闭指示灯。

电动自行车维修从入门到精通

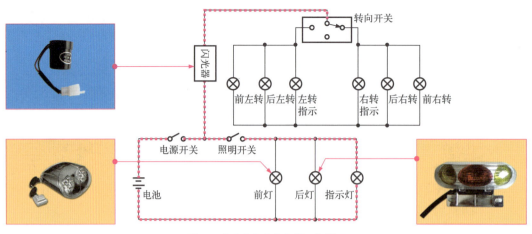

图9-3　电动自行车车灯的工作原理

9.1.3 车灯的检修方法

（1）车灯的检修

若怀疑车灯损坏，应先将电动自行车通电，开启车灯电源，检查车灯是否正常，若照明不正常，则应对开关、灯泡以及连接引线等进行检修。

车灯的检修方法如图9-4所示。

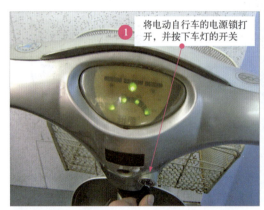

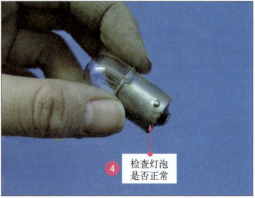

图9-4 车灯的检修方法

（2）车灯的代换

车灯的代换方法如图9-5所示。

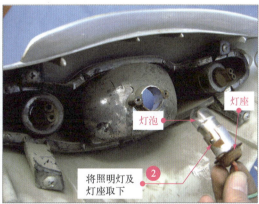
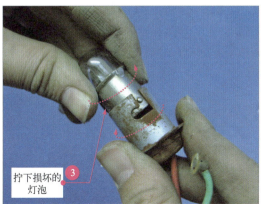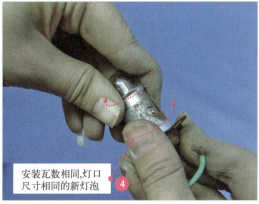

图9-5 车灯的代换方法

电动自行车维修从入门到精通

> **特别提示**
>
> 后反光灯不连接电源，它是由互成直角的小平面镜组成，利用反射原理和滤光原理，在被光源照射时反射出红光。其通常由固定螺钉固定，在损坏时可直接更换。

9.2 仪表盘的检修

9.2.1 仪表盘的特点

仪表盘是显示电动自行车当前状态的组合部件，一般安装在电动自行车的车把中间部位，如图 9-6 所示。

仪表盘

电动自行车的仪表盘作为一种显示信息的功能部件，一般是向骑车人提供电池电量、整车速度等信息，通常安装在电动自行车的车把中间部位

电动自行车

图9-6 电动自行车仪表盘的实物外形

电动自行车的仪表盘主要是向骑车人提供电池电压显示、整车速度显示、骑行状态显示、灯具状态显示等基本信息，以确保行车人在骑行过程中了解电动自行车的运行状况。目前常用的电动自行车仪表盘主要有指针式仪表盘、二极管仪表盘、LED 数码管仪表盘、液晶仪表盘以及智能仪表盘等几种，如图 9-7 所示。

二极管仪表盘

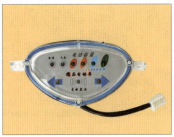

二极管仪表盘

液晶仪表盘

第9章 电动自行车车灯和仪表盘的检修

LED数码管仪表盘

指针式仪表盘

智能仪表盘

图9-7 典型电动自行车仪表盘的实物外形

由于仪表盘的外形多种多样，其内部构造也有明显的不同，这里我们以目前常用的二极管仪表盘为例进行详细的介绍。

在二极管仪表盘中，其相关信息的显示是通过电动自行车前外壳内部的一块电路板来完成的，图9-8所示为典型二极管仪表盘的内部结构。

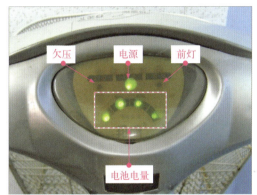
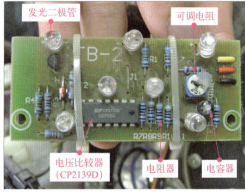

图9-8 典型二极管仪表盘的内部结构

由图9-8可知，典型二极管仪表盘电路主要是由发光二极管、可调电阻、电压比较器、电阻和电容等器件组成。其中，电压比较器（CP2139D）是目前电动自行车仪表盘中较常采用的一种集成电路。

9.2.2 仪表盘的工作原理

仪表盘的显示内容不同，其电路结构也有所不同，图9-9～图9-11所示为电动自行车仪表盘的功能示意图。

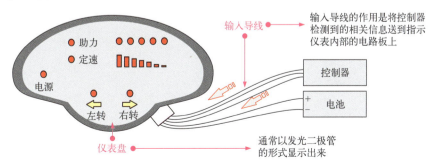

图9-9 电动自行车仪表盘的功能示意图

153

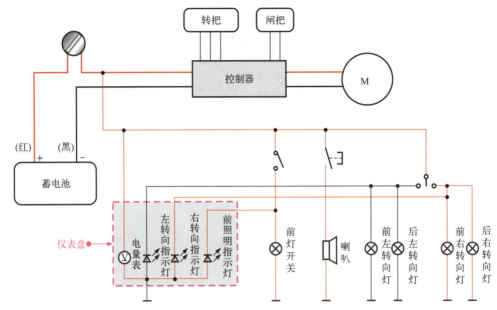

图9-10 仪表盘控制关系（1）

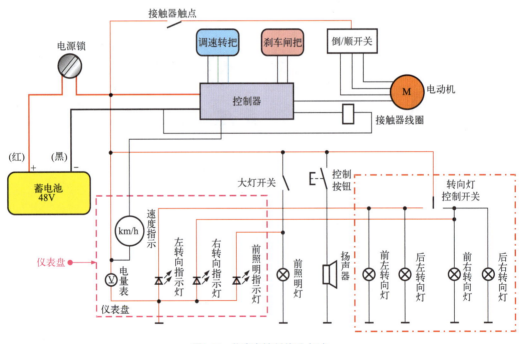

图9-11 仪表盘控制关系（2）

9.2.3 仪表盘的检修方法

（1）仪表盘的检修

检修仪表盘时，可先在电动自行车通电的情况下进行检修。

仪表盘的检修方法如图 9-12 所示。

图9-12 仪表盘检修的方法

若检测仪表盘的供电正常,而显示仍有故障时,则可以重点对仪表盘电路板中的主要元器件进行检修,如发光二极管、电压比较器等。

显示电路板上集成电路(电压比较器)的检修方法如图 9-13 所示。

电压比较器是显示电路中的主要器件,在断电情况下,可使用万用表检测电压比较器各引脚的正、反向阻值是否正常,通过对阻值的检测,判断电压比较器是否正常。

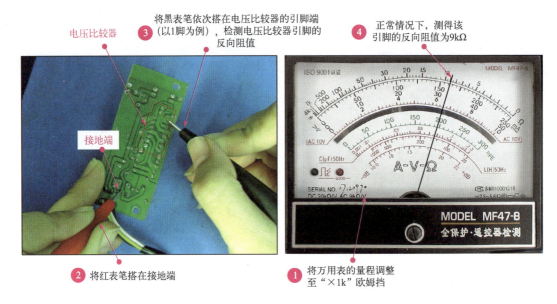

图9-13 电压比较器的检修方法

相关资料

电压比较器（CP2139D）各引脚间的正、反向阻值见表9-1所列。

表9-1 电压比较器（CP2139D）正常工作时各引脚阻值

引脚号	正向阻值 （黑表笔接地） /kΩ	反向阻值 （红表笔接地） /kΩ	引脚号	正向阻值 （黑表笔接地） /kΩ	反向阻值 （红表笔接地） /kΩ
①	7.5	9	⑧	6	6.3
②	8	∞	⑨	2	2
③	7.5	8.5	⑩	6.5	6.5
④	6.5	7	⑪	3	2
⑤	2	2	⑫	0	0
⑥	6	6	⑬	8	∞
⑦	2	2	⑭	8	∞

（2）仪表盘的代换

若仪表盘无法进行检修时，需要对仪表盘本身进行代换，代换时应选用相同型号的电路板进行更换，并将性能良好的仪表盘安装在电动自行车中。

仪表盘的代换方法如图9-14所示。

第9章 电动自行车车灯和仪表盘的检修

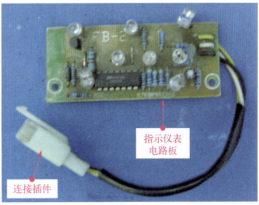
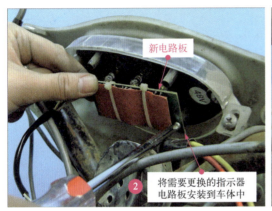

图9-14 仪表盘的代换方法

第10章 电动自行车喇叭、电源锁与助力传感器的检修

10.1 喇叭的检修

10.1.1 喇叭的特点

电动自行车的喇叭是一种提醒装置,通常与转向灯安装在一起,称为三合一喇叭,即可以实现报警、转向和提醒功能。有的电动自行车喇叭在三合一喇叭基础上加装了其他功能,称为四合一喇叭,即增加了倒车语音功能。图10-1所示为典型喇叭的实物外形。

图10-1 常见的电动自行车喇叭的实物外形

10.1.2 喇叭的工作原理

三合一喇叭有5根线,分别是电源正极(红)、电源负极(黑)、喇叭(黄)、电源锁(蓝)、转向开关(棕/灰)。关闭电源锁后按喇叭,即可启动报警系统使电动车进入报警状态。典型三合一喇叭的电路见图10-2所示。

第10章 电动自行车喇叭、电源锁与助力传感器的检修

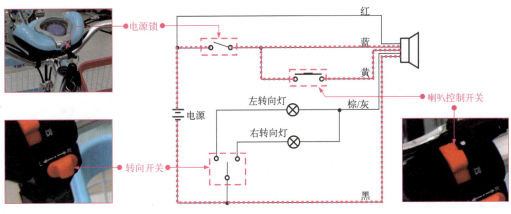

图10-2 典型三合一喇叭的电路

四合一喇叭与三合一喇叭的构造基本相同，区别是在三合一喇叭的基础上加装了倒车语音功能。

电动自行车喇叭的工作原理是：当电动自行车加电后，由电池输出的电压首先加到电动自行车喇叭的控制开关上，使其处于工作状态。当按下开关后，其电源电压输入给喇叭，使其发出声响。

> **相关资料**
>
> 由于不同电动自行车电池的供电电压不同，为符合喇叭所需要的电压参数（常用喇叭所需要的电压参数有12V、36V和48V等几种），通常还会在该电路中设计直流转换器，将电池所输出的电压转换成喇叭所需要的电压。

10.1.3 喇叭的检修代换方法

（1）喇叭的检修

电动自行车的喇叭一般安装在电动自行车的前外壳内，靠近大灯的位置。其检修方法十分简单，因为引起喇叭不响的原因主要是喇叭自身故障和电源电路故障两方面。

喇叭的检修方法如图10-3所示。

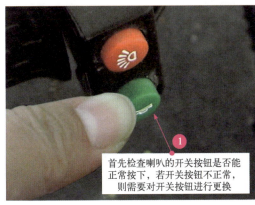
① 首先检查喇叭的开关按钮是否能正常按下，若开关按钮不正常，则需要对开关按钮进行更换

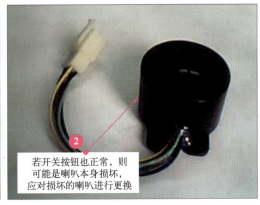
② 若开关按钮也正常，则可能是喇叭本身损坏，应对损坏的喇叭进行更换

图10-3 喇叭的检修方法

（2）喇叭的代换

若是由于喇叭自身的问题而无法进行修复时，则需要对喇叭进行代换，代换时应先将性能良好的喇叭固定在车身中，然后再对连接引线进行连接。

喇叭的代换方法如图10-4所示。

图10-4 喇叭的代换方法

10.2 电源锁的检修

10.2.1 电源锁的特点

电源锁是电动自行车带锁的电源开关，位于电动自行车头罩后部，以及电池或连接电池的外壳上，主要用来控制电动自行车电源电路，有的电源锁钥匙还可以用来控制存储箱。普通型电动自行车相当于为自行车安装了蓄电池，仅在车把附近设有电源锁。图10-5所示为典型电动自行车电源锁。

图10-5 典型电动自行车电源锁

第10章 电动自行车喇叭、电源锁与助力传感器的检修

电动自行车电源锁的种类有很多，通常有一挡、二挡、三挡等几种，并且其输出线有两根和三根之分，图 10-6 所示为典型电动自行车所采用的电源锁实物外形。

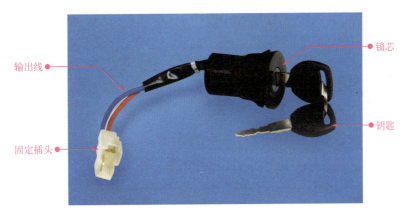

图10-6　典型电动自行车所采用的电源锁实物外形

通常，对于三挡的电源锁，当钥匙向右旋转一下时为一挡，电动自行车处于电动模式状态；当钥匙向右旋转两下时为二挡，电动自行车处于助力模式状态；当钥匙向右旋转三下时为三挡，电动自行车处于前后灯开启状态。由于不同厂家设计不同，其挡位的设置也有所不同，应根据具体情况进行分析。

电动自行车的电源锁工作原理很简单，即通过控制器控制电源电路。当电源打开后，其电路处于闭合状态，电池将直接为控制器输出工作电压，使控制器开始工作。之后，再由控制器分别向其他电路输出控制电压。

> **相关资料**　随着电动车制造技术的发展，电动车锁具不仅仅限于电源锁，而且将提高电动自行车的安全性作为宗旨，如安装防盗锁。一些电动自行车还将智能身份识别系统融入电动车的制造中，如图 10-7 所示。
>
>
>
> 图10-7

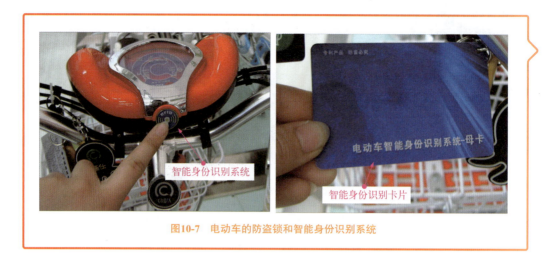

图10-7 电动车的防盗锁和智能身份识别系统

电动自行车的智能身份识别系统通过智能钥匙锁住电动自行车,当钥匙丢失时,可以使用母卡为识别系统录入信息,并配制新的智能钥匙,在配置新智能钥匙时需要联系制造商。

10.2.2 电源锁的工作原理

电源锁是电动自行车带锁的电源开关,是控制电动自行车电源电路的开关部件,也控制着整车电路的通断,其触点的通过电流也很大。图10-8所示为电源锁的工作原理示意图。

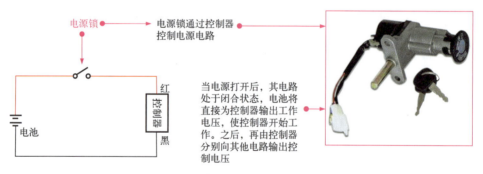

图10-8 电源锁的工作原理示意图

10.2.3 电源锁的检修代换方法

(1) 电源锁的检修

在对电动自行车电源锁进行检修时,应当将万用表调至蜂鸣挡,在电源锁关闭时,检测到的阻值应当为无穷大,万用表无蜂鸣声;将电源锁打开,检测到的阻值应当为零,万用表发出蜂鸣声。

电源锁的检修方法如图10-9所示。

(2) 电源锁的代换

若电源锁出现无法修复的故障时,则需要对电源锁本身进行代换。在对电源锁进行代换

第10章 电动自行车喇叭、电源锁与助力传感器的检修

时，应当注意损坏电源锁的导线条数，应当更换相同导线条数的电源锁，还应当注意电源锁的连接插头是否相符。

电源锁的代换方法如图10-10所示。

❸ 正常情况下在电源锁关闭时，检测到的阻值应当为无穷大，且万用表无蜂鸣声

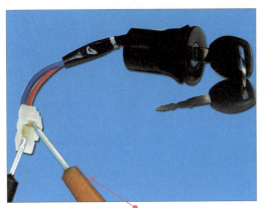

❷ 将万用表的红、黑表笔分别搭在电动自行车电源锁不同引线端的两个引脚上

❶ 将万用表量程调至蜂鸣挡

❹ 万用表两表笔不动，用钥匙拧开电源锁，观察万用表的读数

❺ 正常情况下在电源锁打开时，检测到的阻值应当为零，且万用表有蜂鸣声

图10-9 电动自行车电源锁的检修方法

❶ 选用相同直径、连接引线数量相同的电源锁进行代换

❷ 将连接插件再次进行固定

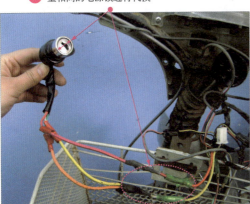
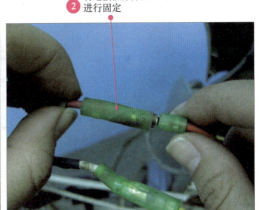

图10-10

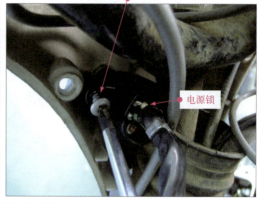

图10-10　电源锁的代换方法

10.3　助力传感器的检修

10.3.1　助力传感器的特点

电动自行车的助力传感器是一种感应器件，又称为1∶1助力器或1+1助力器，它是在人力骑电动自行车时帮助人体省力的器件。通常情况下，助力传感器安装在自行车的右侧中轴旁边，中轴上装有磁钢，当用人力脚踏骑行时，磁钢随着中轴的转动感应电平信号使控制器给电动机供电，电动机转动。图10-11所示为电动自行车的助力传感器及其位置。

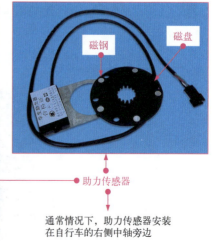

图10-11　电动自行车的助力传感器及其位置

由图 10-11 可知，助力传感器主要是由传感器及磁盘等部分组成。其中，磁盘上有 5 个磁钢，而在助力传感器内部采用霍尔元件作为传感器件。

助力传感器的传感器件通常是以霍尔元件为主，其内部的电路板采用防水密封的方式封装成一个组件，主要是用来检测磁盘在转动时的不同位置，然后将转动角度转换成相应的信号，通过传感线路传送给控制器进行控制。图 10-12 所示为典型传感器的实物外形。

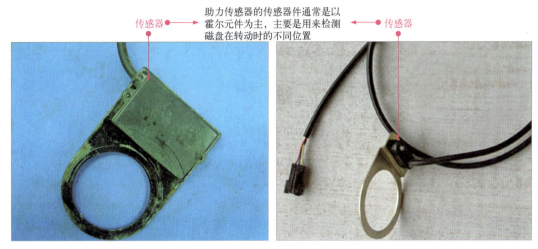

图10-12　典型传感器的实物外形

磁盘表面安装有 5 个磁钢，当跟随中轴旋转时，传感器上的霍尔元件输出电信号，控制器根据检测到的信号，然后再转换成控制电动机的信号，达到助力的功能，图 10-13 所示为典型磁盘的实物外形。

图10-13　典型磁盘的实物外形

10.3.2　助力传感器的工作原理

电动自行车之所以能在人力骑行的过程中变得更轻松主要是通过其内部的助力传感器产生作用而达到的，图 10-14 所示为助力传感器的功能示意图。

当用脚踏骑行时，电动自行车的脚蹬将带动中轴转动，从而导致中轴上的磁盘旋转，磁盘上的磁钢位置发生了改变，助力传感器内部的霍尔元件在感应到磁盘转动后，则向控制器输出5个脉冲信号，控制器在得到该脉冲后，可以根据其内部设置的计算方式得出1∶1或1+1助力力矩，并根据助力力矩开始向电动机供电。

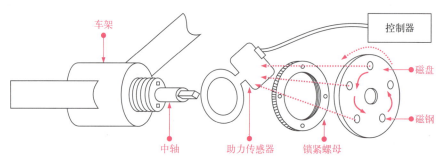

图10-14 助力传感器的功能示意图

10.3.3 助力传感器的检修代换方法

（1）助力传感器的检修

在使用助力对电动自行车骑行的过程中，若无法感到助力在起作用时，则初步怀疑是内部的助力传感器出现故障，应对助力传感器进行检修。

检修助力传感器时，应先对连接插件进行检测，若连接插件正常，则应对助力传感器的磁钢以及安装位置等进行检修。

助力传感器的检修方法如图10-15所示。

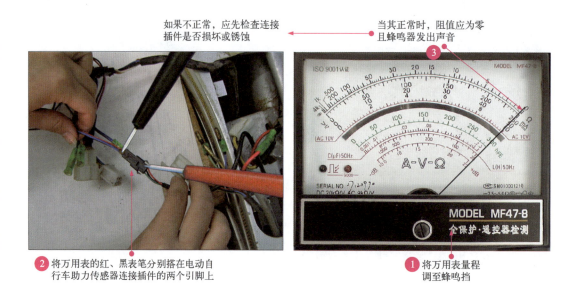

第10章 电动自行车喇叭、电源锁与助力传感器的检修

图10-15 助力传感器的检修方法

（2）助力传感器的代换

若助力传感器出现无法修复的故障时，可对该器件进行代换，应选用相同型号的助力传感器进行代换。

助力传感器的代换方法如图10-16所示。

图10-16

电动自行车维修从入门到精通

❸ 将新的磁盘安装在中轴上

调整磁盘与传感器之间的距离,以免距离过大导致传感器内部的霍尔元件无法感应到磁钢的变化

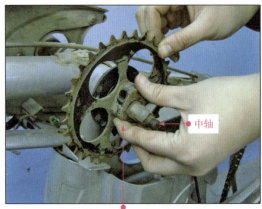

❹ 将中轴安装到原来的位置,在安装的过程中应保持中轴垂直向内安装

❺ 使用固定螺栓,将中轴固定在车体中

❻ 使用扳手将固定螺栓的固定螺母拧紧,进一步固定中轴

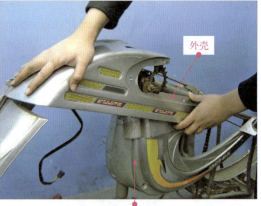

❼ 将电动自行车的右侧外壳安装回原处

第10章 电动自行车喇叭、电源锁与助力传感器的检修

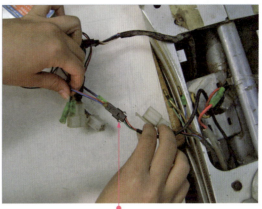

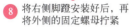

 将右侧脚蹬安装好后，再将外侧的固定螺母拧紧

 最后将传感器与控制器的连接插件连接完好

图10-16　助力传感器的代换方法

特别提示

　　在安装磁盘时，应将有磁钢的一面靠近传感器，若安装错误将会导致助力传感器检测不到磁盘的信号；助力传感器与磁盘的间距应保持在1～5mm，若距离过大，助力传感器将检测不到磁盘的信号；磁盘上的箭头方向应和电动自行车行驶的方向相同，若安装相反，则只有反转时助力传感器才会有信号。

第11章 电动自行车控制器的检修

11.1 控制器的结构原理

11.1.1 控制器的功能特点

电动自行车中的控制器是电动自行车中的主要电气部件之一,一般位于电动自行车脚踏板下部或后座下部,如图11-1所示。

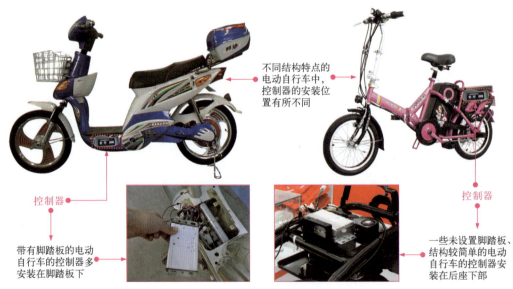

图11-1 电动自行车中控制器的安装位置

控制器是电动自行车电气系统的核心部分,是用于控制电动机工作状态的部件。控制器的质量及性能优良与否,直接决定了电动自行车整体的性能。

(1)控制电动机的工作状态

电动自行车中电动机的启动、运行、变速、定速和停止等工作状态均由控制器进行控制,这是控制器的基本功能，如图 11-2 所示。

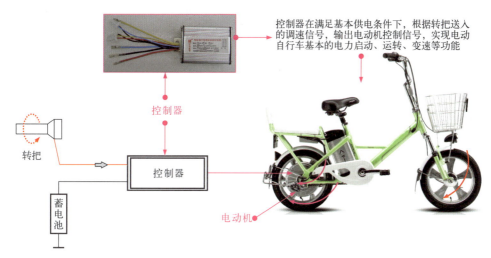

图11-2 控制器的基本功能

由图 11-2 可知，当转动转把时，根据旋转角度的不同，将不同的控制信号送入控制器（控制电路），再由控制电路根据检测到的控制信号改变 PWM 电路的输出脉冲宽度，从而实现对电动机转速的控制；当转把静止不动时，则没有信号输入，控制电路无输出，则电动机不会运转。从而使电动自行车的电动机停止。

（2）欠压保护功能

欠压保护是指电动自行车控制器对电池部分的保护。在电动车运行中，当电池电压消耗至一定数值时，控制器显示面板显示电量不足，提醒骑行者注意。当电池电压最终消耗达到所规定数值（即欠压保护标称数值）时，电压取样电阻将该信息输入控制器，欠压保护电路动作，电动机停转，实现对电动自行车中电子器件和电池的保护功能。

> **相关资料**
>
> 在控制器外壳的铭牌上，一般除其电压、功率等参数值的标识外，还有一项关于欠压保护的标称数值，如图 11-3 所示。
>
> 通常 36V 电池的欠压保护电压为 31V 左右；48V 电池的欠压保护电压为 41V 左右。

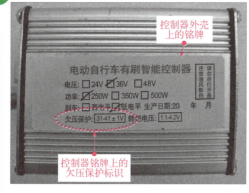 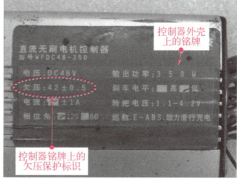

图11-3 控制器的欠压保护功能

(3) 过流、过载保护功能

控制器内部一般都包含了过流保护电路部分，当电动自行车中出现某一元件过流或因负载超重过载时，控制器内部的过流保护电路就会动作，自动切断电源，使电动机停转，起到保护电动自行车电池及其他部件的作用。

(4) 限速保护功能

电动自行车规定的最高车速为25km/h，当运行车速超过这一速度时，控制器内部的限速保护电路将切断电池供电电路，确保行车安全。图11-4所示为控制电路的限速保护功能示意图。

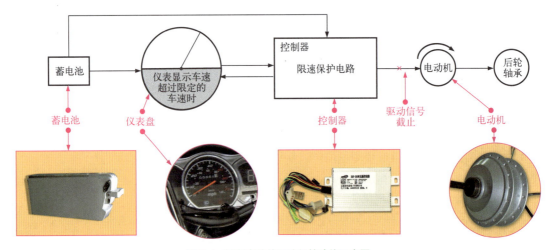

图11-4　控制电路的限速保护功能示意图

(5) 状态显示功能

控制器中核心部分为其控制主体部分，用于输出控制信号，另一部分为显示部分（表盘），用于显示电动自行车的工作状态。例如对剩余电量、行车速度等状态的实时显示。

除上述基本功能外，目前很多智能型控制器还具有定速功能、助力功能等。

(6) 定速功能

控制器的定速功能需要与具有定速功能的转把配合。

定速功能通常也称为自动巡航功能，该类型的电动自行车的转把上一般有一个"定速"按钮，当骑行者将车速调至一定速度后按下此按钮，电动自行车控制器接收到该信号后，控制电动机以当前速度行驶，不受转把的控制。当断电刹车或再次按动该按钮时，取消定速功能。

也有些电动自行车具有自动定速功能，当转动转把到一定速度，并保持该速度一段时间后（约10～30s）自动实现定速功能。

(7) 助力功能

助力功能一般能够实现1：1助力效果，即由控制器自动地在电动/助力两种模式切换。当转把输入信号时，控制器响应为电动状态，输出电动机控制信号；当转把无调速信号输入时，控制器响应为助力状态。即当骑行者使用脚蹬骑行时，控制器根据电动机中位置传感器输出信号，响应人力作用，此时助力指示灯点亮，电动力从小到大变化，助力骑行。

11.1.2 控制器的结构

目前市场上流行的电动自行车中，由于电动机类型不同，所配合使用的控制器也分为有刷和无刷两种。不同类型的控制器，虽然功能相同，但具体结构有所区别，下面分别以典型有刷控制器和无刷控制器为例，介绍控制器的结构组成。

（1）有刷电动机控制器的结构组成

有刷电动机控制器是专门用于与有刷电动机配合使用的一类控制器，有刷电动机控制器主要由连接引线部分和电路部分构成的，其中，电路部分安装固定在一个金属盒中，金属盒的一端引出各种引线，用来与被控制部件（如电动机、蓄电池、转把、闸把以及显示部件等）进行连接。

1）有刷电动机控制器的连接引线　电动自行车控制器通过连接引线与车体上的其他部分相连，通常与之直接连接的部件主要有电动机、转把、闸把、电池等。由于有刷电动机控制器控制原理简单，因此与外部功能部件关联的引出线也相对较少，图11-5所示为典型有刷电动机控制器各连接引线的功能。

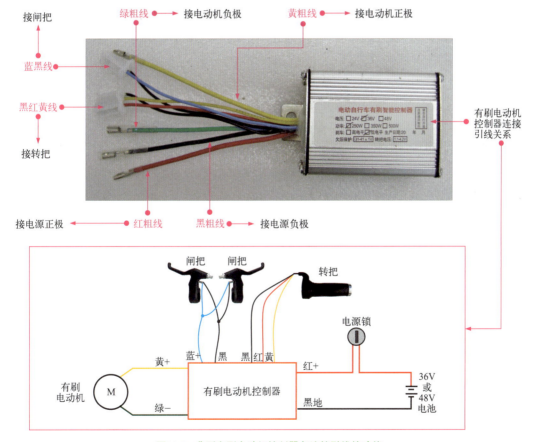

图11-5　典型有刷电动机控制器各连接引线的功能

可以看到，有刷电动机控制器的黄色粗线（正）和绿色粗线（负）用于与有刷电动机连接，且电动机引线的正、负极应与控制器的正、负极对应连接，否则将导致电动机反向运转。

有刷电动机控制器的红色（正极）、黑色（负极）两根较粗引线与蓄电池的正、负极连接。且控制器与蓄电池连接时，也应特别注意区分引线的正、负极，若不小心接错可能会烧坏控制器。

有刷电动机控制器的黑、黄、红引线用于连接转把（有定速功能的车把为五根引线）。

 特别提示

有刷电动机控制器的连接引线功能一般可根据控制器外壳上的接线图或引线颜色进行识别和区分，如图11-6所示。

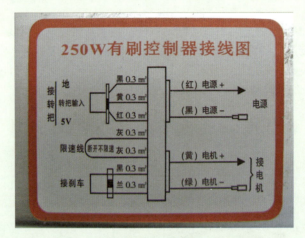

图11-6 典型有刷电动机控制器上的接线图

2）有刷电动机控制器的电路部分　拆开有刷电动机控制器的金属盒即可看到内部的电路部分，如图11-7所示。

可以看到，有刷电动机控制器的电路部分比较简单，主要是由电压比较器LM339、场效应晶体管、滤波电容、限流电阻等元件构成。

① 电压比较器LM339　电压比较器LM339是有刷电动机控制器中的关键元件之一，其内部集成了四个独立的电压比较器，每个电压比较器都可以独立地构成单元电路，如图11-8所示。

电压比较器（LM339）内部四个独立的电压比较器都可以单独使用，在该类控制器电路中用于组成锯齿波脉冲产生电路和PWM调制电路等，也称其为PWM信号产生电路。

② 功率管　功率管是有刷电动机控制器中的重要部件之一，多采用场效应晶体管作为功率管，用于将电压比较器所构成的PWM信号产生电路输出的PWM信号进行功率放大和输出，驱动电动机启动、运转和变速。

图11-9所示为上述控制器中场效应晶体管的实物外形，其型号为STP60NF06，是控制器中的功率放大器件。

第11章 电动自行车控制器的检修

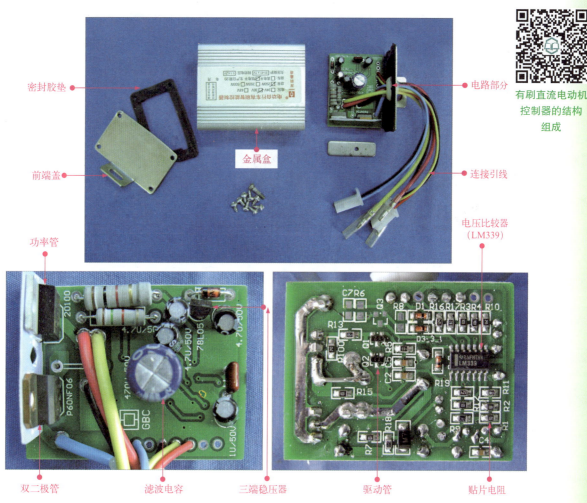

有刷直流电动机控制器的结构组成

图11-7 有刷电动机控制器的电路结构

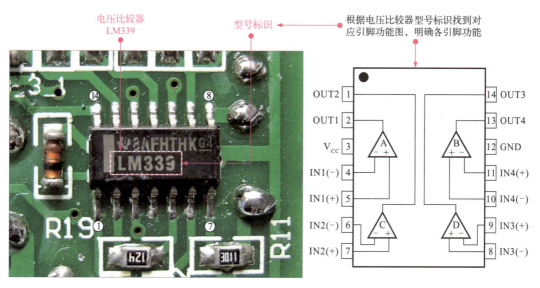

图11-8 电压比较器LM339实物及引脚功能

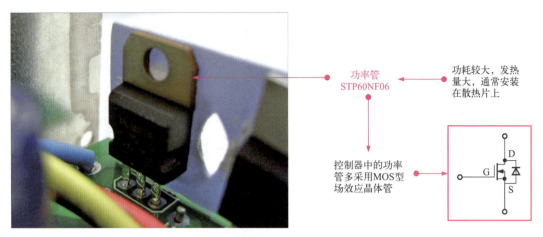

图11-9 场效应晶体管STP60NF06

> **相关资料**
>
> 电动自行车控制器中常采用的场效应晶体管主要有STP75NF75、STP60NF06、IRF2807、IRF2103、IRF4905、FYP2010D、STW80N06、FQA160N8、HPF3205、2SK1836等。

③ 三端稳压器　控制器电路板上各元器件所需要的工作电压均低于电池提供的电压，因此，通常将电池电压先进行限流和稳压后，再为控制器电路板各元件供电，一般用稳压元件与限流电阻构成稳压电路实现此功能。

图11-10所示为三端稳压器AS78L05实物外形。该三端稳压集成电路与控制器中的滤波电路及稳压二极管等器件构成控制器中的内部电源电路。

图11-10 三端稳压器AS78L05实物外形

> **相关资料**
>
> 在有刷电动机控制器电路中，常用的三端稳压器主要有7805（78L05）、7806、7812、7815及LM317等，其功能是将输入端的直流电压稳压后输出某一个固定的直流电压，其电路关系如图11-11所示。

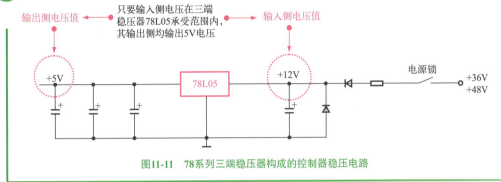

图11-11　78系列三端稳压器构成的控制器稳压电路

④ 其他器件　图11-12所示为上述有刷电动机控制器中的限流电阻器、滤波电容器、贴片式稳压二极管、驱动管等器件的实物外形。

图11-12　有刷直流电动机控制器中其他主要器件的实物外形

限流电阻器主要是限制电流量的大小，防止电流过大导致电动自行车有刷直流电动机控制器中的其他电路发生损坏；滤波电容器主要是滤除杂波；驱动管是使电流进行驱动工作从而可以驱动电路的其他部分；贴片式稳压二极管用于对送入控制器中的电压进行稳压，以保证供电电压的稳定。

（2）无刷电动机控制器的结构组成

无刷电动机控制器是专门用于与无刷电动机配合使用的一类控制器，其结构比较复杂，主要由连接引线部分和电路部分构成，其中，电路部分被安装固定在一个金属盒中，金属盒的一端引出各种引线，用来与被控制部件（如电动机、蓄电池、转把、闸把以及显示部件等）进行连接。

1）无刷电动机控制器的连接引线　无刷电动机控制器相对有刷电动机控制器来说，体积较大、内部结构较复杂，连接引线也相对较多，图11-13所示为其连接引线的功能。

可以看到，无刷电动机控制器红、黑两根较粗引线分别与蓄电池正、负极连接；黄、蓝、绿三根粗引线与无刷电动机绕组连接；红、黑、蓝、绿、黄五根较细的引线共用一个插件，与无刷电动机的霍尔元件连接；黑、红、绿三根较细引线与转把连接；黑、紫两根较细引线与闸把连接。

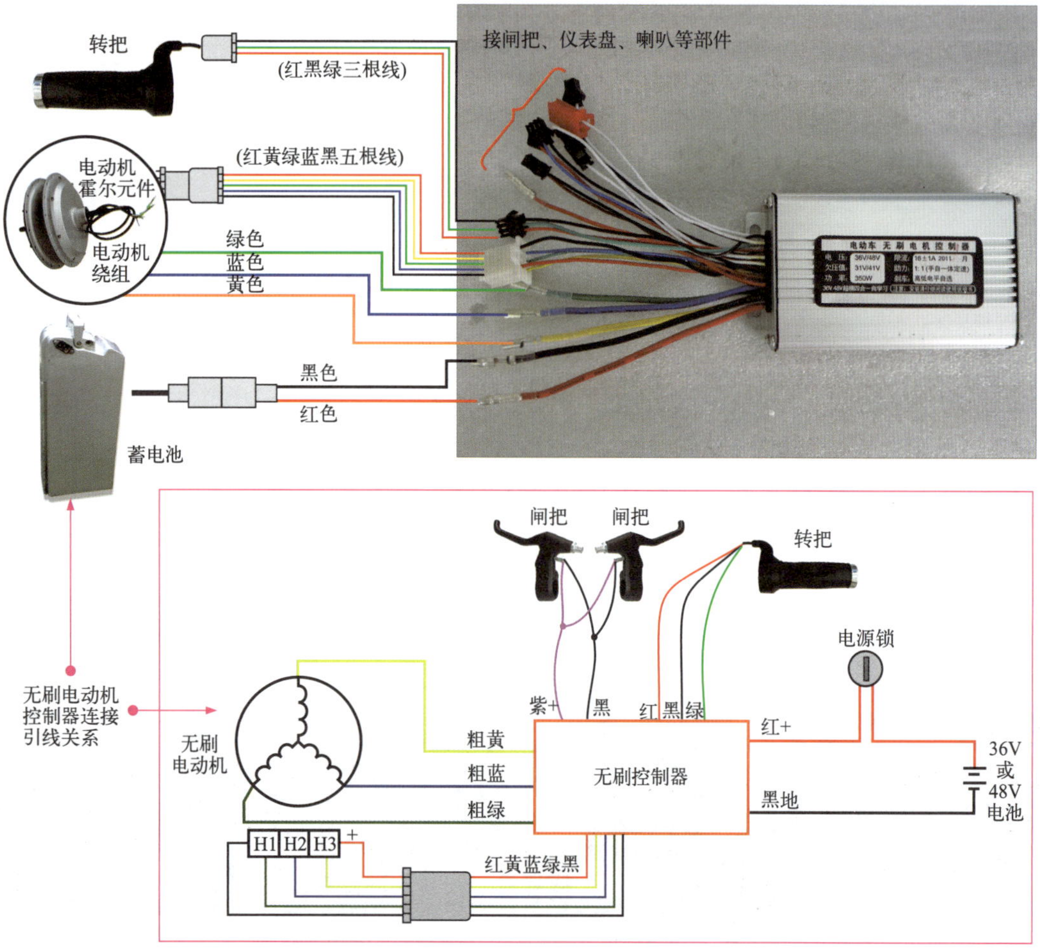

图11-13 典型无刷电动机控制器连接引线的功能

> 一般情况下，无刷电动机控制器输出引线颜色与所接器件对应关系见表11-1所列。

表11-1 无刷电动机控制器输出引线颜色与所接器件对应关系

引线颜色和类型	所接器件	引线颜色和类型	所接器件
红色线（粗）	电源正极	红线（细）扁插头B-1	转把电源
黑色线（粗）	电源负极（地线）	黑线（细）扁插头B-2	转把地线
蓝色线（粗）	电动机线圈B相	绿线（细）扁插头B-3	转把信号线
黄色线（粗）	电动机线圈A相	细白线	限速开关
绿色线（粗）	电动机线圈C相	细白线	限速开关
红色线（细）扁插头A-1	电动机霍尔供电正极	细紫线	制动信号
黄色线（细）扁插头A-2	电动机霍尔输出	细黑线	制动地线
绿色线（细）扁插头A-3	电动机霍尔输出	细绿线	速度指示信号
蓝色线（细）扁插头A-4	电动机霍尔输出	—	—
黑色线（细）扁插头A-5	电动机霍尔供电负极	—	—

不同型号的控制器引线颜色所代表含义很相近，但也有些不完全相同，一般可参照控制器外壳上的控制器接线图或控制器说明进行识别。

2）无刷电动机控制器的电路部分　拆开无刷电动机控制器的金属盒即可看到内部的电路部分，如图11-14所示。

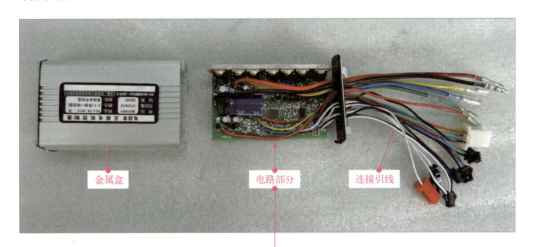

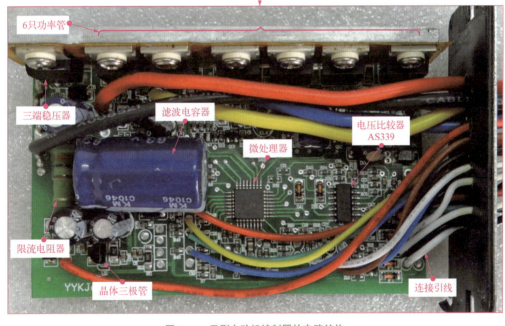

图11-14　无刷电动机控制器的电路结构

可以看到，无刷电动机控制器电路结构相对较复杂，主要由微处理器芯片、电压比较器、稳压器件、功率管（MOS管）、三端稳压器和限流电阻等元件构成。

① 微处理器芯片　图11-15所示为微处理器芯片STM8S的实物外形及引脚排列。

无刷直流电动机控制器的结构组成

特别提示

控制器内的微处理器芯片的表面通常会标注其型号，根据型号标识便可进一步查询到集成电路内部结构框图和引脚功能，知晓每个引脚的具体功能，这是弄清其与外围元件或电路关系的必要条件，对搞清整个电路的信号流程也十分重要。

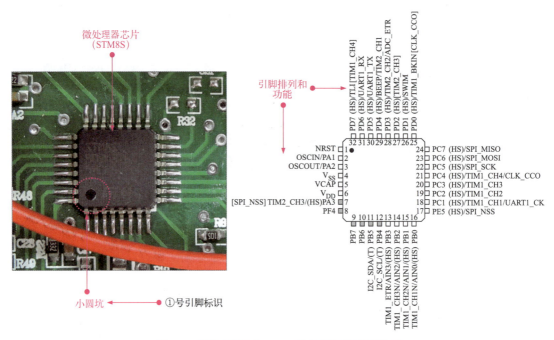

图11-15 微处理器芯片STM8S的实物外形及引脚排列

② 电压比较器 电压比较器AS339M的功能、内部结构与LM339完全相同，如图11-16所示。

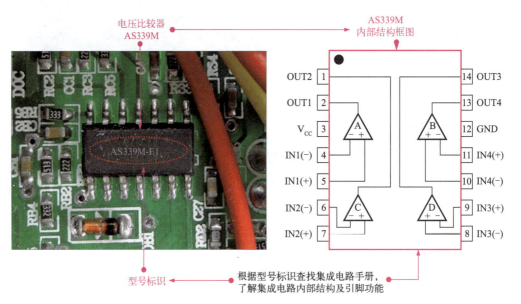

图11-16 无刷电动机控制器中电压比较器AS339 M的外形及内部结构

该电压比较器与外围电路构成PWM信号产生电路，用于产生锯齿波脉冲和PWM调制等。

③ 功率管 在无刷电动机控制器中通常采用6个型号完全相同的功率管（场效应晶体管）构成功率输出电路，如图11-17所示，用于驱动无刷电动机启动和运转。

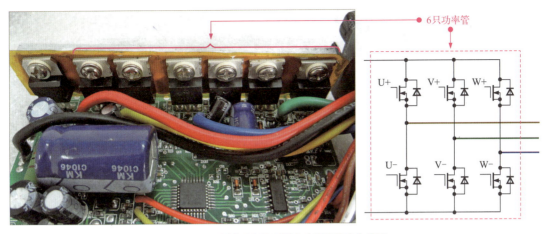

图11-17 无刷电动机控制器中功率管的实物外形

④ 三端稳压器和限流电阻器　当蓄电池通电后，送到控制器内的工作电压首先经三端稳压器和限流电阻器进行限流和稳压，然后再为其他元器件送去所需的直流电压，如图11-18所示。

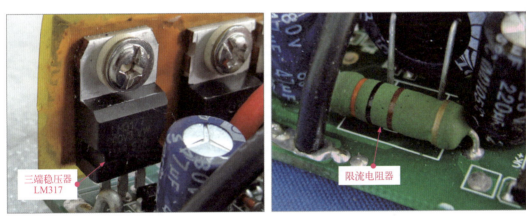

图11-18 三端稳压器和限流电阻器的实物外形

11.2 控制器的工作原理

控制器是电动自行车中非常关键的组成部件之一，它通过内部电路工作对电动自行车行驶状态进行控制。

11.2.1 有刷电动机控制器的工作原理

图11-19所示为有刷控制器的工作原理框图。

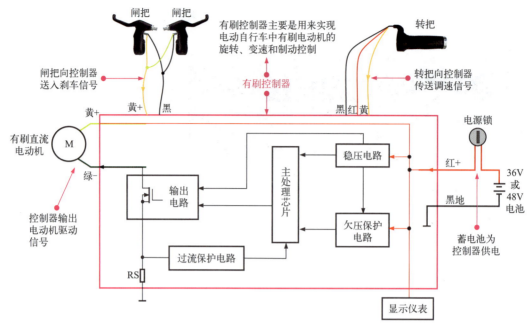

图11-19 有刷控制器的工作原理图

由图11-19可知,当打开电源锁后,接通电源,由蓄电池为电动自行车中显示仪表以及控制器进行供电,此时控制器进入待机准备工作状态。

当旋动转把时,调速信号通过引线送到控制器的主处理芯片中,控制器的主处理芯片根据接收到的信号做出相应的反应,并将控制信号或驱动信号送到输出电路中,由输出电路将控制或驱动信号送到有刷电动机中。

有刷电动机接收到控制或驱动信号后,开始动作,并由转把来输入速度信号的大小,从而控制电动自行车行驶速度的快慢。

在行驶过程中,当按下闸把时,刹车信号经连接插件送到控制器主处理芯片中,经处理后,刹车信号由输出电路输出制动信号,使电动机停止运行,达到刹车的目的。

电动自行车在使用过程中,显示仪表是由蓄电池进行供电,而控制信号则是由主处理芯片通过连接插件在显示仪表中显示出来,驾驶者可以随时了解电动自行车的运行状况。

下面以典型有刷控制器电路为例,具体分析一下有刷控制器的具体工作过程。

(1) 采用MC33035芯片的有刷电动机控制器电路分析

图11-20所示为采用MC33035芯片的有刷电动机控制器电路。该电路中只采用了MC33035的部分功能。由图可知,该电路主要是由供电电路、启动电路、刹车电路、调速电路和欠压保护电路等部分构成。

工作时,电池36V电压经继电器J触点加到电动机的上端,电动机的下端经双场效应晶体管Q1、Q2和电流检测电阻RS到地,只有Q1、Q2导通,才有电流流过电动机。U1(MC33035)的⑲脚(PWM脉宽调制信号输出端)输出开关脉冲信号,使电动机中有开关电流,电动机旋转,改变PWM信号的脉冲宽度可以改变电动机的速度。

① 供电电路 电池的36V电压经三端稳压器LM317T稳压后,由其③脚输出+24V电压,该电压经滤波电容器C8、C9滤波后送入三端稳压器LM7815的①脚,经该稳压器后输出+15V直流电压。

第 11 章 电动自行车控制器的检修

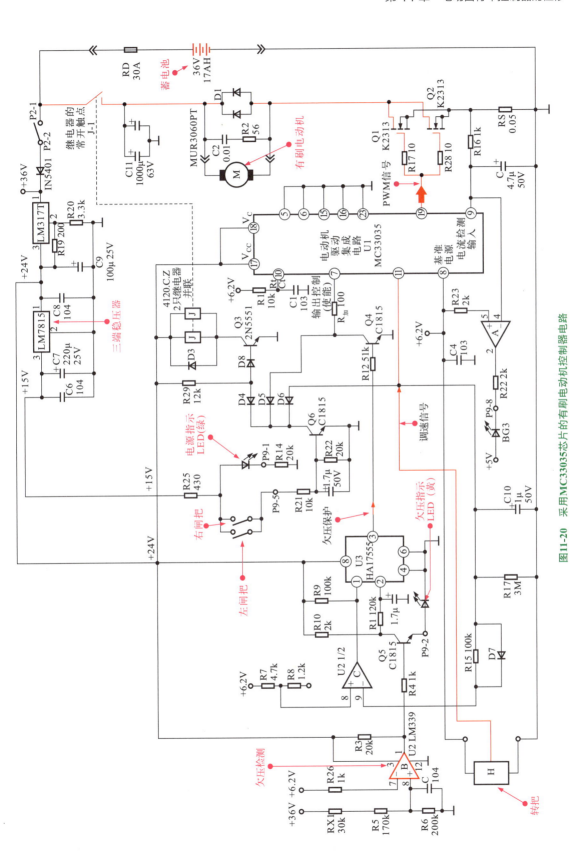

图11-20 采用MC33035芯片的有刷电动机控制器电路

在图 11-20 中，+24V 电压主要为继电器 J、U1、U3、Q3 等器件供电；+15V 电压为闸把、Q6 等供电。

② 启动电路　电动自行车接通电源时，+24V 电压通过 R29、D8 为 Q3 提供基极电流，Q3 导通，继电器 J 得电吸合，其常开触点 J-1 闭合，电动机得电。

③ 刹车电路　当捏下闸把时，左、右刹开关闭合，+15V 通过 R25、R21 为 Q6 提供基极电流，Q6 导通，集电极电位降低，D4 导通，D8 截止，Q3 失去基极电流而截止，继电器 J 失电，常开触点断开，切断电动机电源，电动机停止转动。

④ 调速电路　U1（MC33035）的 ⑪ 脚为速度控制信号的输入端，由车把上的霍尔速度产生器将调速指令转换成直流电压，然后送到 U1 的 ⑪ 脚，在 U1 中经处理后输出 PWM 信号去驱动电动机旋转。

⑤ 欠压保护电路　欠压保护电路由欠压检测 U2B 和单端触发器 U3 组成。其输出经 Q4 倒相送到 U1 的⑦脚，关断 U1 的输出。转把电压检测电路 U2C 的输出，送往单端触发器 U3 的强制复位端①脚进行调速工作。

（2）采用 LM339 芯片与 LM324 芯片的有刷电动机控制器电路分析

图 11-21 所示为采用 LM339 芯片与 LM324 芯片构成的有刷电动机控制器电路的工作原理。LM339 内部由四个电压比较器构成，其引脚功能和内部结构可参照前文所述；LM324 为四运算放大器。

① 稳压及供电电路　当钥匙开关 S1 闭合后，蓄电池的 36V 的输出电压经过电容器 C3 滤波后加载到电动机的供电端；一路经限流电阻器 R36 与稳压管 Z2 稳压后得到 V_{CC} 电压；另一路经限流电阻器 R23 限流后，通过三端稳压器 T5 和电阻器 R37、R38 组成的稳压电路产生 +5V 电压。+5V 电压为霍尔元件转把和闸把等部件提供工作电压。

经限流电阻器 R36 与稳压管 Z2 限流稳压后的 V_{CC} 电压为 LM399 芯片和 LM324 芯片进行供电，而且通过电阻器分压后为芯片提供基准电压。

② 锯齿波脉冲电路　锯齿波脉冲电路是由 LM339 内的三角波形振荡器 F，电阻器 R13、R4，电容器 C6 以及二极管 D1 等构成。

V_{CC} 经过电阻器 R29、R5、R6 分压产生参考电压输入到 LM339 内三角波形振荡器 F 的⑤脚，使其②脚输出高电平，二极管 D1 截止。电阻器 R4 使三角波形振荡器 F 的⑤脚电压升高。电容器 C6 进行充电，三角波形振荡器 F 的④脚电位逐渐升高，当④脚电位超过⑤脚电位时，三角波形振荡器 F 的②脚变为低电平，⑤脚电位下降，二极管 D1 导通，电容器 C6 放电。随着电容器 C6 的放电，三角波形振荡器 F 的④脚电位低于⑤脚电位，②脚再次输出高电平，反复以上过程，电容器 C6 两端产生锯齿波脉冲。

③ 矩形波产生电路　矩形波产生电路主要由 LM339 芯片 E（脉宽调制 PWM）和相关元件构成。电容器 C6 两端形成的锯齿波脉冲加到 LM339 芯片 E 的⑥脚，与反相输入端⑦脚输入的直流电压进行比较后，在其①脚输出矩形波信号。矩形波的脉冲宽度由⑥脚输入的锯齿波脉冲信号决定。

④ 电动机驱动电路　电动机驱动电路由驱动电路与功率放大电路构成。驱动电路是由晶体三极管 T1 和 T2 组成的推挽放大电路，功率放大电路由场效应晶体管 T3 构成。

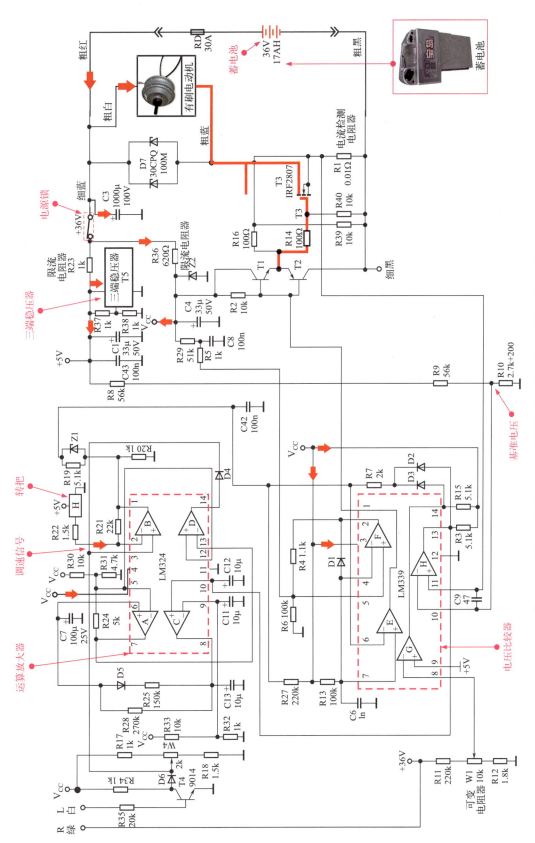

图11-21 采用LM339芯片与LM324芯片构成的有刷电动机控制器电路的工作原理

当LM339芯片E的①脚输出高电平时，晶体三极管T2截止，T1导通，场效应晶体管T3导通，电动机两端同时加载电压并进行运转。当LM339芯片E的①脚输出低电平时，晶体三极管T1截止T2导通，场效应晶体管T3截止，PWM驱动脉冲加到场效应晶体管T3的控制栅极，T3输出脉冲信号，电动机便有脉冲电流流过，电动机的转速则受脉冲宽度控制。

⑤ 调速控制电路　调速控制电路由运算放大器LM324与LM339共同构成。当转把转动时，输出调速信号，该信号经电阻器R22加载到LM324的②脚。当LM324的②脚输入电压升高，①脚输出电压降低，通过电阻器R19与稳压管Z1使LM339芯片E的⑥脚电位下降，①脚输出的矩形波宽度增大，输出高电平的脉宽周期延长，驱动晶体三极管T1、T2后使场效应晶体管T3导通脉宽周期延长，流过电动机绕组的电流增大，电动机的转速变快，从而实现了加速的调整；当LM324的②脚输入电压减小时，电动机的转速随之减慢，实现了减速的调整。

⑥ 刹车电路　刹车电路主要由闸把、LM324与LM339等构成。该电路中的闸把处于并联状态，捏下任意一个闸把时，闸把内的机械开关闭合，晶体三极管T4截止，供电电压V_{CC}经过电阻器R34与二极管D6将电压加载到LM324的③脚，使③脚电位高于②脚电位，①脚输出高电平，使LM339的①脚输出矩形波信号，场效应管T3截止，电动机停止运转，从而实现刹车功能。

⑦ 蓄电池欠压保护电路　蓄电池欠压保护电路主要由LM339芯片G与其他元器件等进行控制。当蓄电池输出+36V电压供电，通过电阻器R11、R12及可变电阻器W1取样后的电压加载到G的⑧脚，而+5V电压加载到G的⑨脚，为比较器的同相输入端提供参考电压。当蓄电池放电电压未达到31.2V时，LM339芯片G的⑧脚电位高于⑨脚电位，⑭脚输出低电平，PWM调制器正常工作，电动机正常运转；当蓄电池不断地进行放电，电压达到或低于31.2V时，LM339芯片G的⑧脚电位低于⑨脚电位，⑭脚输出高电平，通过二极管D3与电阻器R7使LM339芯片E的⑥脚电位超过⑦脚的锯齿波脉冲幅度，①脚输出低电平，晶体三极管T1截止、T2导通，使场效应晶体管T3截止，电动机停止转动，实现欠压保护功能。通过调整可变电阻器W1可以设置欠压保护电路的控制电压值。

⑧ 过流保护电路　过流保护电路主要由LM339芯片H构成。+5V供电电压经过电阻器R8、R9、R10分压，形成基准电压加到LM339芯片H的⑩脚。电动机正常运转，流过电动机的电流也流过电流取样电阻器R1，在R1上形成电压并加到LM339的⑪脚。该电压与电流成正比。当LM339芯片H⑩脚电位高于⑪脚电位时，⑬脚输出低电平，二极管D2截止，不影响PWM调制器工作，控制电路正常工作。一旦电动机运转异常，场效应晶体管T3过流，使电阻器R1两端压降升高，LM339⑪脚电位超过⑩脚电位，则⑬脚输出高电平，通过二极管D2和电阻器R7使LM339的⑥脚电位升高，①脚输出低电平，电动机停转，实现过流保护。

11.2.2　无刷电动机控制器的工作原理

图11-22所示为无刷电动机控制器的工作原理框图。

由图11-22可知，当打开电动自行车的电源锁后，接通电源，由蓄电池为电动自行车进行供电，显示仪表显示蓄电池的当前状态，同时控制器处于待机准备状态。

第 11 章 电动自行车控制器的检修

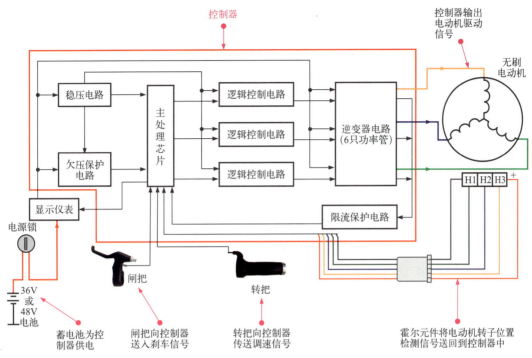

图11-22 无刷电动机控制器的工作原理框图

当旋动转把时，调速信号通过引线送往控制器的主处理芯片中。控制器的主处理芯片根据接收到的信号做出相应的反应，并将控制信号和驱动信号送到逻辑电路和功率晶体管中，输出电动机控制和驱动信号，使无刷电动机运转。

电动机旋转后，其内部的位置传感器，即霍尔元件将检测到转子磁极的位置信号反馈到控制器的主处理芯片中，控制相应功率晶体管的导通和关闭状态。

当按下闸把时，闸把的刹车信号经连接插件送到控制器中，控制器中主处理芯片对该信号进行处理后，输出制动信号使功率晶体管处于关闭状态，无刷电动机断电，达到刹车的目的。

在电动自行车进行控制的过程中，主处理芯片把当前的控制信号均通过连接插件在显示仪表中显示出来。

下面以典型无刷电动机控制器电路为例，具体分析一下无刷电动机控制器的工作过程。

（1）由控制芯片 MC33035+IR2103 组合构成的控制器电路分析

为了搞清无刷电动机控制电路的工作原理，以图 11-23 所示的电路为例进行介绍，将该控制电路划分为多个不同的功能电路进行分析。

通过图 11-23，我们可以将其划分为主要的几个功能电路，如供电电路、启动电路、刹车制动电路、调速电路、欠压保护电路、过流保护电路等，通过对各个功能电路的原理分析，掌握该控制电路的工作原理。

① 供电电路　蓄电池的 36V 电压经电阻器 R1 限流，电容器 C3、C2 滤波后送入三端稳压器 IC2 7812 的①脚，经其稳压后，由其③脚输出 +12V 电压，该电压经电容器 C1 滤波后，送入 IC1 的⑱、⑰脚，为其提供工作电压；同时分别送入三个驱动器 IC3、IC4、IC5 的①脚供电。

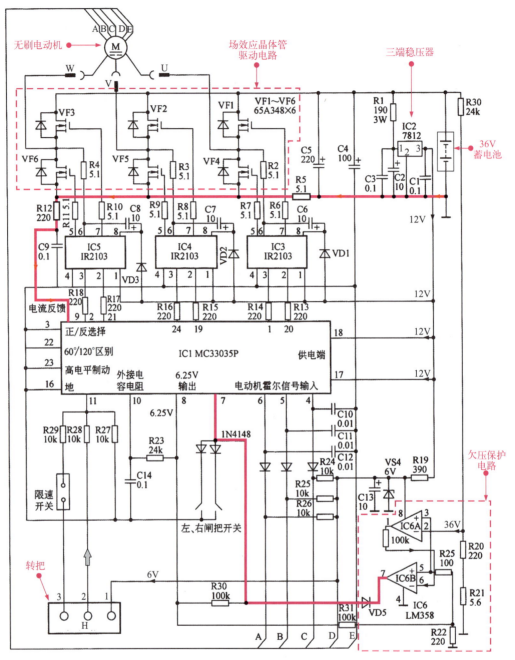

图11-23 无刷电动机驱动电路（MC33035）

另外，+12V电压再经电阻器R19限流、二极管VS4稳压、C13滤波后输出+6V电压，分别为IC6及转把供电。

② 启动电路 启动电路主要是用来驱动无刷电动机运转，该电路中的控制芯片MC33035的⑱、⑰脚得到供电电压后，IC1开始工作，其①脚和⑳脚、⑲脚和㉔脚、②脚和㉑脚分别输出驱动信号，经IC3、IC4、IC5处理后，驱动VF1～VF6，最后去驱动电动机三相绕组，使电动机旋转。

③ 刹车制动电路　该电路中，控制芯片 MC33035 的⑦脚及其外围电路与闸把开关组成刹车电路。电动自行车正常运转时，控制芯片 MC33035 的⑦脚为高电平，当捏下闸把时，闸把中的常开触点闭合，控制芯片 MC33035 的⑦脚经二极管和闸把开关后接地，⑦脚变为低电平，VF1～VF6 截止，电动机停止转动。随后闸把拉动钢丝使电动自行车抱闸闸紧，电动自行车停车。

④ 调速电路　调速电路主要是通过控制电路对电动自行车的电动机进行快、慢的调整，调速电路主要由 IC1 的⑪脚及外接电路和转把电路（霍尔元器件）等部分构成。转把的①脚为 6V 供电端，②脚为调速信号输出端。

旋转转把时，其②脚输出的直流控制电压经 R28 送入 IC1 的⑪脚，当该直流电压从低到高变化时，IC1 的⑪脚电压相应升高，经 IC1 内部电路处理后，输出 PWM 信号，通过 IC3～IC5 驱动 VF1～VF6 的导通时间延长，电动机绕组电流加大，电动机转速提高。反之，电动机转速降低，进而实现电动自行车的调速功能。

⑤ 欠压保护电路　该电路中，电压比较器 IC6（LM358），取样电阻器 R20、R21，IC1 的⑦脚构成了该控制器的欠压保护电路。

当电池电量充足时，加到 IC6 ②脚的电压高于③脚的基准电压，其①脚输出低电平，经电阻器后送入 IC6 的⑥脚（低电平），与⑤脚基准电压相比较后，由⑦脚输出高电平，VD5 截止，IC1 的⑦脚电平保持为高电平，IC1 正常工作。

当电池放电至低于 31.5V 时，IC6 的②脚电压低于③脚电压，其①脚输出高电平，则 IC6 的⑥脚为高电平，相应其⑦脚输出低电平，VD5 导通，IC1 的⑦脚也变为低电平，IC1 停止工作，无 PWM 信号输出，电动机停止转动，实现欠压保护。

⑥ 过流保护电路　该电路中，IC1 的⑨脚，电容器 C9，电阻器 R12、R5 构成了过流保护电路。

当电动自行车正常行驶时，电阻器 R5 上流过的电流较小，其产生的压降也较小，加到 IC1 ⑨脚的电压极低，不足以驱动 IC1 内部的电流保护电路动作，IC1 正常工作。

当负载过大或某种原因引起场效应晶体管 VF1～VF6 导通电流过大时，R5 两端压降升高，相应加到 IC1 ⑨脚的电压也升高，当该电压足以促使 IC1 内部的过流保护电路动作时，IC1 将停止工作，VF1～VF6 停止工作，电动机停止转动，实现过流保护。

（2）由芯片 LB11820S、IR2103、LM358 和 CD4069 构成的控制器电路分析

图 11-24 所示为由控制芯片 LB11820S、IR2103、LM358 和 CD4069 构成的控制器电路。

由图可知，该电路中的主要器件有控制芯片 LB11820S、半桥式放大器 IR2103、双电压运算放大器 LM358 和六反相器 CD4069。其中控制芯片 LB11820S 主要用于调速控制、刹车控制、PWM 脉冲形成和欠压保护；半桥式放大器 IR2103 主要用于激励信号的放大；双电压运算放大器 LM358 主要用于保护信号的放大；六反相器 CD4069 主要用于放大激励脉冲倒相。由此可以将该控制电路划分为供电电路、激励脉冲电路、驱动电路、调速控制电路、相序控制和功率放大电路、刹车控制电路和保护电路。

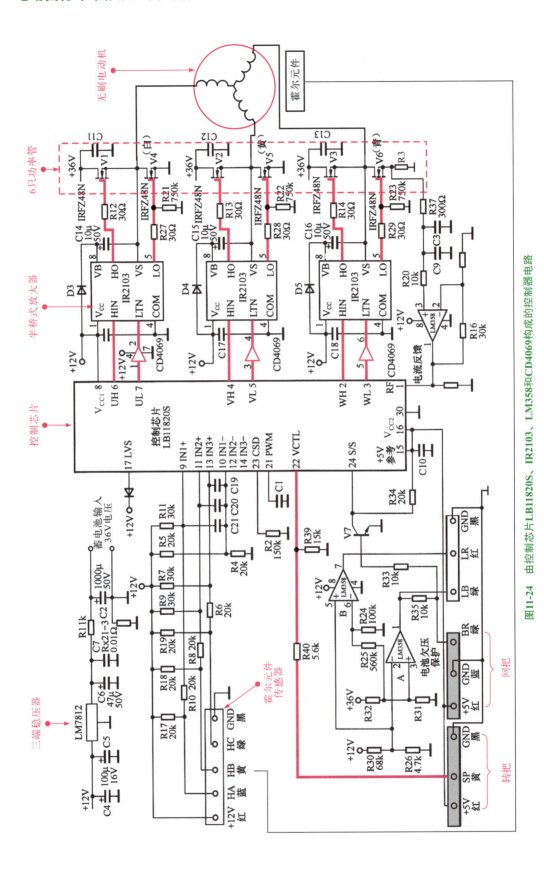

图11-24 由控制芯片LB11820S、IR2103、LM358和CD4069构成的控制器电路

① 供电电路 电动自行车接电源后，+36V 供电端为控制电路中的功率管 V1～V6 进行供电，另一路则经三端稳压器 LM7812 稳压后输出 +12V 的电压为控制芯片 LB11820S、双电压运算放大器 LM358 和半桥式放大器 IR2103 等供电。其中控制芯片 LB11820S 内部的基准电压发生器产生 5V 的基准电压，该电压从 ⑮ 脚输出，同时还为转把内的霍尔元件供电。

② 激励脉冲形成电路 在控制芯片 LB11820S 的供电电压正常的情况下，其内部的振荡器控制 ㉑ 脚外接的电容 C1 进行充、放电，由此产生锯齿波脉冲，该脉冲作为触发信号控制 LB11820S 内部的 PWM 脉冲形成电路产生 6 路激励脉冲，经放大后从②～⑦脚输出，其中 3 个高端驱动脉冲从②、④、⑥脚输出，3 个低端驱动脉冲从③、⑤、⑦脚输出。

③ 启动电路 启动电路主要是采用了 3 个半桥式放大器 IR2103，该电路中控制芯片 LB11820S 的⑧脚和⑯脚得到供电电压后，内部开始工作，其②～⑦脚输出驱动信号，分别送入 3 个半桥式放大器 IR2103 中进行处理，然后再驱动 V1～V6，最后驱动电动机三相绕组，使电动机旋转。

④ 调速电路 调速电路主要由转把和控制芯片 LB11820S 构成，在旋转转把时，转把内的霍尔元件在磁钢产生的磁场信号下，产生由低到高或由高到低的调整信号，即控制电压，该信号经过电阻 R40 限流后，送到控制芯片 LB11820S 的㉒脚，经控制芯片处理后，输出 PWM 信号，使半桥式放大器 IR2103 驱动功率管导通的时间延长，为电动机绕组提供大的电流，达到提高电动机转速的目的，实现电动自行车的加速行驶。反之，电动机的转速降低，电动自行车的行驶速度减慢。

⑤ 相序控制和功率放大电路 为了使电动机实现换向的功能，该控制电路中控制芯片 LB11820S 内部的转子定位解码器和电动机内的霍尔元件构成了相序控制电路。当控制芯片 LB11820S 工作后，由它输出的驱动信号使电动机旋转，其内部的霍尔元件则产生位置传感脉冲信号，分别通过 R6、R8 和 R10 进行限流，再经过 C19～C21 滤波后，送到控制芯片 LB11820S 中的转子定位解码器件并对这些信号进行处理，确保控制芯片输出的激励信号相位准确。然后再次进行启动电路，驱动电动机旋转。

⑥ 刹车制动电路 刹车制动电路主要是由闸把、控制芯片 LB11820S、运算放大器 LM358 和晶体管 V7 等构成。电动自行车的左、右闸把并联接在一起，其中一端为 5V 的供电端，另一端通过晶体管 V7 连接控制芯片 LB11820S。

当使用其中一个闸把进行刹车时，其内部的机械开关闭合使 V7 截止，控制芯片 LB11820S 的⑮脚输出的 5V 电压通过 R34 为 LB11820S 的㉔脚提供高电平电压，由其内部电路处理后，②～⑦脚不再输出激励脉冲，功率管截止，电动机停转，实现了刹车功能。

⑦ 欠压保护电路 在电动自行车使用过程中，为了防止蓄电池过放电，该控制电路中的运算放大器 LM358，取样电阻 R30、R26、R32、R31 和控制芯片 LB11820S 等组成了欠压保护电路。

当蓄电池的 +36V 电压充足时，电压比较器 LM358（A）中的③脚电压高于②脚电压，经过内部电压比较后，①脚输出高电平，通过 R35、R33 后输入到晶体管 V7 中，此时 V7 导通，控制芯片 LB11820S 的㉔脚输入低电平，芯片 LB11820S 检测后执行正常操作，驱动功率管工作。同时，通过电压比较器 LM358（A）中的①脚输出的另一路通过连接插件为绿色发光管进行供电，使其发光，表明蓄电池的电量充足。而电压比较器 LM358（B）中的⑤脚电压低于⑥脚的电压，其⑦脚则输出低电平，红色发光管不能发光。

当蓄电池内的电量消耗低于31.5V时，其中一路经取样电阻R32和R31后输出的电压送到电压比较器LM358（A）中的③脚，12V电压经取样电阻R30和R26后输出的电压送到电压比较器LM358（A）中的②脚，此时③脚电压低于②脚电压，经过内部电压比较后，①脚输出低电平，从而使V7截止，绿色发光管熄灭。当V7截止后，控制芯片LB11820S中的⑮脚输出电压通过电阻R34后为其㉔脚提供高电平，芯片LB11820S检测后，则不能输出激励脉冲，功率管停止工作，电动机停止转动。另一路则分别送入到电压比较器LM358（B）中的⑤脚和⑥脚，由于蓄电池内的电量过低，所以⑥脚电位低于⑤脚电位，其⑦脚输出高电平，红色发光管发光，表明蓄电池处于欠压状态。

⑧ 过流保护电路　控制芯片LB11820S、运算放大器LM358和电阻器R3等构成过流保护电路。

过流保护电路主要用于对功率管进行保护，以免因电流过大损坏功率管。当通过功率管的电流正常时，取样电阻R3产生的压降较小，通过LM358送到控制芯片①脚的电压较低，过流保护电路不动作，功率管可以正常接收激励脉冲，使电动机正常运转。

当负载过大或因电动机堵转等原因导致功率管电流过大时，取样电阻R3的压降增大，通过LM358放大后为控制芯片LB11820S①脚提供的电压升高，过流保护电路开始工作，使其不能输出激励脉冲，功率管停止工作，电动机停止转动，实现过流保护。

11.3　控制器的检修

11.3.1　控制器的检修分析

由于电动自行车需要通过控制器来控制电动自行车的电气部件动作，进而实现电动骑行的功能，因此控制器中任何一个元器件不良或部分电路存在故障都可能导致电动自行车无法正常工作。

根据其电路功能，电动自行车的控制器主要用于控制电动自行车电动机的启动、运转、加速、停止等状态，因此当电动自行车控制器出现故障时，主要由电动机当前的状态直观体现。控制器出现故障主要表现为接通电源后电动机便高速运转（飞车故障）、电动机转速不稳（控制电路输出电压不稳定）、电动机不启动（控制电路无输出或输出电压不正常、通电烧控制器）、电动机抖动（控制电路缺相）等。

当怀疑电动自行车控制器故障时，可遵循"先外围后自身、先查输出后查内部"的基本原则进行检修。图11-25所示为控制器的基本检修流程。

综上所述，检修控制器时，总体思路为：借助检修仪表（万用表）首先对控制器连接引线上的电压或信号进行检测，当所测信号参数异常时，先排除外围关联部件故障；在外围部件正常前提下，可再针对控制器内部主要元件进行检测，如易损的功率管和稳压器件等。

第 11 章 电动自行车控制器的检修

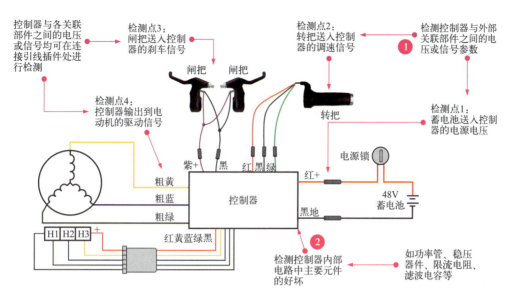

图11-25 电动自行车控制器的基本检修流程

特别提示

检修控制器时,不要轻易拆开控制器进行检查,排除外部因素是检修的第一步,也是十分重要的操作步骤。根据维修经验,控制器故障发生率最高的部位为外部被控制器件、接插件及引线连接点,这类故障较易修理。若盲目拆解控制器,不仅容易造成控制器密封性不良,还可能因误操作损坏控制器内部元件,甚至造成不可修复的故障,带来不必要的损失。

对于控制器内部的故障,较多的是稳压器件、功率管、控制芯片、限流电阻等主要器件损坏,该类故障一般可通过检测出故障点并更换故障元件来排除。

相关资料

从控制器本身的结构组成来看,控制电路不良最为常见的故障表现及其检修分析,见表11-2所列。

表11-2 控制电路不良最为常见的故障表现及其检修分析

最为常见的几种控制电路不良情况	检修分析
① 功率器件(MOS场效应晶体管)损坏	◆ 电动机绕组间短路或损坏引起的 ◆ 功率器件本身的质量差或选用等级不够引起的 ◆ 电动机过载引起的 ◆ 功率器件驱动电路损坏或参数设计不合理引起的
② 控制电路内部供电电源损坏	◆ 控制器内部电路短路 ◆ 外围控制部件短路 ◆ 外部引线磨损引起搭接或对地短路

续表

最为常见的几种控制电路不良情况	检修分析
③ 控制电路工作时断时续	◆ 器件本身在高温或低温环境下参数漂移 ◆ 控制器总体设计功耗大导致某些器件局部温度过高而使器件本身进入保护状态 ◆ 控制电路内部存在元件引脚虚焊或控制电路与外部器件连接引线接触不良
④ 连接线磨损及接插件不良或脱落引起控制信号丢失	◆ 线材规格选择不合适 ◆ 对线材的保护及走线方式选择不正确 ◆ 控制电路与其他部件间的接插件选型不匹配 ◆ 线束与接插件的压接不牢固

11.3.2 控制器的检修方法

不同控制器的检修方法基本相同，下面结合上一节的检修分析，具体介绍一下控制器的具体检修方法。

（1）检测控制器与外部关联部件之间的电压或信号参数

检测控制器与外部关联部件之间的电压或信号参数是检修控制器的关键环节。例如，控制器正常工作需要基本的供电条件和调速信号条件，只有这些条件均满足的前提下才能够工作，否则即使控制器本身正常，也无法实现电路功能；再如，控制器输出电动机的驱动信号，若检测该信号正常，但电动机不工作，应将故障锁定在电动机部分，若无输出，再对控制器进行检测，以此快速锁定故障范围。

检测时需要弄清楚控制器各连接引线功能。

① 控制器电源输入电压的检测　控制器正常工作需要蓄电池为其提供基本工作电压，该电压由蓄电池经连接引线后送入控制器中。若供电电压不正常，控制器无法进入工作状态，应对蓄电池进行检测。

控制器电源输入电压值取决于供电蓄电池的额定电压值，通常 36V 控制器电源输入端电压约为 37.8V；48V 控制器电源输入端电压约为 50.4V，可用万用表在控制器与蓄电池连接引线插件处进行检测。

控制器电源供电电压的检测方法如图 11-26 所示。

实测得万用表读数约为 50.4V。该电压的检测相当于对电池输出电压的检测，通常若电压过低则应检查电池部分；若电压正常，但车把显示部分显示电量不足时，应对电池进行充电。

② 控制器与转把之间控制信号的检测　转把为控制器送入调速信号，只有控制器接收到该信号，才能输出相应驱动信号控制电动机状态。若调速信号异常，则应先排查转把故障。

通常转把与控制器由三根引线进行连接（若引线有五根，其他两根为巡航线），检测前，同样需要首先了解各种颜色信号线功能，然后用万用表检测即可。其中红色线为电源线，绿色线为信号线，黑色线为接地。

控制器与转把之间控制信号的检测方法如图 11-27 所示。

第11章 电动自行车控制器的检修

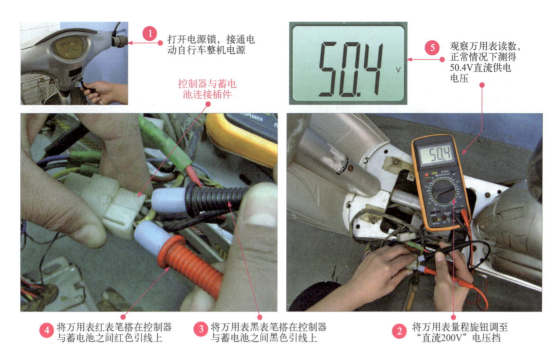

图11-26　控制器电源输入电压的检测方法

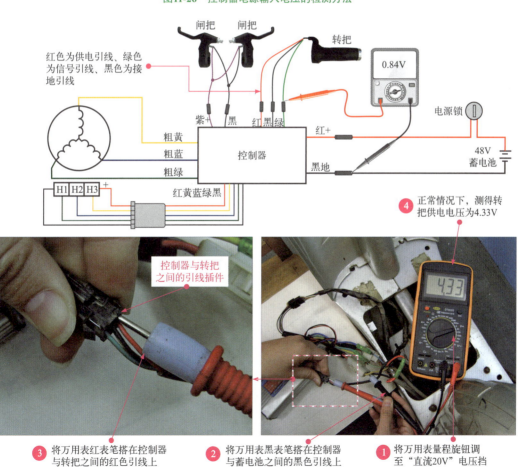

图11-27

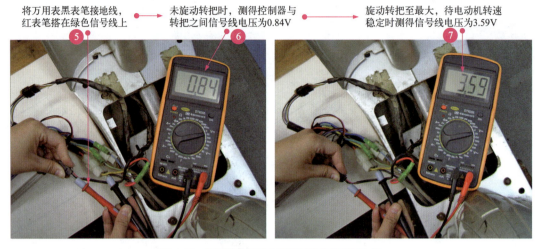

图11-27 控制器与转把之间控制信号的检测方法

实测控制器与转把之间控制信号电压在 0.84～3.59V 之间变化。该变化范围由转把的类型决定：一般，万用表读数应在 0.8～4.8V 或 4.8～0.8V 之间变化，若在转动转把时未观察到电压的变化，表明转把已坏，应更换。

③ 控制器与闸把之间控制信号的检测　根据前述控制器与闸把之间的控制原理可知，操作闸把时应有高低电平的变化，用万用表进行检测即可。在该电动自行车控制器中，闸把、显示表盘、喇叭及前灯与控制器之间通过一组六根引线输出插件相连接，检测前，首先了解各种颜色信号线功能，然后用万用表检测即可。

控制器与闸把之间控制信号的检测方法如图 11-28 所示。

通常，未操作闸把时，控制器对其输出高电平信号应不小于 4V；当捏下闸把时，其输出引线端电压应变为低电平（接近 0V）。即在正常状态下，捏下闸把时对电动自行车进行切断电源操作。

④ 控制器与无刷电动机之间控制信号的检测　控制器与无刷电动机之间通常由三根较粗的引线和五根细线进行连接，其中三根较粗引线为控制器与电动机连接的三根相线；较细五根引线为与电动机霍尔元件连接的引线，如图 11-29 所示，用万用表分别检测引线端电压即可。

首先检测控制器与电动机线圈连接的三根引线电压值。

控制器与无刷电动机线圈之间供电电压的检测方法如图 11-30 所示。

实测时，三根引线在转把达最大速度时测得的电压值基本相同，均为 25V。若实测时，某一根引线电压过高或过低，表明与该引线连接控制器内的相关元件故障，应对控制器内部进一步检修。

接下来，我们检测控制器与电动机中霍尔元件之间的控制信号（红色线为供电引线，黑色线为接地引线，其余三根黄、绿、蓝色线为速度检测信号线）。

控制器与电动机中霍尔元件之间的控制信号的检测方法如图 11-31 所示。

第 11 章 电动自行车控制器的检修

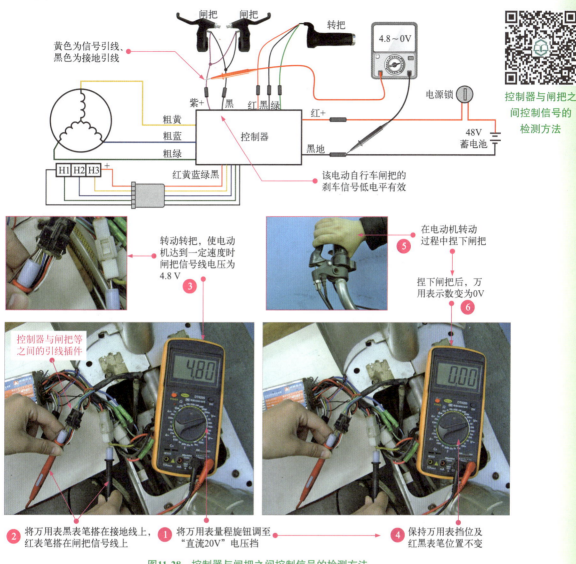

图11-28 控制器与闸把之间控制信号的检测方法

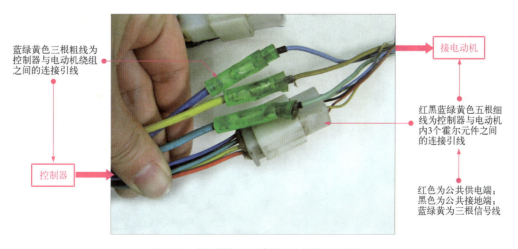

图11-29 控制器与无刷电动机之间的控制引线

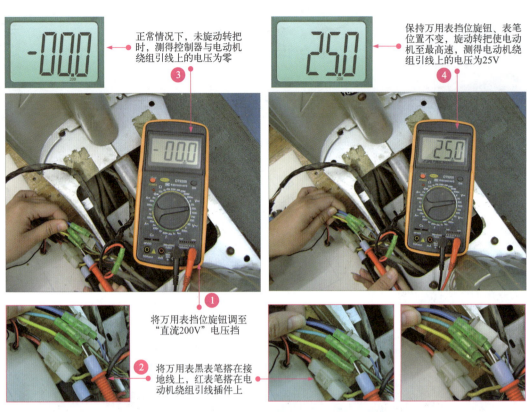

图11-30 控制器与无刷电动机线圈之间供电电压的检测方法

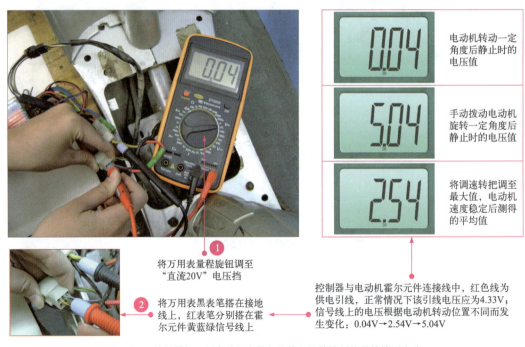

图11-31 控制器与无刷电动机中霍尔元件之间的控制信号的检测方法

特别提示

实测时,当用手慢慢拨动后轮旋转时(电动机转子部分转动),黄色信号线的电压值在0.04～5.04V之间缓慢变化;当操作转把到最大值,并使电动机匀速运转时,该信号线电压值为2.53V,图11-32所示为用万用表检测控制器与霍尔元件黄色信号线之间的不同状态下电压值的方法,其中图(a)为电动机转动一定角度静止时的最小电压值;图(b)为电动机旋转一定角度后静止时的最大电压值;图(c)为将转把调至最大时,电动机速度稳定后检测的电压值。

(a) 电动机转动一定角度后静止时的最小电压值

(b) 手动拨动电动机旋转一定角度后静止时最大电压值

(c) 将转把调至最大值,电动机速度稳定后测得的平均值

图11-32 控制器与霍尔元件之间黄色信号线在不同状态下的电压值

采用同样的方法检测控制器与电动机霍尔元件之间绿色信号线的电压值,正常时测得结果如图11-33所示。

(a) 电动机转动一定角度后静止时的最小电压值

(b) 手动拨动电动机旋转一定角度后静止时的最大电压值

(c) 将转把调至最大值,电动机速度稳定后测得的平均值

图11-33 控制器与霍尔元件之间绿色信号线在不同状态下的电压值

采用同样的方法检测控制器与电动机霍尔元件之间蓝色信号线的电压值,正常时测得结果如图11-34所示。

(a) 电动机转动一定角度后静止时的最小电压值　　(b) 手动拨动电动机旋转一定角度后静止时的最大电压值　　(c) 将转把调至最大值，电动机速度稳定后测得的平均值

图11-34　控制器与霍尔元件之间蓝色信号线在不同状态下的电压值

值得注意的是，不同型号的控制器、电动机之间的控制信号电压值与上述检测结果并不完全相同，但基本都遵循上述规律，若在维修过程中，实测结果偏差较大，可能控制器或电动机中的霍尔元件故障，应进一步分别进行检修。

> **相关资料**
>
> 根据上述实际测试，正常情况下，无刷电动机控制器各连接引线处的电压值汇总见表11-3所列。
>
> 表11-3　典型无刷电动机控制器各连接引线处的电压值汇总
>
> | 连接部件 | 引线 | 参数值 |
> |---|---|---|
> | 控制器与蓄电池 | 红色粗线 | 36V以上或48V以上（蓄电池电压） |
> | | 黑色粗线（接地线） | 0V |
> | 控制器与无刷电动机绕组 | 黄色粗线 | 0~25V（最大速度时） |
> | | 蓝色粗线 | |
> | | 绿色粗线 | |
> | 控制器与无刷电动机霍尔元件 | 红色细线 | 4.33V（供电电压） |
> | | 黄色细线 | 0.04~5.04V |
> | | 绿色细线 | 0.04~5.04V |
> | | 蓝色细线 | 0.04~5.04V |
> | | 黑色细线（接地线） | 0V |
> | 控制器与闸把 | 黄色细线 | 4.8（未捏闸把）~0V（捏下闸把） |
> | | 黑色细线（接地线） | 0V |
> | 控制器与转把 | 红色细线 | 4.33V（供电电压） |
> | | 绿色细线 | 0.84~3.59V |
> | | 黑色细线（接地线） | 0V |

（2）检测控制器内部的主要元器件

若在上述检测中，控制器电源供电电压正常，调速信号、刹车信号也均正常，但无输出或输出侧的电动机驱动信号异常，怀疑控制器内部损坏时，应将控制器外壳打开，针对控制器电路板上的易损元器件进行检测，如功率管、稳压器件等，通过排查各元件的好坏，找到故障点排除故障。

① 功率管的检测　控制器中的功率管多为场效应晶体管，通常可在断电状态下通过检测引脚间阻值的方法进行检测和判断。

控制器中功率管（场效应晶体管）的检修方法如图 11-35 所示。

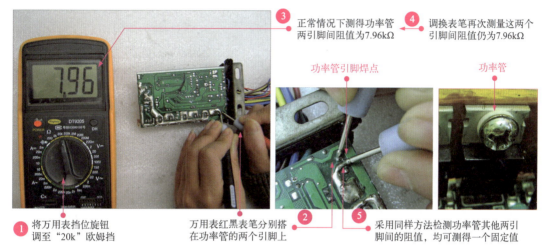

图11-35　控制器中功率管（场效应晶体管）的检修方法

正常情况下，检测任意两个引脚间电阻值时，应能测到两组几千欧的数值，其余均趋于无穷大。若不满足该检测结果，或测得某组数值为零，则可能该晶体管已经损坏，应选用相同规格参数和型号的 MOS 管（场效应晶体管）进行更换。

> **特别提示**
>
> 值得注意的是，由于控制器中多采用几个功率管进行工作，对该管进行检测时可采用比较法进行判断，若一排功率管中，其中一只与其他检测结果偏差较大，则可能该晶体管已经损坏。

② 稳压器件的检测　控制器中的稳压器件主要是将电池电压进行稳压后，输出电路板上其他器件正常工作所需要的直流电压。若检测该器件输入电压正常，而输出不正常或无输出时，则表明该器件损坏。

电动自行车控制器中采用的稳压器主要有 LM317、7805、7806、7812、7815 等，其检测方法基本相同。下面以 48V 无刷电动机控制器中的稳压器 LM317 为例介绍其检修方法，如图 11-36 所示。

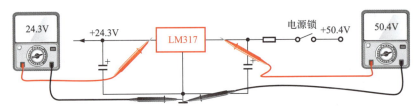

图11-36 三端稳压器件的检测方法

实测其输入端电压约为50.4V,输出端电压约为24.3V,正常。若输入正常,无输出,则表明该稳压器损坏,应选用同型号稳压器进行更换。

③ 控制器其他易损部件的检测　在控制器中,限流电阻、滤波电容和状态指示二极管的损坏概率也较高,通常可直接在断电状态下用万用表进行测量和判断,如图11-37所示。

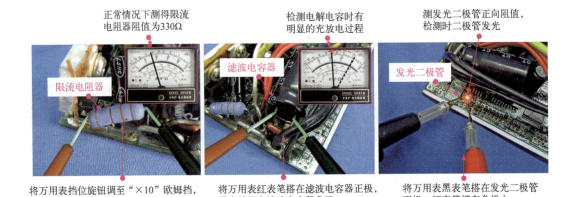

图11-37 控制器中其他易损部件的检测方法

第12章 电动自行车电动机的检修

12.1 电动机的结构原理

12.1.1 电动机的特点

电动自行车电动机的主要作用就是实现电能向机械能的转换,即在控制电路的控制下,将蓄电池的电能转换为电动机转子转动的机械能,带动电动自行车后轮转动,使电动自行车前行。

目前,电动自行车所采用的电动机可以分为有刷电动机和无刷电动机两大类。

(1) 有刷电动机的特点

有刷电动机是指内部含有电刷和换向器的一类电动机,它的主要特点是通过内部电刷和换向器实现电能供给和转换,如图12-1所示。

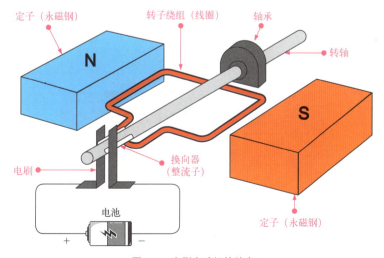

图12-1 有刷电动机的特点

有刷电动机的结构特点

图 12-2 所示为有刷电动机的功能特点示意图，从该图中我们可以很清晰地了解到有刷电动机中各部件的位置关系及功能特点。这种电动机转子与轴制成一体，为内转子式电动自行车的转子与车轮制成一体，属外转子式电动机，中心轴与定子绕组制成一体固定于车架上的部分。

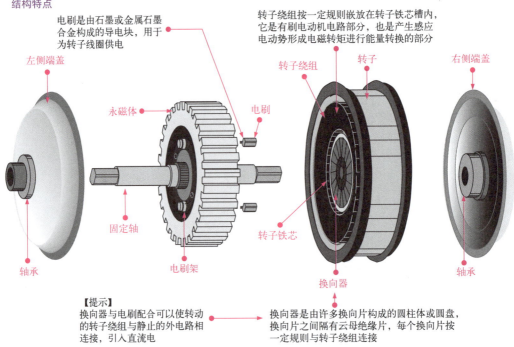

图12-2 有刷电动机的功能特点示意图

（2）无刷电动机的特点

无刷电动机是指无电刷和换向器的一类电动机，它的内部不包含电刷及换向器等部件，直接通过定子、转子等实现电能到机械能的转换，图 12-3 所示为无刷电动机的结构特点。

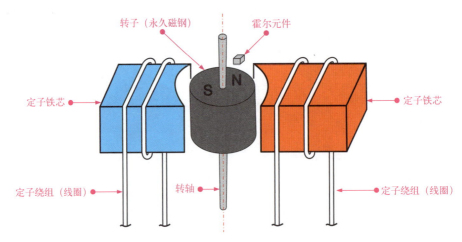

图12-3 无刷电动机的结构特点

图 12-4 所示为普通内转子式无刷电动机的结构分解图，从该图中我们可以很清晰地了解到无刷电动机中各部件的位置关系。

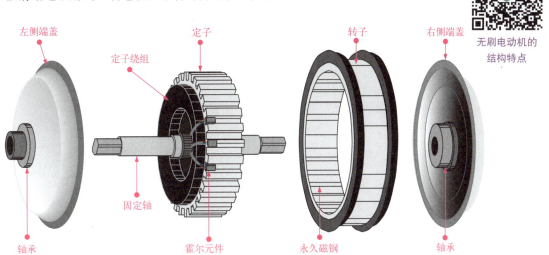

图12-4 无刷电动机的结构分解图

> **相关资料**
>
> 无刷直流电动机是以电子组件和传感器取代了机械电刷和换向器，具有结构简单、无机械磨损、运行可靠、调速精度高、效率高、启动转矩高等特点。

12.1.2 电动机的工作原理

（1）有刷电动机的工作原理

图 12-5 所示为有刷电动机的工作原理结构图。有刷电动机工作时，绕组和换向器旋转，主磁极（定子）及电刷不旋转，直流电源经电刷加到转子绕组上，绕组电流方向的交替变化是随电动机转动的换向器以及与电刷之间的位置变化而变化的。

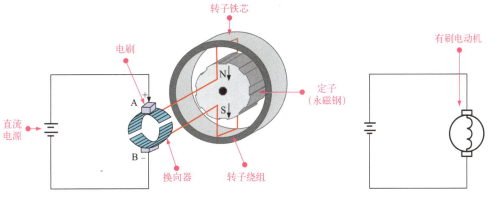

图12-5 有刷电动机的工作原理结构图

> 图12-6所示为有刷电动机工作过程示意图。电源接通后经电刷和换向器为线圈供电，其电流流通路径为：通过电刷A、换向器2，线圈dc和ba，最后经换向器1及电刷B到达电源的负极。由图可见，根据左手定则，两个线圈受力的方向是逆时针方向，转子开始逆时针旋转。
>
> 当转子转过90°时，两个线圈处于磁场物理中性面。而且电刷也不与换向器接触，线圈中没有电流流过，转矩消失。但是由于机械惯性的作用，转子将冲过一个角度。这时线圈中又有电流流过。

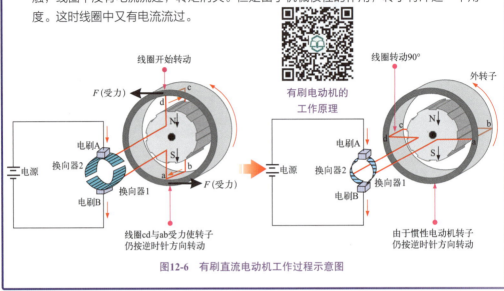

图12-6 有刷直流电动机工作过程示意图

（2）无刷电动机的工作原理（单相）

图12-7所示为无刷电动机的转动原理示意图。无刷电动机的转子是由永久磁钢构成的，它在圆周上设有多对磁极（N、S）。绕组绕制在定子上，当接通直流电源时，电源为定子绕组供电，转子磁极受到定子磁场的作用而产生转矩并旋转。

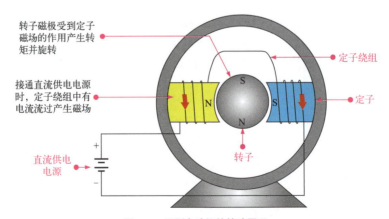

图12-7 无刷电动机的转动原理

（3）三相无刷电动机的工作原理

三相无刷电动机三角形绕组的工作过程如图12-8所示，通过切换开关，可以使定子绕组中的电流按一定的规律顺次导通,并形成旋转磁场。从图中可以看到,循环一周的开关状态和电流通路。开关通常是由开关晶体管构成的。为了实现开关有序地变换,必须有一套控制驱动电路进行驱动控制。

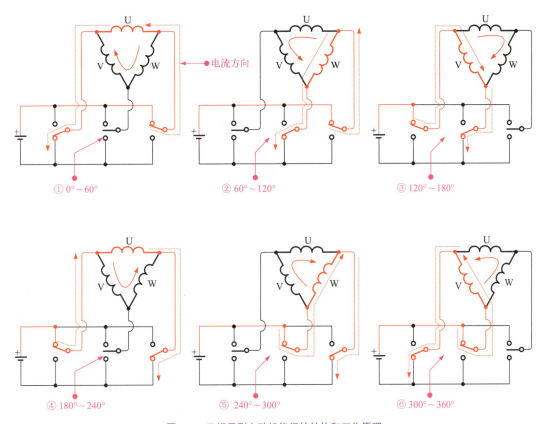

图12-8 三相无刷电动机绕组的结构和工作原理

12.2 电动机的故障特点与检修分析

电动机是电动自行车中的关键部件之一,也是电动自行车中的动力源部件。当电动机出现故障时,主要表现为电动机不转、行车过程中明显晃动、噪声大或有异响、电动机短时间内严重过热、爬坡困难不给力等。从电动机本身来说,引起电动机出现上述故障的原因通常有两个方面,一是机械故障,二是电气故障。

12.2.1 电动机机械故障的特点与检修分析

机械故障是指电动机使用时间过长而引起的机械部件磨损、变形、锈蚀等,如图12-9所示。电动机出现机械故障时主要表现为电动机运转时发出碰撞声或机械噪声。

图12-9 电动机常见的机械故障分析

12.2.2 电动机电气故障的特点与检修分析

电气故障是指电动机内部的电气部件，如有刷电动机中的电刷、换向器，无刷电动机中的霍尔元件、绕组及引线等出现磨损、断裂、脱落、绝缘不良、短路等，如图12-10所示。电动机出现电气故障主要表现为电动机不运转、电动机运转过程中有明显抖动、电动机转速慢、电动机时转时停等。

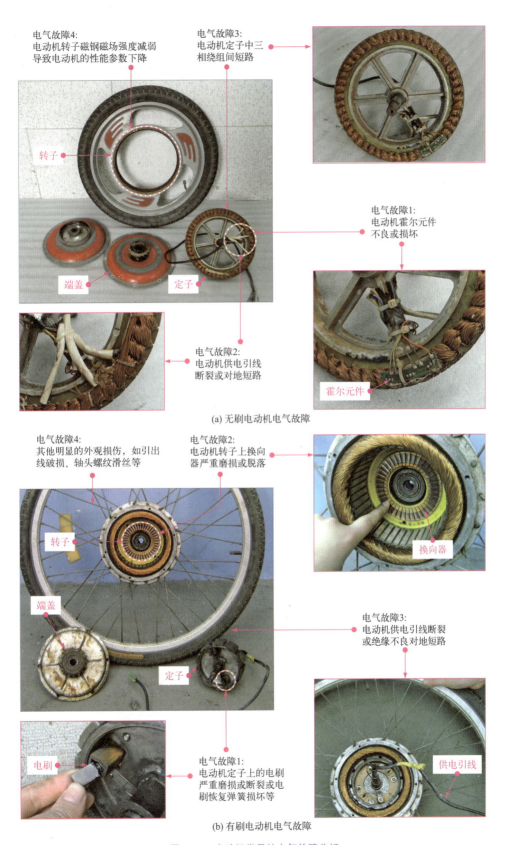

图12-10 电动机常见的电气故障分析

> **提示说明**
>
> 电动机工作失常时,很多故障并不是由其自身故障引起的,当电动自行车的控制器不良、调速转把故障或蓄电池供电不足时,均可能导致电动机运转失常的故障,也就是说,一种故障所对应的故障原因并不是单一的,从表面现象看到的是电动机运转不正常,但可能需要对与其相关联的所有部分进行检测和排查。

12.3 电动机的检测与修复

12.3.1 电动机的检测

(1) 有刷电动机的检测

对有刷电动机进行检修时,应重点对电刷、换向器、轴承、定子永磁体、转子绕组等部分进行检测。

① 有刷电动机内短路或断路故障的判断方法　由于有刷电动机的供电引线从电动机输出后需要弯曲近 90° 后才能引入车体中部与控制器相连接,因此应重点检查弯曲部分有无短路或断路情况,引线内部所连接的电刷、换向器及转子绕组有无断路故障等。

图 12-11 所示为有刷电动机短路或断路故障的检测示意图。将万用表的红黑表笔分别搭在有刷电动机的两根连接引线上,实测阻值相当于电刷、换向器以及转子绕组串联后的阻值,通过该方法即可判断有刷电动机有无短路或断路的故障。

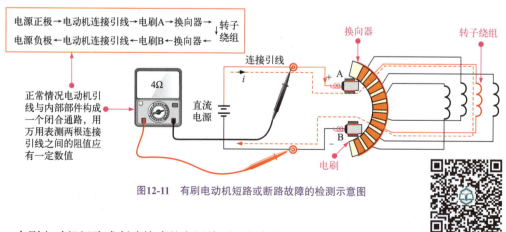

图 12-11　有刷电动机短路或断路故障的检测示意图

有刷电动机短路或断路故障的实际检测和判断方法,如图 12-12 所示。

第12章 电动自行车电动机的检修

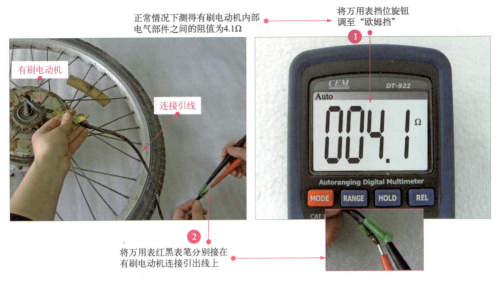

图12-12 有刷电动机短路或断路故障的判断方法

> **提示说明**
>
> 正常情况下，有刷电动机供电引线之间应有几欧阻值。若在改变引线状态时，发现万用表测量其阻值有明显变化，则一般说明引线中可能存在短路或断路故障，应更换引线或将引线重新连接好；若电阻值趋于无穷大，说明电动机供电引线线路中可能存在断路故障，如引线断路、电刷未与换向器接触、转子绕组断路等。

② 有刷电动机中电刷和电刷架的检修方法　若通过对有刷电动机供电引线间阻值进行检测，怀疑有刷电动机电刷或电刷架异常时，需要对有刷电动机进行拆卸，并找到电刷及电刷架，进行直观检查和判断，图12-13所示为有刷电动机电刷及电刷架的结构。

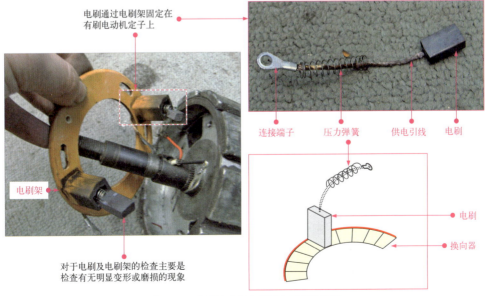

图12-13 有刷电动机电刷及电刷架的结构

211

有刷电动机中电刷和电刷架的检修方法，如图 12-14 所示。

图12-14 有刷电动机中电刷和电刷架的检修方法

 提示说明

　　对于电刷架主要是检查其有无明显变形或磨损，若有明显变形或损坏应进行更换。对于电刷部分主要是检查其有无磨损严重或明显损坏迹象，若磨损严重或有明显损坏迹象，应用同型号的电刷对其进行更换。

　　值得注意的是，若经检查发现电刷损坏严重，对电刷进行更换后，需要首先对其进行空载磨合，增大电刷与换向器的接触面积，以保证在负载良好时的换向。

③ 有刷电动机中换向器和转子绕组的检修方法　换向器和转子绕组是有刷电动机中重要的组成部件，通常采用直接观察法、打磨法进行判断和修复，图 12-15 所示为有刷电动机中换向器和转子绕组的结构。

有刷电动机中换向器和转子绕组的检修方法，如图 12-16 所示。

 特别提示

　　值得注意的是，由于电动机进水等原因，可能会引起电动机内部元件发生氧化，换向器氧化通常会引起换向器与电刷接触不良，使电动机无法正常工作。

第12章 电动自行车电动机的检修

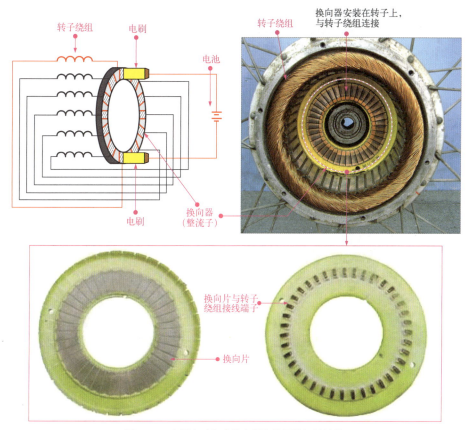

图12-15 有刷电动机中换向器和转子绕组的结构

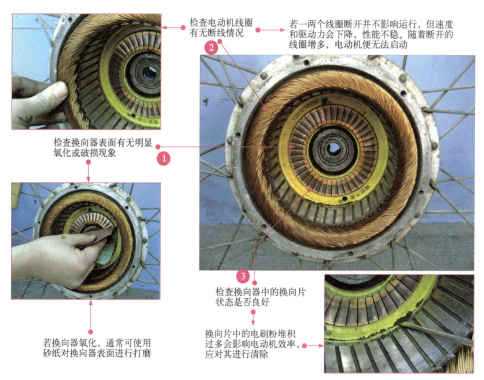

图12-16 有刷电动机中换向器和转子绕组的检修方法

④ 有刷电动机中轴承和定子永磁体的检修方法　对于轴承、定子永磁体等机械部件来说，对其进行检查一般通过外观进行检查，根据具体检查结果采取适当措施进行补救或修复。

如图12-17所示，对有刷电动机的轴承进行检查。

① 观察轴承外观有无缺少润滑油、锈蚀磨损、轴承内钢珠脱落现象

② 用手捏住轴承内圈，另一只手推动外钢圈使其旋转

若轴承良好，则旋转平稳无停滞，若转动中有杂音或突然停止，则表明轴承已损坏

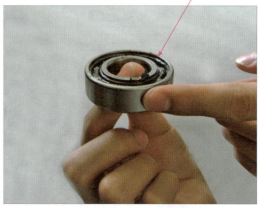

③ 将轴承捏入手中，前后晃动检查有无较大或明显的撞击声

④ 双手捏住轴承左右晃动查有无较大或明显的撞击声

如果有较大或明显的撞击声，则此轴承有可能已损坏

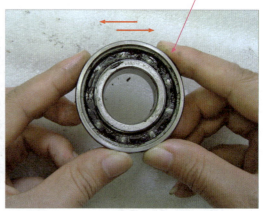

图12-17　检查有刷电动机的轴承

 提示说明

若经检查轴承损坏，则应直接更换；若润滑不良或锈蚀，则需要对其进行清洗并重新润滑。

第12章 电动自行车电动机的检修

相关资料

对有刷电动机的轴承进行重新润滑的方法,如图12-18所示。

① 将轴承直接浸泡在煤油中5~10min,浸泡后,一手捏住内环,另一只手转动外环,轴承上的干油或防锈膏就会掉下来

② 将轴承放入洁净的煤油中,用软毛刷对钢珠和缝隙内进行清洗

将润滑脂与润滑油按照6:1到5:1的比例搅拌均匀,为补充润滑做好准备

润滑油
润滑脂

③ 将润滑脂均匀涂抹在轴承空腔内,并用手的压力往轴承转动部分的各个缝隙挤压

④ 在涂抹润滑脂的同时,不时转动轴承,让润滑脂均匀地进入内部

清洗修复完成的轴承,重新装入电动机端盖中即可

图12-18 重新润滑有刷电动机轴承

检修有刷电动机的定子永磁体的方法,如图12-19所示。

定子永磁体

细砂纸

若出现脱落,重新黏合磁钢片或更换电动机 ← ① 检查定子永磁体(磁钢片)有无松脱现象

② 检查定子永磁体(磁钢片)有无锈蚀现象 → 若出现锈蚀,可用细砂纸打磨磁钢片

图12-19 检修有刷电动机的定子永磁体

对有刷电动机进行检修前，首先应对电动机外部条件进行检查。如检查电动机输出引线有无短路、断路现象，确认故障是由电动机内部部件损坏引起的，再进行拆解，对内部电刷、电刷架、换向器以及轴承、定子永磁体等机械部件进行检修。

（2）无刷电动机的检测

对无刷电动机进行检修前，首先应对电动机外部条件进行检查。如通过检测无刷电动机三相绕组连接引线之间的阻值，判断无刷电动机绕组有无短路或断路故障；通过检测无刷电动机霍尔元件连接引线阻值，判断内部霍尔元件好坏；通过检测空载电流判断内部电气部件状态；若经初步检测判断怀疑无刷电动机内部故障，再对其进行拆解，对内部转子永磁钢、定子磁铁等机械部件进行检修，或对损坏的霍尔元件进行更换。

① 无刷电动机定子绕组的检测方法　一般无刷电动机的连接引线有八根，其中电动机的定子绕组有三根线，即黄色、蓝色、绿色三根较粗引线，用于引入三相驱动信号。可通过检测这三根绕组引线两两间的阻值，判断定子绕组有无短路或断路故障。图12-20所示为无刷电动机定子绕组检测示意图。

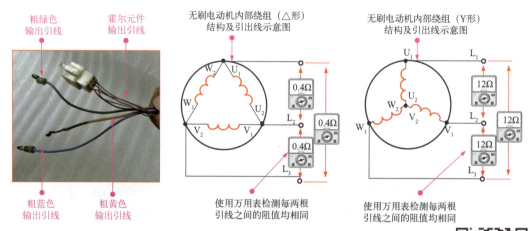

图12-20　无刷电动机定子绕组检测示意图

无刷电动机定子绕组的检测方法，如图12-21所示。

图12-21　无刷电动机定子绕组的检测方法

提示说明

正常情况下,无刷电动机定子绕组三根引线两两间的阻值应该相同;若测得阻值不一致,则可能定子绕组间存在短路或断路故障。

相关资料

根据维修经验,判断无刷电动机绕组时,正常情况下在三根相线悬空时,电动机用手空转应无阻力,任意两根相线短路,电动机有明显间断阻力,且阻力一致。

② 无刷电动机霍尔元件的检测方法　对无刷电动机霍尔元件进行检测,是维修该类电动机的重点。霍尔元件作为电动机的位置传感器直接决定了电动机的运转状态,若霍尔元件损坏,电动机将无法正常工作。

霍尔元件的好坏,一般可通过万用表检测霍尔元件信号线与接地线之间正反向阻值的方法进行判断。图 12-22 所示为无刷电动机霍尔元件的输出引线。

图12-22　无刷电动机霍尔元件的输出引线

无刷电动机霍尔元件的检测方法

检测无刷电动机霍尔元件的方法,如图 12-23 所示。

 提示说明

正常情况下,无刷电动机中 3 只霍尔元件的信号端的正向对地阻值均为 24.37MΩ;反向对地阻值均为无穷大。若实测阻值异常,说明霍尔元件损坏,应拆开无刷电动机对其进行更换。

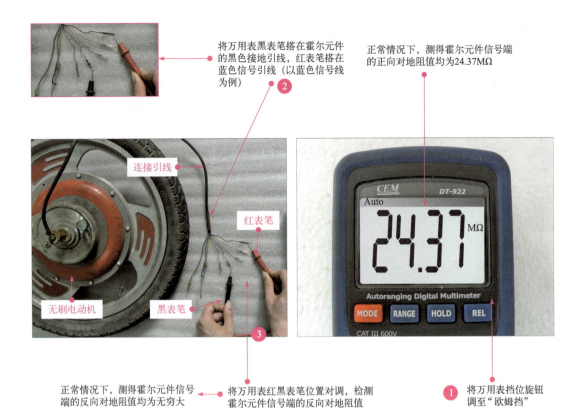

图12-23 检测无刷电动机霍尔元件

相关资料

无刷电动机中3只霍尔元件信号端的正向对地阻值应完全相同,任何一个不同,都可能为相对应的霍尔元件异常,应进行更换,且只需要更换霍尔元件,不论是否全部损坏,都需要同时更换。

除此之外,还可以采用其他方法判断霍尔元件好坏:

在通电状态下,用万用表电压挡检测霍尔元件各信号线电压的方法判断元件的好坏。一般将万用表黑表笔接地,红表笔接霍尔元件信号线,拨动后轮使其旋转,信号电压应在一定的电压范围内变化,一般为0～5V(有些为0～6.25V或0～4.5V),若电压值保持0V或5V不变,则可能该信号线对应的霍尔元件已经损坏。

在断电状态下,用万用表二极管挡检测霍尔元件黑色线与红、黄、绿、蓝四根线之间有无短路故障。

③ 无刷电动机空载电流的检测方法 无刷电动机的空载电流是指无任何负载状态下允许的电流值。检测无刷电动机的实际空载电流值并与正常值比较,也可以判断无刷电动机的状态。

无刷电动机的空载电流可借助万用表进行检测,即将万用表量程旋钮设置在电流挡上,并将其串接在蓄电池供电线路中进行检测。

无刷电动机空载电流的检测方法,如图12-24所示。

第 12 章 电动自行车电动机的检修

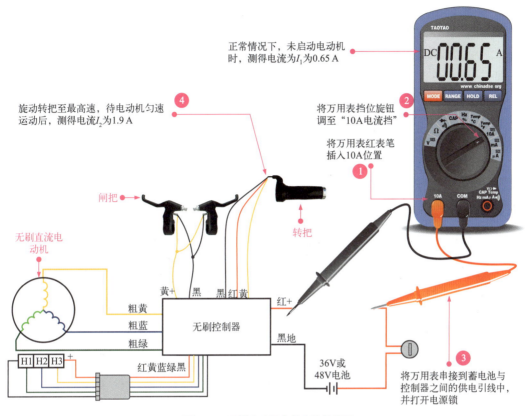

图12-24 无刷电动机空载电流的检测

> **提示说明**
>
> 无刷电动机的实际空载电流 I_3 为 I_2 与 I_1 之差，即 $I_3=I_2-I_1=1.9A-0.65A=1.25A$
>
> 若实测空载电流大于最大空载电流值，表明所测无刷电动机有故障。通常，引起无刷电动机空载电流过大的原因主要有：无刷电动机个别线圈短路；磁钢、换向器、电刷磨损严重等，重点检查易发生该故障的部件，更换损坏部件或整个无刷电动机即可排除故障。

相关资料　一般不同机型、不同设计结构的电动机的最大空载电流不同，见表12-1所列。

表12-1 各种电动机的最大空载电流参考表

电动机类型	额定电压36V	额定电压48V
有刷低速电动机	0.6A	0.4A
有刷高速电动机	1.0A	0.6A
无刷低速电动机	0.6A	0.4A
无刷高速电动机	1.0A	0.6A

④ 无刷电动机定子和转子的检修方法　在检修无刷电动机过程中，其内部转子和定子损坏的概率较低，大多时候可能因无刷电动机进水造成定子铁芯和转子磁钢锈蚀或脱落，从而造成无刷电动机无法工作的故障，一般需要对定子铁芯和转子磁钢进行打磨、润滑或更换等。

无刷电动机定子和转子的检修方法，如图 12-25 所示。

图12-25　无刷电动机定子和转子的检修方法

12.3.2　电动机的代换

当电动机出现无法修复的故障时，就需要使用同型号或参数相同的电动机进行代换。

通常电动机的代换操作主要可分为三大步骤，一是寻找可代替的电动机，二是代换电动机，三是通电试机。下面具体讲解其代换方法。

(1) 寻找可代替的电动机

电动机损坏需要根据损坏的电动机类型、额定电压以及电动自行车后轮大小等规格参数选择适合的电动机进行代换。

① 电动机类型的选择　对电动机进行整体更换时，电动机类型的匹配尤为重要，电动自行车中的电动机主要有有刷电动机和无刷电动机两种，更换电动机时，应进行区分，如图12-26所示。

(a) 通过连接引线区分有刷电动机和无刷电动机

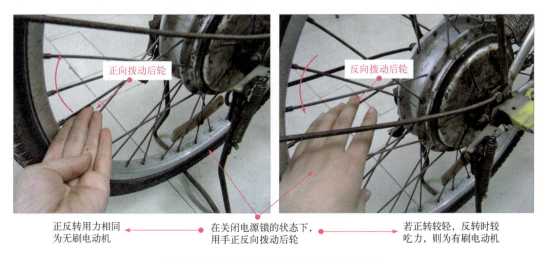

(b) 通过拨动后轮用力情况区分有刷电动机和无刷电动机

图12-26

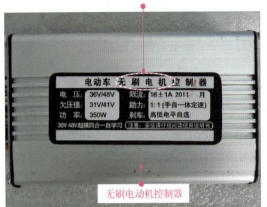 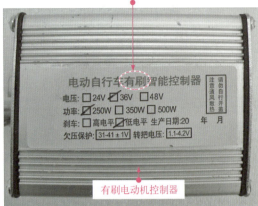

(c) 通过控制器区分有刷电动机和无刷电动机

图12-26 电动机类型的选择

② 电动机额定电压的选择 由于电动自行车的蓄电池分类不同，因此在代换电动机时，也要区分电动机的额定电压。

电动自行车的蓄电池分为36V和48V两种，所以额定电压为36V的电动机只能使用36V的进行代换，额定电压为48V的电动机只能使用48V的进行代换，如图12-27所示。

图12-27 电动机额定电压的选择

特别提示

除了根据电动机上的钢印标识区分电动机的额定电压外，也可通过控制器铭牌标识上标有的电动机额定电压判断损坏电动机的额定电压，然后选择同样额定电压的电动机即可。

③ 后轮大小的选择　即使电动自行车采用的电动机类型及额定电压均相同，因其品牌型号不同，后轮的大小也会存在差异，因此在选配电动机的过程中，后轮大小也是选配的重要依据之一，应选择同样大小的后轮进行代换，如图12-28所示。

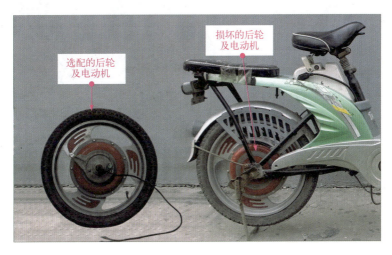

图12-28　电动自行车后轮大小的选择

（2）代换电动机

根据上述方法选配完电动机后，即可将新的电动机连同后轮一起安装到损坏的电动自行车上，并将连接线与控制器进行连接。

代换电动机的方法，如图12-29所示。

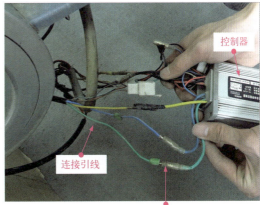

图12-29　代换电动机

（3）通电试机

电动机代换完成后，需通电试机，如图12-30所示。

图12-30 通电试机

第13章 电动自行车蓄电池的检修

13.1 蓄电池的结构原理

蓄电池俗称电瓶,它是一种可反复充、放电的储能部件,是电动自行车的供电设备,图13-1所示为电动自行车中蓄电池的安装位置。

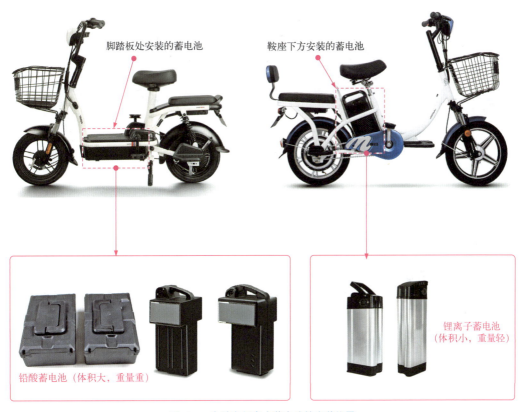

图13-1 电动自行车中蓄电池的安装位置

13.1.1 蓄电池的功能特点

蓄电池是电动自行车的能源载体，承载着整车所有电气部件工作的电力供应，是实现电动自行车"电动行车"功能的首要条件，也是影响电动自行车性能的关键部件，图13-2所示为蓄电池的功能示意图。蓄电池将电压输送到控制器中，由控制器统一对车辆的各电气部件提供电能，如电动机、车灯、仪表盘等。

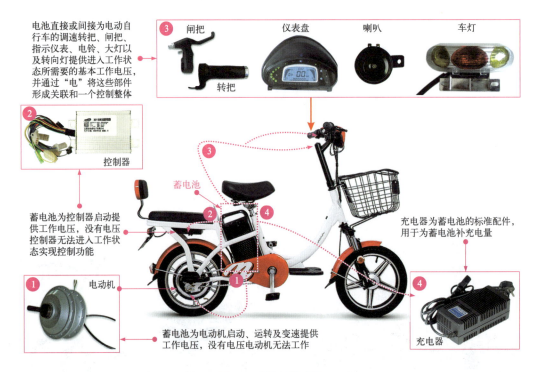

图13-2 蓄电池的功能

蓄电池根据内部化学元素的不同可分为铅酸蓄电池、锂离子蓄电池、镍镉蓄电池和镍氢蓄电池四种，如图13-3所示。

图13-3 电动自行车蓄电池的类型

> **相关资料**
>
> ● 铅酸蓄电池属于酸性蓄电池,它具有制作工艺成熟,价格低廉等特点,因此成为电动自行车中使用量最大的蓄电池,其缺点是体积较大,重量较重,寿命短,内部物质容易造成环境污染。
>
> ● 锂离子蓄电池是一种新型蓄电池,该蓄电池的重量、体积要比铅酸蓄电池小很多,多应用于小型电动自行车上,但其制作成本较高,市场占有率较小。
>
> 锂离子蓄电池具有比能量大、比功率高、自放电小、无记忆效应、循环特性好、可快速放电、工作温度范围宽、无环境污染等优点。
>
> ● 镍镉蓄电池属于碱性蓄电池,已有很长的使用历程,镍镉蓄电池的正极材料为氢氧化亚镍和石墨粉的混合物,负极材料为海绵状镉粉和氧化镉粉,电解液通常为氢氧化钠或氢氧化钾溶液。
>
> 镍镉蓄电池具有循环寿命长(约500次)、经济耐用、内阻小、可快速充电、放电电流大、电池结构紧凑、耐冲击、耐过充、过放电能力强等特点,但由于其具有记忆效应,在使用过程中,如果电量没有全部放完就开始充电,下次再放电时,就不能放出全部电量。比如,镍镉电池只放出80%的电量后就开始充电,充足电后,该电池也只能放出80%的电量。另外,由于其电解液中含有镉元素,易产生污染。
>
> ● 镍氢蓄电池属于碱性蓄电池,它是氢以结合水的形式存储在金属壳内,作为电解质使用。该技术出现于20世纪90年代,属于新型蓄电池类型。
>
> 镍氢蓄电池具有比能量高(一次充电可行驶距离长),比功率高,在大电流工作时也能平稳放电(加速爬坡能力好),低温放电性能好,循环寿命长,安全可靠,免维护,无记忆效应,对环境不存在任何污染,可再生利用,符合可持续发展的理念。但是,镍氢蓄电池成本高,价格昂贵,在电动车市场上并不多见。

目前,在市场流行的电动自行车中,以铅酸蓄电池和锂离子蓄电池较为常见,下面以这两种蓄电池为例介绍其功能特点等。

(1) 铅酸蓄电池的结构特点

铅酸蓄电池属于酸性蓄电池,是目前使用量最大的一类蓄电池,目前,电动自行车常用3～4块单体铅酸蓄电池串联成36V或48V两种自行车用蓄电池。

图13-4所示为电动自行车中两种蓄电池外形及内部结构。其中,每个单体铅酸蓄电池电压为12V(其内部由6个单格电池构成,每格电池电压为2V)。

铅酸蓄电池的结构组成

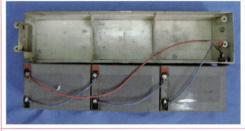

图13-4　48V和36V铅酸蓄电池的外形及内部结构

根据铅酸蓄电池的密封形式，内部的单体铅酸蓄电池可分为阀控式免维护铅酸蓄电池和胶体铅酸蓄电池两种，如图13-5所示。

相关资料

图13-5　阀控式免维护单体铅酸蓄电池和胶体铅酸蓄电池

其中以阀控式免维护铅酸蓄电池居多，它属于液态电解质的普通铅酸蓄电池。而胶体铅酸蓄电池是对液态电解质的普通铅酸蓄电池的改进，它采用凝胶状电解质，内部无游离的液体存在，它的容量大，热消散能力强，能避免产生热失控现象；其电解质浓度低且均匀，对极板的腐蚀弱，不存在酸分层的现象。

另外，铅酸蓄电池按极板采用的铅合金分类，可分为铅锑镉合金的含镉电池和铅钙锡铝合金的无镉电池（绿色电池）。含镉的电池产品对环境有更大的污染。

阀控式免维护铅酸蓄电池是电动自行车中最常见的蓄电池种类，这种蓄电池普及率很高，结构比较简单。下面以48V蓄电池中一个单体铅酸蓄电池（以下称为单体蓄电池）为例详细介绍其内部结构。

打开单体蓄电池的挡板即可看到安全阀部分，将安全阀连同电池盖取下后即可看到其内部结构，如图13-6所示。

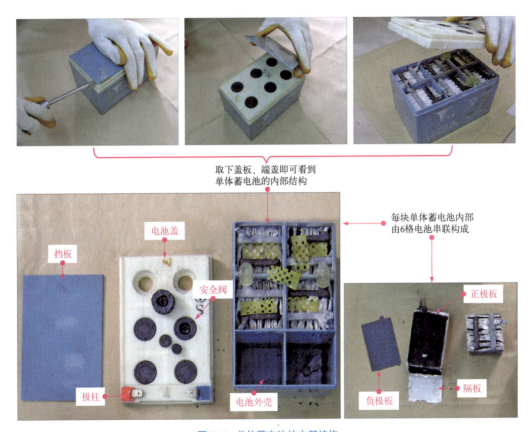

图13-6　单体蓄电池的内部结构

从图13-6中可以看出，单体蓄电池内部主要包括安全阀、电池外壳、极板、隔板、极柱以及附着在极板上的电解液等。

> **特别提示**
>
> 从图13-6可以看到，单体蓄电池内部分成6格，每格电池为2V，6格电池串联起来为12V，即每块单体蓄电池的电压为12V，将4块或3块单体蓄电池再串联，放入外壳中，便构成了电动自行车的48V或36V蓄电池，如图13-7所示。

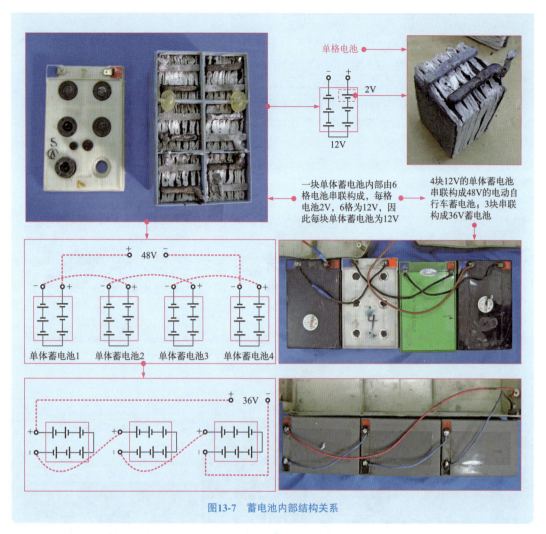

图13-7 蓄电池内部结构关系

① 安全阀 安全阀是阀控式铅酸蓄电池的重要部件之一,它位于蓄电池的顶部,有帽状、伞状和片状之分。图13-8所示为典型安全阀的实物外形,该安全阀主要由密封帽、遮挡片、排气孔构成。

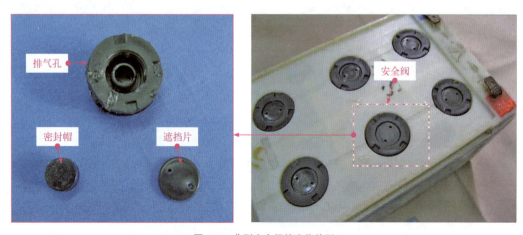

图13-8 典型安全阀的实物外形

> **相关资料**
>
> 安全阀的作用是根据电池内部产生气体气压的情况,及时打开或关闭安全阀,以避免由于电池内部过压造成电池变形、开裂,还可以阻止外部空气进入电池内部增加负极的自放电反应。

② 电池外壳　蓄电池的外壳用来盛装和固定内部的单格电池及电解液等部分,它具有耐酸性强、绝缘性好、耐腐蚀、耐高温、机械强度好等特点。电动自行车所用的电池外壳通常使用材质强韧的合成树脂并经特殊处理制成,其机械强度高,上盖也使用相同材质,电池外壳和上盖通常使用热熔胶粘连,牢固可靠,如图13-9所示。

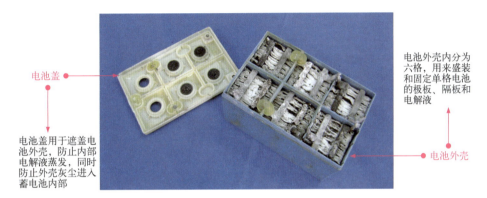

图13-9　电池外壳的实物外形

③ 极板　极板是参与电池内部电化学反应的主要部件,如图13-10所示,电池内部极板可由铅锑合金或铅钙合金制成,分为正、负极板。

图13-10　蓄电池中的正负极板

提示说明

每个单格电池内有多个极板，正极板和负极板分别采用跨桥焊接在一起，极板之间通过隔板进行隔离，如图13-11所示。6个单格电池之间也通过焊接的方式串联在一起，连接部位常用强力胶水进行密封固定。

单体铅酸蓄电池的内部结构

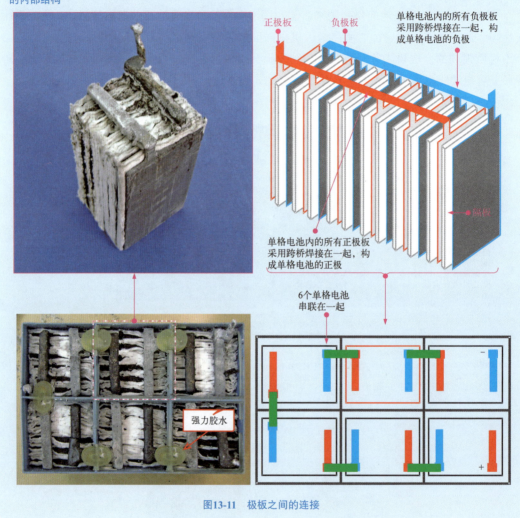

图13-11 极板之间的连接

④ 隔板　为了防止正、负极板间接触短路，在每两块极板之间需加入隔板。隔板可防止极板弯曲变形以及活性物质的脱落，还能阻止正极板上的金属离子向负极板迁移，减小硫酸盐硫化和大量自由电子的放电。并且极板经长时间使用，也不会出现劣化或释放杂质等现象。

铅酸蓄电池一般都使用胶质隔板或玻璃丝棉隔板，并且使用隔板进行包裹时，只将正极板进行包裹即可。图13-12所示为隔板的实物外形。

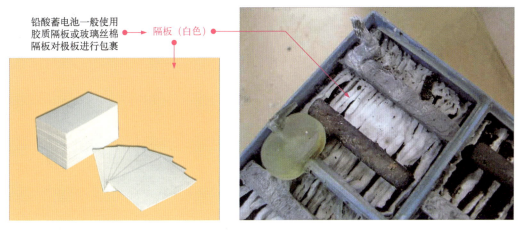

图13-12 隔板的实物外形

⑤ 极柱 极柱是单体蓄电池外部的接线焊片,用于将单体蓄电池与电路导线进行相连,图13-13所示为极柱的实物外形。极柱有正、负极之分,通常正极用"+"标识,并使用红色密封树脂对正极进行固定;负极用"-"标识,使用黑色、蓝色或绿色密封树脂进行固定。

图13-13 典型极柱的实物外形

⑥ 电解液 铅酸蓄电池的电解液是由蒸馏水和蓄电池专用硫酸按一定比例混合配制而成的。电解液在充、放电过程中,会与正、负极板发生电化学反应,将化学能转换成电能(或将电能转化为化学能),并在电池内部起导电作用。

(2)锂离子蓄电池的结构特点

锂离子蓄电池是继镍氢蓄电池之后出现的又一种新型蓄电池,图13-14所示为锂离子蓄电池的外形及内部结构。

可以看到,锂离子蓄电池内部也是由多个单体锂离子蓄电池构成的,每个单体锂离子蓄电池电压为3.6V,大约是其他类单格蓄电池的3倍,因此锂离子蓄电池的重量、体积要比铅酸蓄电池小很多,这就为电动自行车的小型化提供了条件。

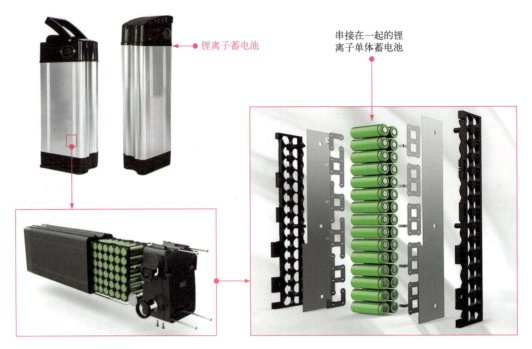

图13-14 锂离子蓄电池的外形及内部结构

另外,电动自行车锂离子蓄电池充、放电接口种类较多,如图13-15所示,需要注意区分。

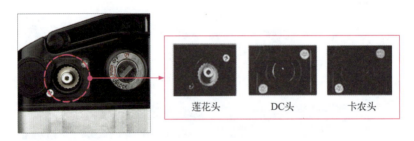

(a) 锂离子蓄电池充电接口类型

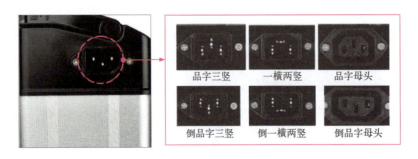

(b) 锂离子蓄电池放电接口类型

图13-15 电动自行车锂离子蓄电池充、放电接口类型

> **提示说明**
>
> 使用锂离子蓄电池时应注意，不要将锂离子蓄电池过充电或过放电，不然会引发锂离子蓄电池爆炸。不过目前大多数锂离子蓄电池都有防爆措施。
>
> 目前，电动自行车上使用的锂电池多采用多个单体锂离子蓄电池串联，而串联单体锂离子蓄电池的保护电路的复杂程度远远超过单体电池的保护电路，因此其材料成本也大大增加。

下面我们从一个锂离子蓄电池中取出其中一个单体锂离子蓄电池为例详细介绍其内部结构。

单体锂离子蓄电池有筒形和方形两种，筒形是将正、负极板和隔板、极柱等材料卷曲在一起，插入电池外壳中，并注入少量电解液制成的；而方形锂离子蓄电池内部是以层叠的方式将正极板、负极板和隔膜板叠加在一起制成的。

图13-16所示为两种单体锂离子蓄电池的结构示意图。

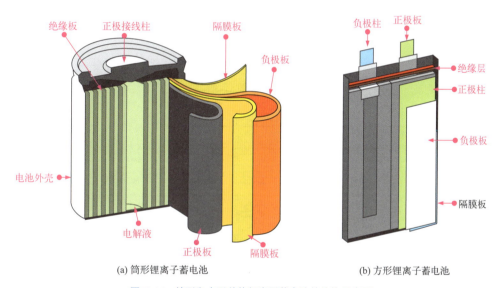

图13-16 筒形和方形单体锂离子蓄电池的结构示意图

从图13-16中可以看出，每个单体锂离子蓄电池主要由正极板、负极板、隔膜板、电解液等部分构成。

① 正极板　目前，锂离子蓄电池的正极板主要以钴酸锂（$LiCoO_2$）为主要原料，再加入导电剂和树脂黏合剂后涂覆在铝质基板上，整体呈细薄层分布。图13-17所示为锂离子蓄电池正极板的原子结构图。

> **相关资料**
>
> 钴酸锂具有工作电压高（3.6V）、放电平稳、适合大电流放电、比能量高、循环性好、制作工艺简单等优点，但其价格高、安全性差、容易污染环境。而新型原料磷酸铁锂（$LiFePO_4$）性能要比钴酸锂好，并且不污染环境，是良好的替代原料。

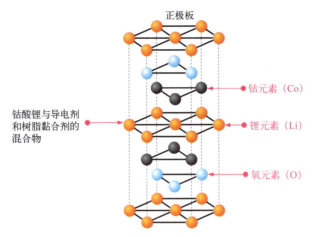

图13-17　锂离子蓄电池正极板的原子结构图

②负极板　负极板上的活性物质是由碳材料与黏合剂的混合物再加上有机溶剂调和制成的糊状物,涂覆在铜基板上,整体呈薄层状分布。图13-18所示为锂离子蓄电池负极板的原子结构图。

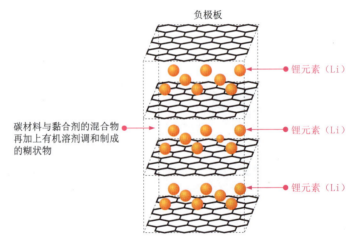

图13-18　锂离子蓄电池负极板的原子结构图

> **相关资料**
>
> 目前,负极材料主要包括:石墨类(天然石墨、人造石墨和石墨化碳)和非石墨类(软碳和硬碳)。

③隔膜板　隔膜板可起到关闭或阻断通道的作用,一般使用聚乙烯或聚丙烯材料的微多孔膜板。所谓关闭或阻断功能是指电池出现异常温度上升的情况时,阻塞或阻断作为离子通道的细孔,使蓄电池停止充、放电反应。

隔膜板可以有效防止因外部短路等所引起的过大电流充、放电而使电池产生异常发热现象。

④电解液　锂离子蓄电池的电解液是以混合溶剂为主体的有机电解液。电解液对于活性物质具有化学稳定性,可良好适应充、放电反应过程中发生的剧烈氧化还原反应,因此电解液一般会混合不同性质的几种溶剂共同使用。

> **提示说明**
>
> 为了确保锂离子蓄电池的安全性,在其外部电路或蓄电池内部都设有异常电流切断的安全装置。即使这样,在使用过程中也有可能因其他原因引起蓄电池内部压力异常上升。因此,在蓄电池的顶部设有安全阀来释放多余气体,防止蓄电池破裂。
>
> 锂离子蓄电池的安全阀是一种一次性非修复式的破裂膜,保护蓄电池使其停止充放电过程,它是蓄电池的最后保护手段。

13.1.2 蓄电池的工作原理

蓄电池是电动自行车中的能源供给部件,它通过内部化学反应输出电能,为整机电力骑行提供基本的工作条件。下面仍以铅酸蓄电池和锂离子蓄电池为例,介绍蓄电池的工作原理。

(1)铅酸蓄电池的工作原理

铅酸蓄电池内部以二氧化铅作为正极,纯铅作为负极,这两种活性物质与硫酸水溶液共同作用下实现蓄电池的充放电过程。

铅酸蓄电池在充电时,将电能转化成化学能存储在电池内。骑行电动自行车时,蓄电池内部将化学能转换成电能为电动自行车供电。

① 铅酸蓄电池的放电原理　铅酸蓄电池放电的过程,就是化学上所讲的化学能转化为电能的过程,图13-19所示为铅酸蓄电池的放电原理示意图。

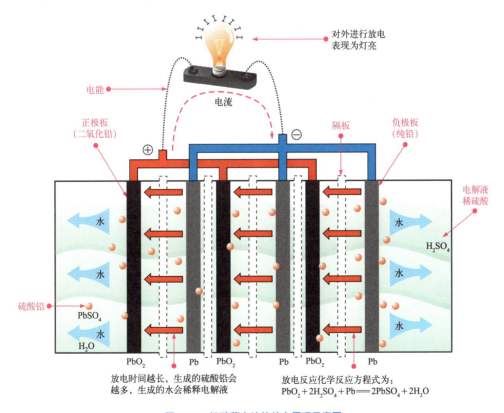

放电反应化学反应方程式为:
$PbO_2 + 2H_2SO_4 + Pb \rightleftharpoons 2PbSO_4 + 2H_2O$

图13-19　铅酸蓄电池的放电原理示意图

当电池外接连接线路进行放电时,在电流的作用下,电解液内部处于电离状态,正极板上的二氧化铅与负极板上的纯铅就与电解液中的硫酸起了化学反应,从而生成硫酸铅和水,化学方程式为:

$$PbO_2+2H_2SO_4+Pb = 2PbSO_4+2H_2O$$

化学反应生成的硫酸铅将分别附着在正、负极板的板面上,而生成的水则重新回到电解液中。随着放电的进行,电解液浓度逐渐下降,正、负极板上的硫酸铅逐渐积累。当这个过程发展到一定的程度,放电极化现象越来越重,正极板的电势越来越趋向于负,负极板电势越来越趋向于正,电解液中硫酸的密度越来越低,电池的电压低到终止电压时,放电就必须终止。

> **相关资料**
> 蓄电池若过度放电,细小的硫酸铅将变成较大的结晶体,增大极板电阻,影响充电时的还原。周而复始,便会影响蓄电池的使用寿命。

② 铅酸蓄电池的充电原理　铅酸蓄电池充电的过程正好与放电过程相反,也就是将电能转化为化学能的过程,图 13-20 所示为铅酸蓄电池充电原理示意图。

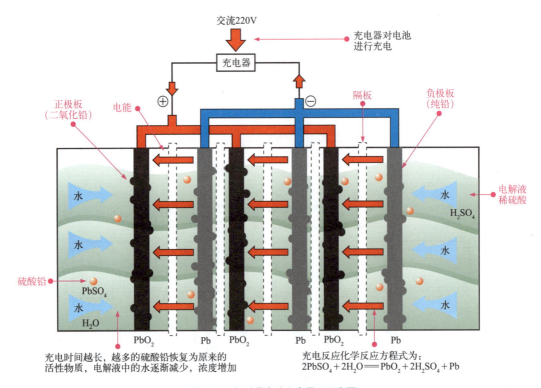

图13-20　铅酸蓄电池充电原理示意图

利用直流输出电源进行充电,直流电会将硫酸铅恢复为原来的活性物质,即纯铅和二氧化铅。其化学反应方程式为:

$$2PbSO_4+2H_2O = PbO_2+2H_2SO_4+Pb$$

当外部供给电压时,附着在正、负极板上的硫酸铅逐步溶解,其与电解液中的水相互作用,使电解液中硫酸浓度不断提高。当这个过程进行到一定程度,充电极化现象越来越重,正、负极板先后分别析出氧和氢,电解液中的水逐渐减少,硫酸密度越来越高,正极板电势趋向极正,负极板电势趋向极负,电池电压不断升高,最终恢复到充满电的状态。

> **相关资料**
>
> 铅酸蓄电池充电到最后阶段时,充电电流几乎都用在水的电解上,产生氢和氧,电解液也会随之减少一小部分。长时间使用的蓄电池,其内部电解液会减少很多。对于长时间使用的蓄电池,添加适量的蒸馏水即可解决蓄电池电量下降的问题。

(2) 锂离子蓄电池的工作原理

锂离子蓄电池内部以锂的活性化合物作为正极,特殊分子结构的碳作为负极,这两种化学物质发生化学反应实现蓄电池的充放电过程。

① 锂离子蓄电池的放电原理　图13-21所示为锂离子蓄电池的放电原理示意图。锂离子蓄电池的正极通常是由锂的活性化合物组成,负极则是特殊分子结构的碳。放电时,锂离子从负极板的层结构的碳中析出,经过隔膜板,重新和正极板上的化合物结合,锂离子的移动产生了电流。

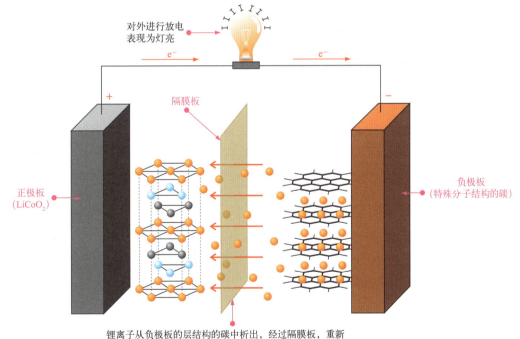

图13-21　锂离子蓄电池的放电原理示意图

② 锂离子蓄电池的充电原理　充电时,锂离子移动方向正好相反,加在电池两极的电势迫使正极的化合物释放出锂离子,锂离子经过隔膜板后,嵌入负极分子排列呈片层结构的碳中。待负极存储了足够多的锂离子时,充电便结束,图13-22所示为锂离子蓄电池的充电原理示意图。

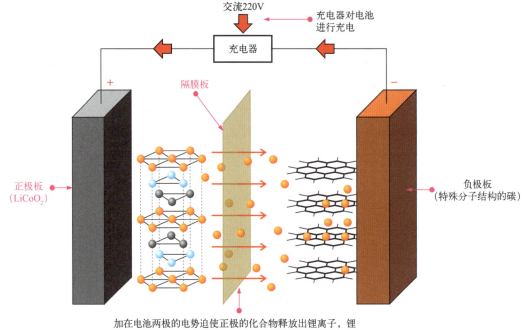

图13-22 锂离子蓄电池的充电原理示意图

13.2 蓄电池的故障特点与检修分析

蓄电池作为电动自行车中的重要组成部件，主要作用是为电动自行车各工作部件提供工作电压。而在通常情况下，与"电"有关的一个系统中，任何元件或部件都不是独立存在的，它们通过线路构成各种各样的回路和通路，且信号关系错综复杂，很难针对某一个故障划分出明显的界限。

因此，需要我们在掌握蓄电池的功能特点以及工作原理的基础上，并知晓蓄电池的故障特点后，做好蓄电池的检修流程分析，为检测和修复蓄电池做好准备。

13.2.1 蓄电池的故障特点

蓄电池主要是指电动自行车的动力源部分，蓄电池性能良好便可确保电动自行车能够正常地自动行驶。由于蓄电池是整个电动自行车中所有与电有关的部件的电力来源，因此，当蓄电池出现故障时，多表现在电动自行车的电气系统中，一旦蓄电池出现故障，便会导致电动自行车的电气部件因无供电条件而无法正常工作。

根据维修经验，蓄电池出现故障，多表现为仪表盘显示无电、行驶里程过短或充满电后电量下降过快、蓄电池漏电、蓄电池充不进电、蓄电池变形、蓄电池自放电严重等，图12-23所示为蓄电池的故障特点。

第13章 电动自行车蓄电池的检修

仪表盘

电动自行车接通电源后无任何反应，仪表盘指示灯不亮或出现欠压状态，说明蓄电池出现故障

充电器

将蓄电池与充电器进行连接后，充电器充满电指示灯仍不转换、蓄电池充不进电等，多为蓄电池内部单体蓄电池有故障

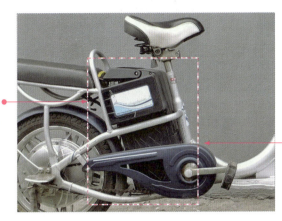

蓄电池充满电后，放置一段时间便没电了，或行驶里程明显缩短是蓄电池性能不良最明显的特征，这通常是由于蓄电池内电解质等化学反应不完全引起的，需要进行修复处理

正常情况下即使是新的蓄电池也会有自行放电的情况，一天自行放电不超过容量的2%，即为正常

蓄电池

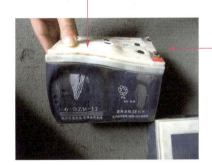

蓄电池鼓包、变形

蓄电池外壳开裂、鼓包变形也是常见故障之一，这种故障是由于碰撞、内部化学物质不良或过充电等引起的

蓄电池漏液情况

蓄电池漏液是蓄电池在使用过程中较常出现的故障之一，一般打开电池壳后，在电池外壳或正负极处可看到明显的氧化或液体腐蚀的迹象

图13-23 蓄电池的故障特点

13.2.2 蓄电池的检修分析

蓄电池出现故障主要有两个方面的原因：一种是外部部件短路，引起电量迅速下降；一种是蓄电池内部损坏或达到使用寿命。

在对蓄电池进行检修时，应首先排除第一种故障，然后再通过检测蓄电池电压、容量，检查安全阀、电解液状态判断是内部损坏，还是使用寿命到期，根据检测结果进行检修或修复，图13-24所示为蓄电池的基本检修流程。

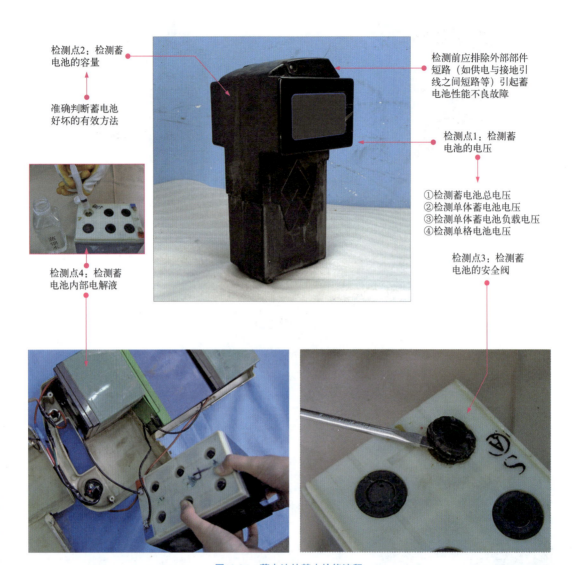

图13-24 蓄电池的基本检修流程

> **特别提示**
>
> 由于蓄电池的故障特征比较明显，不同故障表现的故障原因也不同，因此，从故障表现入手，直接进行故障检修流程分析，然后针对性地检查怀疑损坏的部分，是快速判断和排查蓄电池故障的有效方法。

下面列举蓄电池几种常见故障的检修流程分析方法。

（1）蓄电池变形鼓包故障的检修流程

蓄电池变形故障一般从外观上即可很容易判断，其多为内部单个或多个单体蓄电池损坏引起的，该类故障的检修流程如图13-25所示。

第 13 章 电动自行车蓄电池的检修

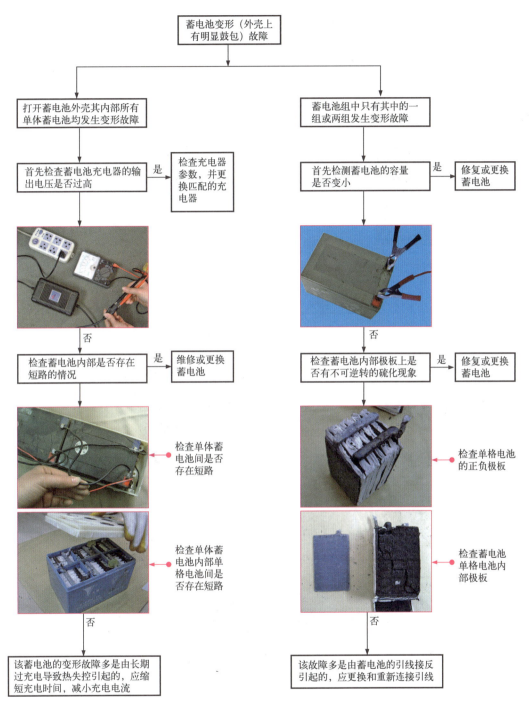

图13-25 蓄电池变形故障的检修流程

（2）蓄电池充满电后行驶里程过短或充满电后电量下降过快故障的检修流程

蓄电池充满电后行驶里程过短或充满电后电量下降过快多是由电路中的主供电线路对地短路、蓄电池本身性能不良等引起的，该类故障的检修流程分析如图 13-26 所示。

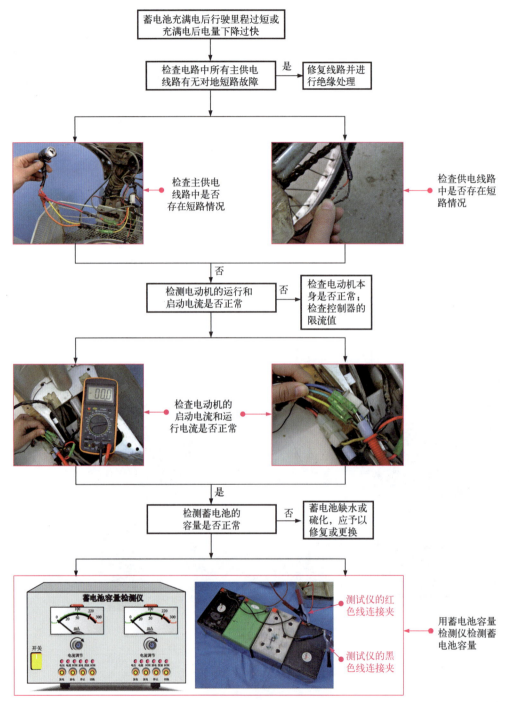

图13-26 蓄电池充满电后行驶里程过短或充满电后电量下降过快故障的检修流程

（3）蓄电池容量下降、充电效果不佳故障的检修流程

蓄电池容量下降、充电效果不佳多是由蓄电池内部不良引起的，常见的有蓄电池内缺水、电解质干涸、极板硫化等引起的，该类故障的检修流程如图13-27所示。

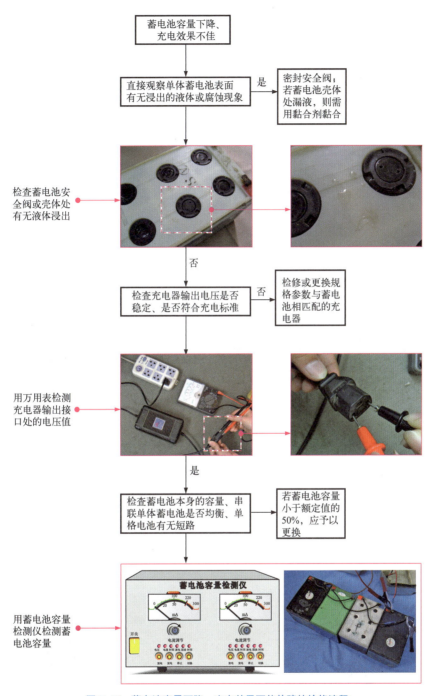

图13-27　蓄电池容量下降、充电效果不佳故障的检修流程

（4）蓄电池内部短路故障的检修流程

蓄电池内部短路是指单体蓄电池内的单格电池短路，多表现为蓄电池总电压偏低至少2V或蓄电池容量低等，从直观现象来说，会引起电动自行车启动无力或不启动的故障，该类故障的检修流程如图13-28所示。

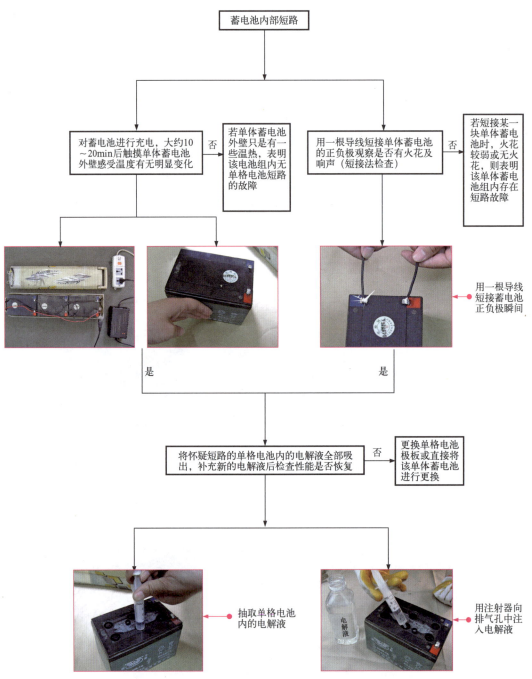

图13-28 蓄电池内部短路故障的检修流程

（5）蓄电池漏液故障的检修流程

蓄电池出现漏液一般是指打开蓄电池外壳后，在其内部单体蓄电池的安全阀处有明显的氧化腐蚀现象，多是由安全阀密封不良引起的，该类故障的检修流程如图13-29所示。

第13章 电动自行车蓄电池的检修

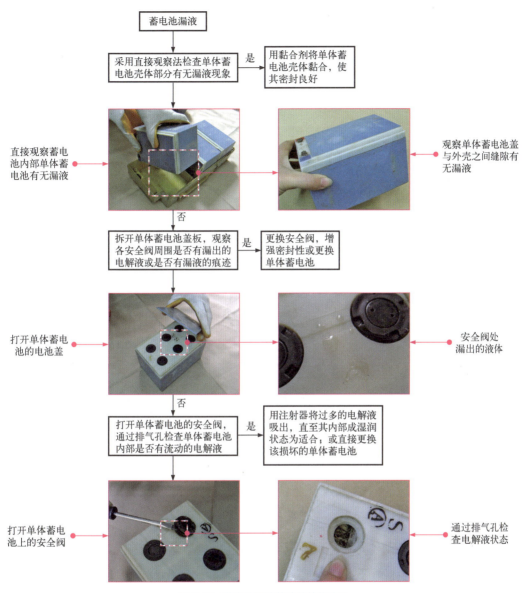

图13-29 蓄电池漏液故障的检修流程

13.3 蓄电池的检测与修复

13.3.1 蓄电池的检测

对蓄电池进行检测主要包括对蓄电池电压、蓄电池容量、安全阀性能、电解液多少、单格电池放电情况等来判断蓄电池是否良好，确定蓄电池的损坏程度、原因等，并由此来判别蓄电池是否可修复。

（1）蓄电池电压的检测

蓄电池的性能状态主要体现在容量和电压上，因此可先用万用表测量蓄电池总电压、单体蓄电池空载电压、负载电压以及内部单格电池电压，根据电压高低来快速判断电池性能的好坏。

蓄电池总电压的检测方法

① 蓄电池总电压的检测　检测蓄电池电压时，一般先对蓄电池的总电压进行检测，即用万用表检测蓄电池输出端子上的电压值，如图13-30所示。

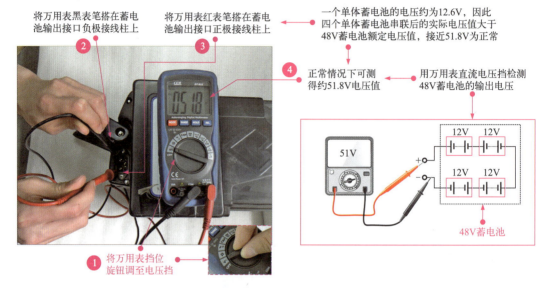

图13-30　蓄电池总电压的检测方法

> **提示说明**
>
> 将数字万用表量程调至直流电压挡，黑表笔搭在电池盒电源接口的负极上，红表笔搭在正极上。
>
> 正常空载情况下，36V蓄电池电压应在36～40.5V之间（实测为37.8V）；48V蓄电池电压应在48～54V之间（实测电压为51.8V）。36V蓄电池组内部是由三个单体蓄电池串联构成；48V蓄电池组内部是由四个单体蓄电池串联构成的。
>
> 用万用表直接检测蓄电池空载电压只能粗略判断蓄电池总电压是偏低还是偏高，不能直接说明电量的高低和蓄电池的好坏。一般来说，若蓄电池电压明显偏高或偏低，说明内部单体蓄电池可能有一个或多个电池异常。

② 单体蓄电池电压的检测　将蓄电池盒打开，通过对单体蓄电池电压的检测，并找出不良的单体蓄电池，也可用万用表进行直接测量。单体蓄电池电压的检测方法如图13-31所示。

第13章 电动自行车蓄电池的检修

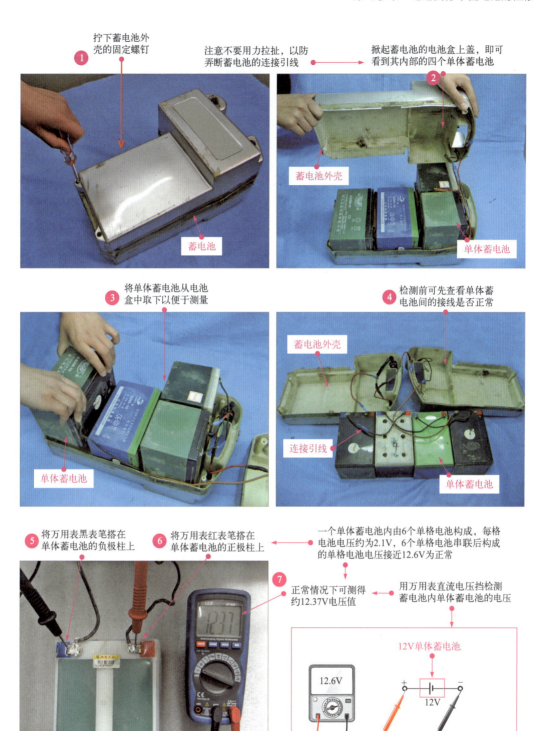

图13-31 单体蓄电池电压的检测方法

正常情况下，几个蓄电池的电压应保持一致，其电压值应在10.5～13.5V之间。如果测得电压值低于10.5V，说明这块电池可能存在短路的可能；如果电压超过13.5V，说明电池失水比较严重，可能还有硫化发生。

单体蓄电池电压的检测方法

> **提示说明**
>
> 值得注意的是，利用万用表检测蓄电池空载电压的方法，一般只能初步判断电池的好坏，而且在检测蓄电池总电压时，应尽量不要在刚刚充满电时进行检测，刚充满电的蓄电池电压一般会偏高一些。
>
> 根据维修经验，若电动自行车的蓄电池使用一会后或充好电后静置过数小时，测量其总电压为48V或稍高（对于48V蓄电池来说），一般可表明电池正常；若只能达到46V或以下，则表示其内部可能有一个电池不良，此时，逐个检测单体蓄电池的电压，电压过低的单体蓄电池为损坏的电池。
>
> 另外，还可通过对蓄电池的充电时间来初步判断电池的好坏：若在蓄电池中有一个单体蓄电池不良（四个单体蓄电池中仅有一个为10V，一般低于10.8V或无电压即为损坏），其总电压能达到46V时，充电器一般仍然能显示充满而绿灯显示，只是充电时间需要延长0.5～1h（有轻度过充电的危害）；当有两个以上单体蓄电池不良时，用充电器给低于46V的电池充电，一般充电池不能显示充满状态，且一直不能由红灯转为绿灯。

③ 单体蓄电池负载电压的检测　在用万用表直接检测空载蓄电池时实际测得电压值为其虚电压，若要准确检测蓄电池的好坏，应检查加有负载情况下的电压。因此，测量蓄电池电压通常还有一种简便和快捷的方法，即利用蓄电池检测仪进行检测。

单体蓄电池负载电压的检测方法如图 13-32 所示。

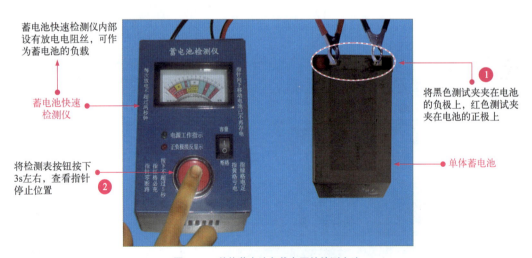

图13-32　单体蓄电池负载电压的检测方法

根据蓄电池检测仪可直观地判断出蓄电池的电量，如图 13-33 所示。

第13章 电动自行车蓄电池的检修

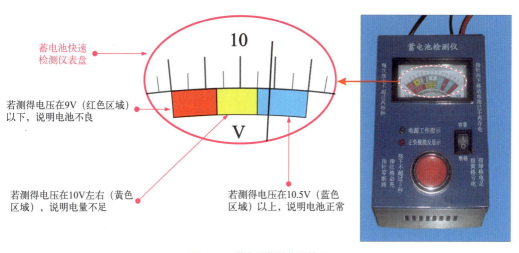

图13-33　蓄电池指针指示情况

若测量单体 12V 蓄电池，加有负载时电压应在 10.5V 以上，即表盘上的蓝色区域内时，说明蓄电池电量正常；若测得电压在 10V 左右的黄色区域时，说明蓄电池电量不足，应进行充电；若测得电压在 9V 以下的红色区域时，表明蓄电池电量亏损严重，此时多为蓄电池内部电解液干涸或极板硫化，应对蓄电池进行修复。

> **相关资料**
>
> 蓄电池的电压值是其重要的性能参数，通常标识在蓄电池的外壳上。
>
> 标称电压值是指蓄电池正负极之间的电势差，该值由蓄电池内部极板材料的电极电位和内部电解液的浓度决定。当环境温度、使用时间和工作状态变化时，单体蓄电池的输出电压略有变化，此外，蓄电池的输出电压与蓄电池的剩余电量也有一定关系。
>
> 通常，单格铅酸电池的标称电压值约为2.1V；单体镍镉电池的标称电压约为1.3V；单体镍氢电池的标称电压为1.2V；单体锂离子电池的标称电压为3.6V。
>
> 那么，如果将6个单格铅酸蓄电池串联后组合成一个单体铅酸蓄电池就得到12.6V的电压，三个这样的单体蓄电池便构成了常见的37.8V电动自行车用蓄电池（即常见的36V蓄电池）；同样，四个12.6V的单体蓄电池便构成了一个50.4V的电动自行车用蓄电池（即常见的48V蓄电池）。

④ 蓄电池单格电池的检测　从前面铅酸蓄电池的结构和原理可以了解到，铅酸蓄电池由多个单体蓄电池构成，每个单体蓄电池由 6 格电池串联构成，每格单电池正常时电压为 2V。了解和掌握单格电池电压的检测方法，对于排查单体蓄电池中的故障单格电池，以及后面的修复做好准备。

铅酸蓄电池中单格电池通常采用外延法进行检测，即在单体蓄电池内两个单格电池的跨桥焊接位置拧入自攻螺钉，以此引出极柱电流，外接灯泡或电压表进行检测，其检测原理如图 13-34 所示。

251

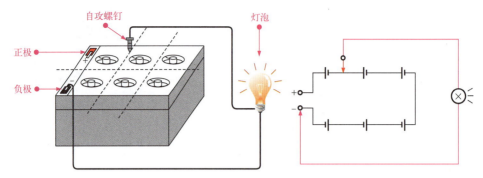

图13-34　单格电池电压的检测方法示意图

实际检测时，通常先以 3 格为一组进行检测，即首先在电池 6 格中间的跨桥焊接位置拧入自攻螺钉，分别判断靠近负极的 3 格电压和靠近正极的 3 格电压是否正常，缩小故障范围后，再对有异常的一组进行检测，直到检测出故障的某一个单格。

蓄电池单格电池电压的检测方法如图 13-35 所示。

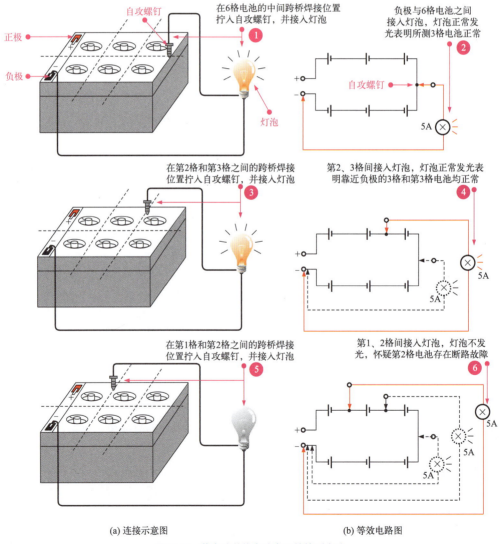

(a) 连接示意图　　　　　　(b) 等效电路图

图13-35　蓄电池单格电池电压的检测方法

第 13 章 电动自行车蓄电池的检修

提示说明

　　检修蓄电池时，常常会遇到蓄电池短路这一故障。这里，蓄电池短路的故障是指单格电池内出现短路。无论一只蓄电池在充足电或亏电状态，一旦端电压数值比正常数值小 2V 左右时，即可确认有单格电池出现短路故障。由于蓄电池的总电压下降 2V，还会造成充电时充电阶段不转换，进而导致其他正常的蓄电池因过充而损坏。

（2）蓄电池容量的检测

　　蓄电池的容量是反映蓄电池的实际放电能力的关键参数，通过对蓄电池容量的检测也可准确判断出蓄电池的性能，一般需要借助专用的蓄电池容量检测仪对蓄电池容量进行检测。蓄电池容量的检测方法如图 13-36 所示。

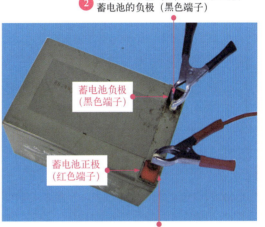

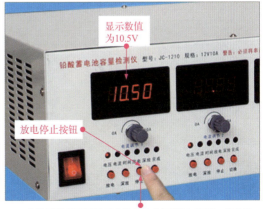

图13-36　蓄电池容量的检测方法

根据蓄电池容量计算公式：蓄电池容量 = 放电时间 × 放电电流

实际测量时，放电电流为 5A，记录放电时间为 2 小时（2h），根据计算公式，蓄电池的容量 =5A × 2h=10A·h。与标称电池容量 10A·h 相同，表明该电池容量正常，电池本身性能良好。

若在实际测量时，放电时间为 1.2h，那么该蓄电池当前实际容量 =5A × 1.2h=6A·h。实测蓄电池容量为标称容量的 60%（60% 以下需进行修复），蓄电池性能不良，需要进行维护和修复。

> **相关资料**
>
> 蓄电池容量就是蓄电池中可以使用的电量，它以放电电流（A，安培）和放电时间（h，小时）的乘积表示（A·h）。蓄电池容量是把充足电的蓄电池，以一定的电流放电到规定的停止电压，用放电电流乘以所用时间得出的。通过该数据，在相同的条件下，放电时间越长其容量越大。目前，电动自行车蓄电池容量一般是10A·h、12A·h，以5A电流可放电2h和2.4h。
>
> 另外，单体电池内活性物质的数量决定单元电池含有的电荷量，而活性物质的含量则由电池使用的材料和体积决定，因此，通常电池体积越大，容量越高。与电池容量相关的一个参数是蓄电池的充电电流。蓄电池的充电电流通常用充电速率 C 表示，例如，用2A电流对10A·h电池充电，充电速率就是0.2C；用2A电流对1A·h电池充电，充电速率就是2C。

（3）蓄电池安全阀的检查

铅酸蓄电池安全阀的检测，需要将单体蓄电池的盖板打开，首先通过外观进行观测，看是否有漏液情况，如果安全阀损坏，将造成电解液外溢等现象。另外，还可通过打开时的声音来判断安全阀的质量。

蓄电池安全阀的检查方法如图 13-37 所示。

❶ 撬开蓄电池上的盖板

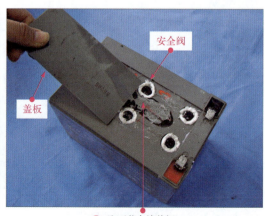

❷ 取下蓄电池盖板，看到内部的安全阀

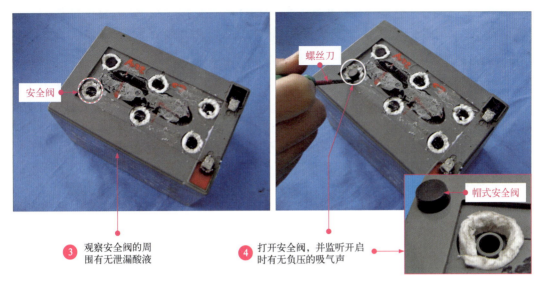

图13-37 蓄电池安全阀的检查方法

通常，正常的安全阀在用一字螺丝刀打开时，会听见"吱"空气进入的声音，且其外围应干净整洁，取下和盖上安全阀时应能感到一定的弹性。若经检测安全阀开启时无声音、弹性下降、老化，则应及时进行更换。

(4) 蓄电池电解液的检查

对铅酸蓄电池电解液的检测主要是对电解液的干湿程度（是否缺水）、是否变质等方面进行检测。由于在正常情况下，铅酸蓄电池内部的电解液全部吸附在电池的隔膜中，没有游离的电解液，因此，很难通过直接观察来判断电解液当前状态。

然而，由于蓄电池中电解液的状态直接体现在电池容量上，从而在大多数情况下可根据蓄电池的性能来判断电解液状态。电解液的损耗就意味着电池电量和性能的降低，明显的特征表现为一次充电后，续航里程明显缩短；另外，若充电过程中充电器指示灯不转换、充电发热异常，则表明蓄电池电解液已失水严重。

 提示说明

在日常使用过程中电池经常出现过充电、欠充电、过放电、使用环境温度过高等现象，这些不规范的操作通常是导致蓄电池内部电解液缺水、干涸，引起电池失效的重要原因。特别是长期对电池进行过充电，致使电解液中的大量水分电解，产生气体，并散失掉，大量缺水后使蓄电池的化学反应无法进行，从而产生电池硫化现象，大大降低了电池的使用寿命和效率。

13.3.2 蓄电池的修复

蓄电池在使用过程中，常常会出现各种各样的故障，而不同的故障所对应的损伤原因和程度也不相同，采用的修复方法也不同。有些故障可以进行简单操作便可完成修复，如更换某一块单体电池、补水修复、补充电解液等，而有些故障则需要专业的修复仪器进行修复，如蓄电池硫化的修复等，但也有些故障将导致蓄电池完全失效，属于不可修复故障。

（1）蓄电池的重组修复

在电动自行车日常使用过程中，蓄电池使用时间明显缩短是最常见的一种故障，其主要原因大都是内部几个单体蓄电池不均衡。单体蓄电池不均衡是指几块单体蓄电池间存在电压差，导致充电或放电过程中，有的单体蓄电池已充电或放电完全，但另外的一个或两个单体蓄电池仍处于未充电或放电完全的状态，从而引起"落后"的单体蓄电池过早失效，严重时影响整个蓄电池的使用寿命。

也就是说，如果是48V的蓄电池，其内部四块单体蓄电池中至少有一块可能是坏了，其他三块是好的，但是三块好的单体蓄电池也存在放电时间过短的问题，也就是说存在硫化现象。此时，如果更换全部单体蓄电池，将造成不必要的损失和浪费，可只对其中某一块单体蓄电池进行更换，对另外三块好的电池进行修复，进行再利用，即通过更换某一个单体蓄电池实现重组修复。

在对蓄电池中的单体蓄电池进行更换前，需要首先了解单体蓄电池间的连接方式，如图10-38所示，正常情况下，蓄电池中的单体蓄电池均采用串联的方式进行连接，更换时，需要注意接线的正确性。

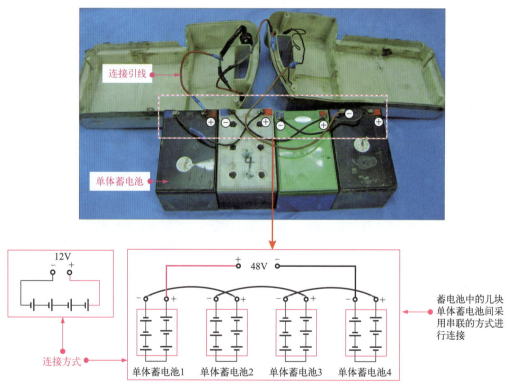

图13-38　蓄电池中的单体蓄电池的连接方式

首先通过检测找出损坏的单体蓄电池，将它与其他单体蓄电池连接引线焊开，然后用一块良好的单体蓄电池进行更换，按照原焊接方式将连接导线焊接到新的单体蓄电池上即可。

蓄电池的重组修复（单体蓄电池的代换）方法如图13-39所示。

第13章 电动自行车蓄电池的检修

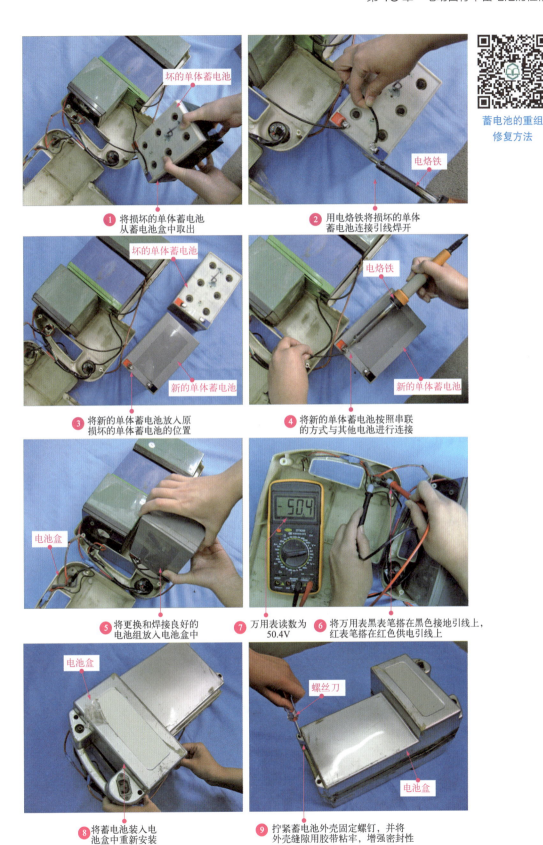

图13-39 蓄电池的重组修复（单体蓄电池的代换）方法

（2）蓄电池的放电修复

在上述蓄电池内部几块单体蓄电池不均衡故障中，也可以采用蓄电池放电检测仪进行放电修复。

蓄电池的放电修复方法如图13-40所示。

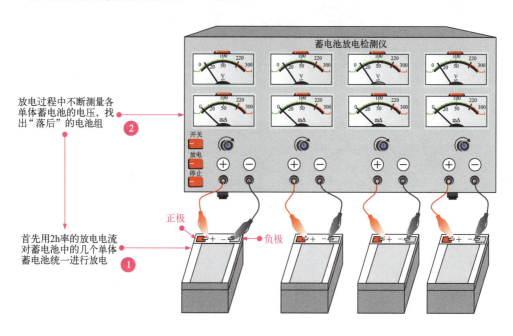

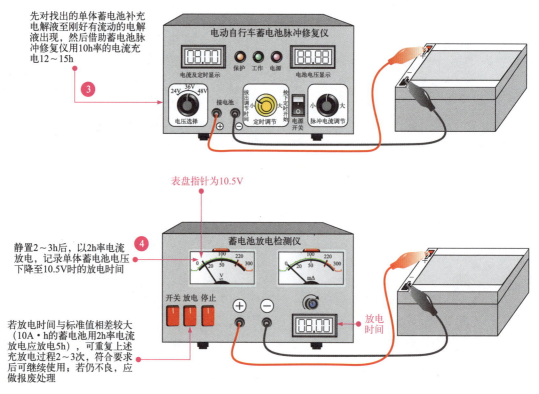

图13-40　蓄电池的放电修复方法

相关资料

在对蓄电池进行放电操作中，蓄电池的放电终止电压10.5V也是蓄电池的重要参数，与之对应的还有充电终止电压。

● 放电终止电压

放电终止电压是指蓄电池放电时允许的最低电压。如果电压低于放电终止电压后蓄电池继续放电，电池两端电压会迅速下降，形成深度放电，这样，极板上形成的生成物在正常充电时就不易再恢复，从而影响电池的寿命。放电终止电压和放电率有关。

放电时的电压与放电电流和蓄电池的内阻有关。放电电流越大，电压下降越大。对于放电电流的大小规定了相应的停止放电电压，避免放电电压过低，损害蓄电池。

不同类型的蓄电池放电终止电压也不相同，上述的铅酸单体蓄电池放电终止电压为1.75V；镍镉单体蓄电池放电终止电压根据放电速率不同在0.9～1.1V范围内；镍氢单体蓄电池放电终止电压为1V；锂离子单体蓄电池的放电终止电压为2.75～3V。

电动自行车的蓄电池为单体蓄电池的串联组合，其放电终止电压则因串联单体蓄电池的不同而有所不同。最常见的铅酸蓄电池中，36V蓄电池内部为3个12V的单体蓄电池的组合，一个12V单体蓄电池的放电终止电压为10.5V，那么，整个36V蓄电池的放电终止电压为31.5V，在检测和修复中，应根据其放电终止电压值进行，否则可能引起过放电，导致蓄电池损坏无法修复。

● 充电终止电压

充电终止电压是指蓄电池充电时允许的最高电压。蓄电池充足电时，极板上的活性物质已达到饱和状态，再继续充电，蓄电池的电压也不会上升，此时的电压称为充电终止电压。

铅酸单体蓄电池充电终止电压为2.45V；镍镉单体蓄电池充电终止电压为1.4～1.55V；镍氢单体蓄电池充电终止电压为1.5V；锂离子单体蓄电池的充电终止电压为4.2V。

此外，放电循环寿命也是衡量蓄电池性能好坏的重要参数。放电循环寿命是指蓄电池进行充电、放电到蓄电池容量减小到额定容量70%时的循环次数。循环寿命越多，则电池寿命越长，一般电动自行车的循环寿命应不少于350次，根据骑行时间、里程等计算，电动自行车的蓄电池可使用1～2年。

铅酸蓄电池、镍镉蓄电池、镍氢蓄电池和锂离子蓄电池中单体电池各种参数的比较见表13-1所列。

表13-1 铅酸蓄电池、镍镉蓄电池、镍氢蓄电池和锂离子蓄电池中单体电池的参数比较

参数	铅酸蓄电池	镍镉蓄电池	镍氢蓄电池	锂离子蓄电池
额定电压	2V	1.2V	1.2V	3.6V
放电终止电压	1.75V	0.9～1.1V	1V	2.75～3V
充电终止电压	2.45V	1.4～1.55V	1.5V	4.2V
使用寿命	200～300次	500次	1000次	500次
放电温度	0～45℃	-20～60℃	-10～45℃	-20～60℃
充电温度	0～45℃	0～45℃	10～45℃	0～45℃
其他	一般电动自行车用蓄电池	耐过充能力较强	目前最高容量是2100mA·h左右	重量比镍氢电池轻30%~40%，容量高出镍氢电池60%以上，但是不耐过充

（3）蓄电池的补水（或电解液）修复

蓄电池缺水是最常见到的一种故障，该类故障多是由日常使用不当，如过充电、欠充电和过放电等造成的，其修复操作一般也比较简单，通常打开蓄电池盖板和安全阀，向排气孔中注入蒸馏水或电解液即可。

在对蓄电池进行补水（或电解液）修复前，需要准备好螺丝刀、蒸馏水、注射器、黏合剂（胶水/胶）、手套等工具和材料，如图 13-41 所示。

蓄电池的补水修复方法

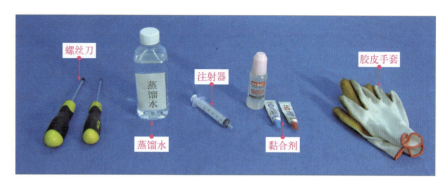

图13-41　准备好修复所用的各种工具和材料

蓄电池的补水操作如图 13-42 所示。

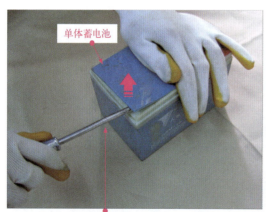
① 撬开单体蓄电池上的挡板

② 取下挡板，可看到6个安全阀

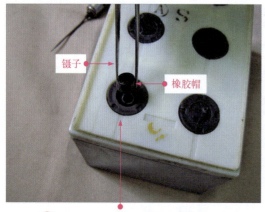
③ 用镊子取下安全阀上的橡胶帽，露出排气孔

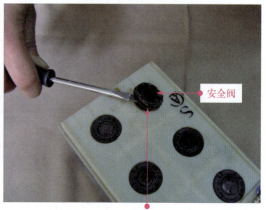
④ 用一字螺丝刀撬开排气孔上的安全阀

第13章 电动自行车蓄电池的检修

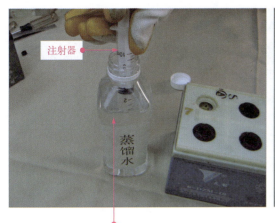

5 用注射器吸取适量蒸馏水

6 用注射器向排气孔中注入蒸馏水

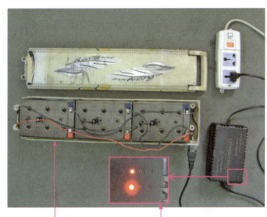

7 对修复后的蓄电池进行开帽充电

8 充电开始时电源和充电指示灯均为红色

9 充满电后充电指示灯变为绿色

重新盖好橡胶帽和安全阀，恢复安全阀周围的填充物。若橡胶帽或安全阀弹性不良需要进行更换 10

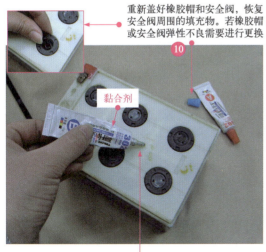

11 在蓄电池上适当位置涂抹黏合剂

12 盖上盖板，使之与蓄电池上盖贴紧 → 蓄电池补水操作完成

图13-42 蓄电池的补水操作

> **提示说明**
>
> 值得注意的是，使用一次性注射器补充电解液时，一定要去掉金属针头；补水操作中严禁用普通饮用水代替蒸馏水。
>
> 另外，对蓄电池进行补水后，第一次充电先不要盖上橡胶帽，充满电后，最好再浮充2h左右。充满电后，查看排气孔中的白色纤维，以看不到流动的水为准。如果太干，则需要再补充一些水；如果有流动的水，则应继续开帽充电，使水蒸发掉，或用注射器吸走多余的水分。
>
> 若修复后蓄电池仍未能达到增加容量的目的，则可能是蓄电池正极板软化严重，该类故障基本上无法修复，应作报废处理；若对修复的电池充电30min后，测试单组蓄电池电压仍低于12V，则多为蓄电池内部短路，该类故障也基本上无法修复，应作报废处理。

（4）蓄电池的硫化修复

蓄电池的硫化是指在蓄电池的极板上生成白色坚硬的硫酸铅结晶，正常充电时，不能完全使其转化为铅和二氧化铅，这种现象即为硫酸铅盐化，简称硫化。

实际测试数据表明，对于蓄电池进行补水修复后容量没有达到60%的电池，可进行硫化修复处理，修复后约2/3的电池可以达到60%以上的容量，甚至部分电池的容量可以达到80%及以上。

> **提示说明**
>
> 生成硫酸铅的原因大多是因为蓄电池过放电或放电后长期放置时硫酸铅微粒在电解液中溶解而呈饱和状态，温度低时硫酸铅重新结晶并析出。析出的结晶因一次次的温度变动而使聚集的结晶粒增大，这种结晶的导电性不良、电阻大，溶解度和溶解速度小，充电时不易还原，使极板中参加电化学反应的活性物质减少，从而导致蓄电池的容量大大降低和寿命缩短。

对蓄电池硫化现象的修复有多种方法，较常用的有水处理法和脉冲修复法。

1）水处理法　采用水处理法进行蓄电池硫化处理，一般适用于硫化不太严重的情况，可按下面的步骤进行。

①首先向蓄电池中加入蒸馏水，用以稀释电池中的电解液，提高硫酸铅的溶解度。

②然后对蓄电池进行充电，一般10A·h的蓄电池可用0.5A的电流充电20h以上（20小时率），使结晶的硫酸铅溶解、缩小，直到正、负极板开始出现大量气泡（或监测蓄电池电压端电压2h以上），电解液密度不再升高为止（充电过程中应注意防止环境温度过高，可对蓄电池进行降温处理，如将蓄电池下部分浸在凉水中）。

③接着用10h放电率进行放电，直到单格蓄电池电压均降至1.8V为止。

④放电后再充电，可重复2～3次，使单体蓄电池中单格电池的电解液密度均匀，并在稳定状态时使其密度达到标准电解液密度的1.3倍左右。

⑤用注射器或吸管将多余的电解液吸出。

⑥测试蓄电池的容量，如果能达到标称容量的80%以上，则说明蓄电池修复成功。

> **提示说明**
>
> 测量电解液的密度，一般使用吸取式密度计，将电解液从排气孔中缓缓吸入外筒，从浮标的刻度即可测知密度。

2）脉冲修复法（专业仪器修复） 使用脉冲修复方法对蓄电池进行修复操作，通常需要使用专业的蓄电池脉冲修复仪，该仪器可以输出脉冲充电电流，对蓄电池进行反复充电，从而实现对蓄电池的修复。蓄电池的脉冲充放电修复过程相对比较复杂，需要与蓄电池容量检测仪、蓄电池放电检测仪等配合使用，一般可分为以下几个步骤进行。

① 对蓄电池进行充电。对蓄电池进行脉冲修复时，首先对待修复的蓄电池进行充电，充电完成后静置30min。如图13-43所示。

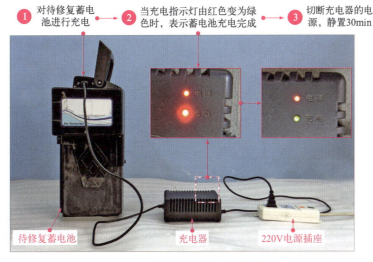

图13-43 对蓄电池进行充电及静置操作

② 检测蓄电池容量。在修复前，还需要对待修复的蓄电池进行容量测试，作为蓄电池修复前后的对比。待修复蓄电池容量的检测方法如图13-44所示。

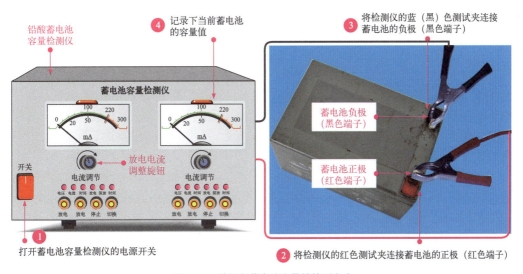

图13-44 待修复蓄电池容量的检测方法

③ 对待修复的蓄电池进行放电操作。使用专业的蓄电池放电检测仪进行放电操作。如图 13-45 所示。

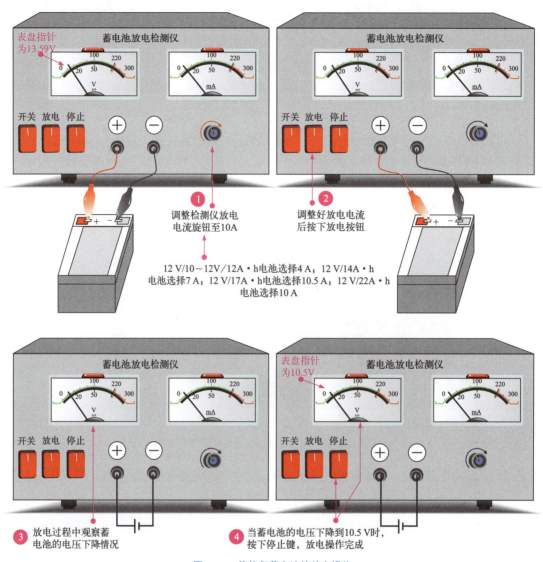

图13-45 待修复蓄电池的放电操作

④ 对蓄电池进行补充电解液操作。参照图 13-42 操作步骤，对放电完成的蓄电池进行补充电解液操作，即打开蓄电池盖板，从安全阀的排气孔充注电解液。电解液的加注，使液面刚好超过极板 1mm 左右的高度即可。静态搁置一天后，再续添电解液至这个高度，此时可以观察到排气孔内有流动的电解液。

⑤ 对充注完电解液的蓄电池进行彻底的放电操作。借助蓄电池放电检测仪对充注完电解液的电池再次进行彻底的放电操作。将蓄电池放电检测仪的放电电流调节旋钮调至 5A，待蓄电池电压降至 0V 时，按下停止键，完成彻底放电操作，如图 13-46 所示。

⑥ 进行脉冲修复。放电结束后，将蓄电池与蓄电池脉冲修复仪的修复端子进行连接，执行脉冲修复操作。

蓄电池的脉冲修复操作如图 13-47 所示。

第13章 电动自行车蓄电池的检修

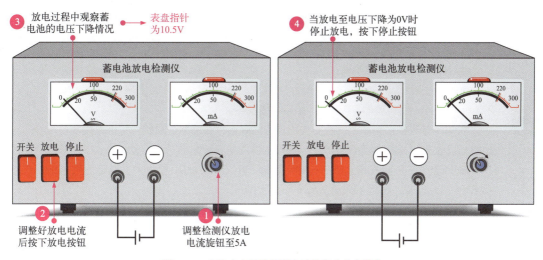

图13-46 充注完电解液的蓄电池的彻底放电操作

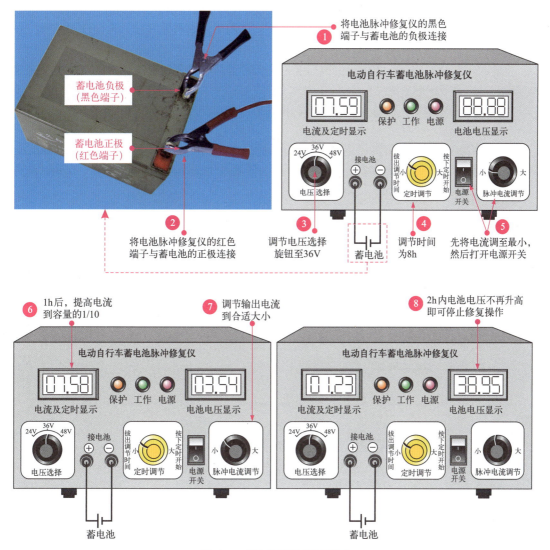

图13-47 蓄电池的脉冲修复操作

修复时间应在 8～12h，在修复的过程中，排气孔中的电解液应有流动的现象。

脉冲修复仪使用注意事项：
- 由于修复仪的功率较大，因此电度表必须为 5～10A。进户线规格必须为 2.5mm² 以上，否则会烧坏电度表，引起电线发热。
- 电池在进行修复前，一定要先检查电池是否存在断路、短路（可用万用表及电池检测仪检测），如电池电解液过少，应根据情况补充蒸馏水。
- 修复时一般要充注 2 杯左右的电解液，电流开始时不要太大，以电池容量的 1/15～1/20 为准，1h 后加大电流到 1/10 以上即可。
- 修复前还要添加蓄电池专用修复液，用量一定要按要求加入，不能过量，否则可能会有不利影响。

蓄电池进行脉冲修复后，可重新使用放电检测仪对其进行放电操作。当对 10A 电池进行放电操作时，将放电电流旋钮调至 5A，待电池降至 10.5V 时，放电时间达到 100min，表明该电池的脉冲修复操作达到标准。对于未达标的电池，则需要重新充电后，再进行一次脉冲修复操作。

接着，可继续对修复后蓄电池的电压和容量等性能指标进行检测对比。正常情况下，其电压值应超出其额定电压值。

上述检测均正常后，将电池静置晾干。观察排气孔中的电解液，可用吸管（注射器）吸出多余的电解液。

⑦ 重装蓄电池。修复好的蓄电池需要进行重装，即重新盖好橡胶帽和安全阀，并恢复安全阀周围的填充物，若橡胶帽或安全阀弹性不良，需要进行更换，参照图 13-42 中操作；最后在蓄电池适当位置涂抹黏合剂（ABS 胶），涂抹完黏合剂后，盖上盖板，使其与蓄电池下部黏合，完成修复。

特别提示

由于过充电、过放电和欠充电而产生硫化的蓄电池，以上方法的修复效果是非常明显的。但是并不是所有蓄电池都可以进行修复操作，对于极板活性物质脱落的电池及短路、断格的蓄电池是不能修复的。通常，所有极板软化、断格的蓄电池都是因为长期硫化而导致的，所以一定要提前及时修复，延长电池的使用寿命。

近年来出现的铅酸蓄电池修复技术有很多，主要有：
- 采用大电流充电，使大的硫酸铅结晶产生负阻击穿来溶解的方法，该方法会降低蓄电池使用寿命，不建议采用。
- 负脉冲法，就是在充电过程中加入负脉冲，该方法可以减低电池温升，但是修复率只有 20% 左右。

- 添加活性剂，该修复方法成本高，改变了电解液的原结构，也会降低电池使用寿命，修复率约为45%。
- 高频脉冲修复法，就是采用脉冲波使硫酸铅结晶体重新转化为晶体细小、电化学性高的可逆硫酸铅，使其能正常参与充放电的化学反应，修复率约为60%。但修复时间长，需数十小时以上，甚至一周的时间，并且对严重硫化的蓄电池修复效果不理想。
- 组合式谐振脉冲修复法，该方法是利用充电脉冲中的高次谐波与大的硫酸铅结晶谐振的方法，在修复过程中消除电池硫化。这种方法修复效率高，对蓄电池损伤小，可以适当延长蓄电池的使用寿命，减少用户更换电池的次数和费用，目前被广泛采纳。

第14章 电动自行车充电器的检修

14.1 充电器的结构原理

14.1.1 充电器的结构特点

充电器是电动自行车中重要的配套器件,主要用于为蓄电池充电,其好坏直接影响电动车蓄电池的使用寿命和工作时间。

充电器的外形大致相同,如图14-1所示,但输出的直流电压值不同,根据充电器输出的直流电压值不同,充电器可分为36V、48V、60V等。

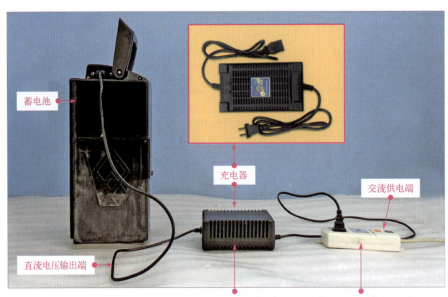

市电输入到充电器内,经其内部处理后,将交流220V电压转换成36V或48V或60V左右的直流充电电压

图14-1 电动自行车的充电器

> **相关资料**
>
> 根据充电模式的不同，充电器还可分为两段式和三段式两类。
> ① 两段式充电器是采用先恒流后恒压的充电方式。即初步进行充电时，充电器的电流一直保持恒定不变状态，电压则保持上升状态。当电压充到一定额度时，充电器的电流将逐渐减小，而其电压在上升到充电器设定电压值后，将保持恒定不变。由于采用两段式充电器对电池进行充电会对电池有过充或欠充情况，还会影响电池寿命，目前，多数电动自行车已不采用该类充电器。
> ② 三段式充电器则分为：恒流阶段，其恒定电流值应在1.5～1.8A之间；恒压阶段，其恒定电压值应在40～44V；涓流阶段，充电器将以100mA的电流慢慢地进行充电。通常，充电器在第二阶段和第三阶段转换时，其面板上的指示灯将发生相应的变换，大多数充电器第一、二阶段是红灯，第三阶段为绿灯。

（1）充电器的外部结构

图14-2所示为充电器的外部结构。从图中可以看出，充电器呈长方形，塑料盒内部固定有电路板，充电器引出两条电线，一条配有两芯或三芯输入插头，用来输入交流220V电压；另一条配有圆芯或方芯输出插头，用来与蓄电池进行连接。

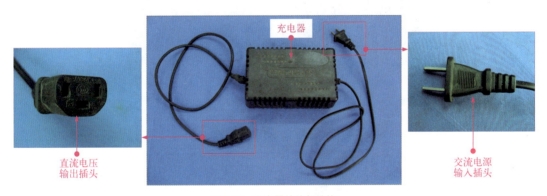

图14-2 充电器的外部结构

① 输入插头 输入插头是与市电220V交流电压连接的插头，该插头通常采用两芯或三芯的标准插头，如图14-3所示。

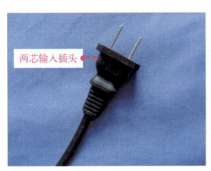 

图14-3 典型的两芯和三芯充电器输入插头

② 输出插头　输出插头是与电池连接的插头，该插头通常采用圆芯或方芯插头，如图14-4所示。

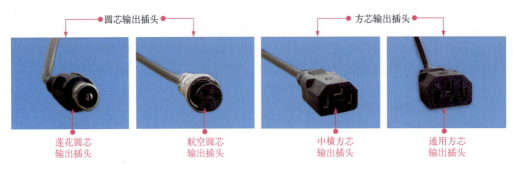

图14-4　典型的圆芯和方芯输出插头

（2）充电器的内部结构

在充电器的长方体塑料外壳内，包裹着充电器电路板，如图14-5所示。

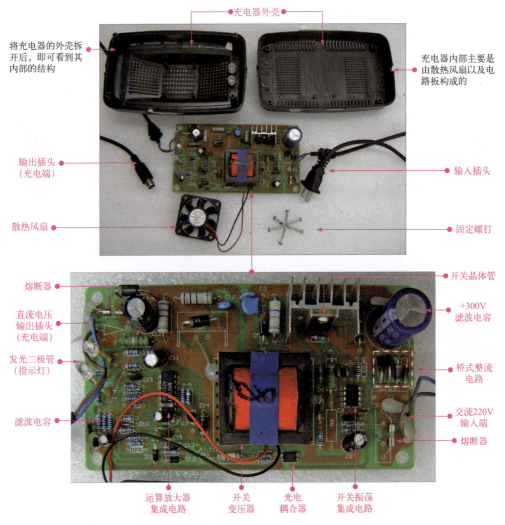

图14-5　典型充电器的内部结构

由图14-5可知,电路板上安装有多种元器件,主要有交流220V输入接口、熔断器、桥式整流电路、滤波电容器、开关晶体管、开关振荡集成电路、光电耦合器、开关变压器、运算放大器、直流电压输出接口等。

① 熔断器 在充电器电路中,熔断器通常安装在交流220V输入电路和直流输出电路中,以确保充电过程中不会因为电流过大而对充电器或蓄电池造成损伤。图14-6所示为充电器中熔断器的实物外形。

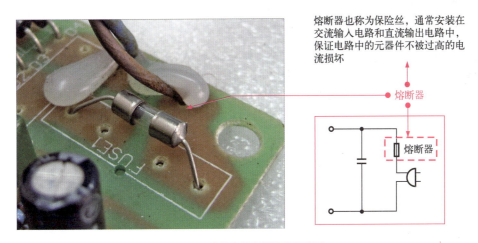

图14-6 充电器中熔断器的实物外形

② 桥式整流电路 桥式整流电路的主要作用是将交流220V电压整流后输出约+300V的直流电压。通常,该电路由四个整流二极管桥式连接而成,如图14-7所示。

图14-7 桥式整流电路的实物外形

③ 滤波电容 滤波电容采用铝电解电容,它主要用来对桥式整流电路输出的+300V直流电压进行滤波,该电容的外形如图14-8所示。它在电路中体积较大,很容易找到。

图14-8 +300V滤波电容的实物外形

> **相关资料**　度量电容量大小的单位是法拉，简称法，用字母F表示。但实际电路中还经常用到微法（用μF表示）、纳法（用nF表示）和皮法（用pF表示），它们之间的换算关系是：$1F=10^6 \mu F=10^9 nF=10^{12} pF$。

④ 开关振荡集成电路　充电器中的开关振荡集成电路是用于产生开关脉冲的电路，脉冲信号经开关晶体管后去驱动开关变压器，图14-9所示为开关振荡集成电路的实物外形。

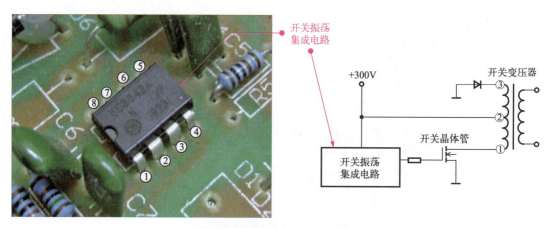

图14-9 开关振荡集成电路的实物外形

由图14-9可知，该充电器中的开关振荡集成电路型号为UC3842，它采用8脚双列直插式塑料封装形式（或扁平封装形式），图14-10所示为开关振荡集成电路UC3842的内部结构框图。

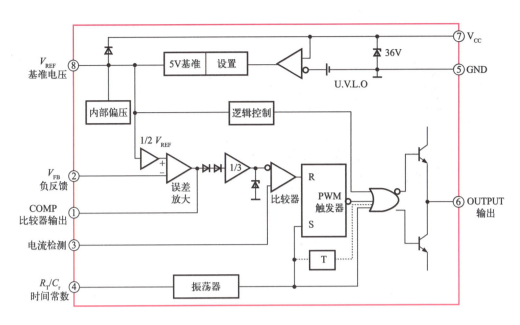

图14-10 开关振荡集成电路UC3842的内部结构框图

⑤ 开关晶体管　在充电器中，通常采用场效应晶体管或普通晶体管作为开关晶体管。开关晶体管在充电器中主要是将直流电流变成脉冲电流，由于它工作在高反压和大电流等环境下，需要将其安装在散热片上，如图14-11所示。

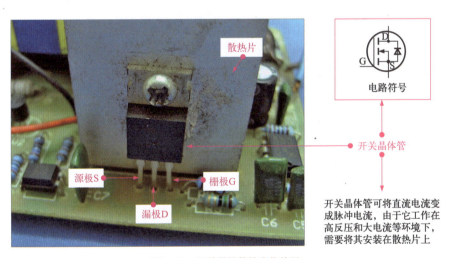

图14-11 开关晶体管的实物外形

通常，开关晶体管上不会标注源极 S、漏极 D 和栅极 G，但为了检测方便，需要进行判别，这时可根据对应的电路图纸以及电路板印制线，判断其引脚功能。

⑥ 开关变压器　开关变压器是一种脉冲变压器，可将高频高压脉冲变成多组高频低压脉冲，其工作频率较高，为 1～50kHz，如图14-12所示。

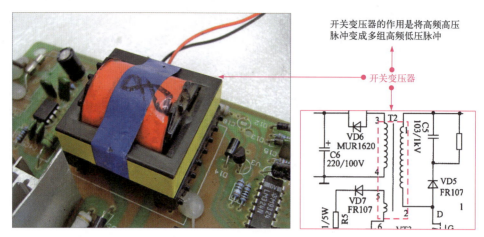

图14-12　开关变压器的实物外形

开关变压器是开关电源电路中具有明显特征的器件，它的初级绕组是开关振荡电路的一部分，次级输出的脉冲信号经整流滤波后变成直流电压，为蓄电池充电。

⑦ 运算放大器集成电路　在充电器中通常采用运算放大器集成电路（LM324N）作为温度、电压检测控制电路，用于监测充电器在充电过程中其电压值的上升情况，防止充电电压在超过其额定电压后，充电器仍继续向蓄电池充电，导致蓄电池过充，对蓄电池内部造成损伤，如图14-13所示。

图14-13　运算放大器集成电路的实物外形

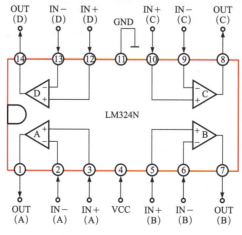

图14-14　运算放大器集成电路LM324N的内部结构图

由图 14-13 可知,运算放大器集成电路 LM324N 是具有 14 个引脚的集成电路,其内部设有 4 个运算放大器,这 4 个运算放大器可分别独立使用,也可叠加使用,图 14-14 所示为运算放大器集成电路的内部结构图。

> **相关资料**
>
> 充电器中除了使用 LM324N 型运算放大器集成电路外,常见的还有 LM358 等,并且某些品牌的充电器中还安装有电压比较器 LM339、LM393。图 14-15 所示为运算放大器集成电路 LM358 的内部结构图,图 14-16 所示为电压比较器 LM393 的内部电路结构图。
>
>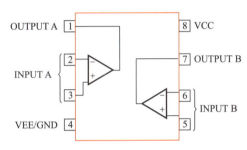
>
> 图 14-15　运算放大器 LM358 的内部结构图
>
>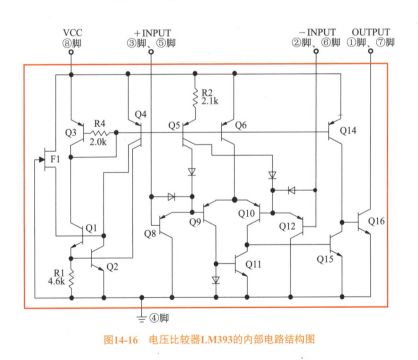
>
> 图 14-16　电压比较器 LM393 的内部电路结构图

⑧ 光电耦合器　光电耦合器主要用来将开关电源电路输出电压的误差反馈信号送到开关振荡集成电路中,开关振荡集成电路根据此信号,对输出电压进行调整,图 14-17 所示为充电器中光电耦合器的实物外形。

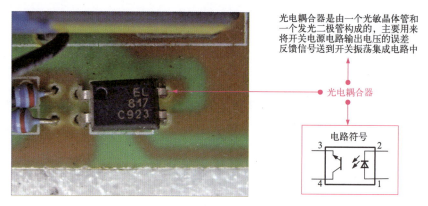

图14-17 充电器中光电耦合器的实物外形

⑨ 发光二极管　通常,在充电器电路中采用发光二极管作为充电器的电源和充电指示灯。通常情况下,当充电器加电进行充电时,其电源指示灯为绿色,充电指示灯为红色,当充电结束,充电器进入涓流充电阶段时,其充电指示灯变为绿色,如图14-18所示。

图14-18 发光二极管的实物外形

⑩ 散热风扇　目前,很多电动自行车充电器的内部还单独设有风扇装置,其主要作用是当充电器进行高压充电时,对其电路板进行散热,降低内部温度,使充电器性能更加稳定,如图14-19所示。

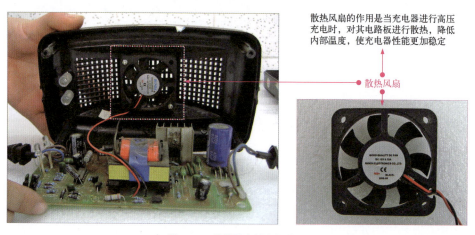

图14-19 散热风扇的实物外形

14.1.2 充电器的工作原理

充电器的主要工作是对蓄电池进行充电,图 14-20 所示为典型充电器的工作原理图。

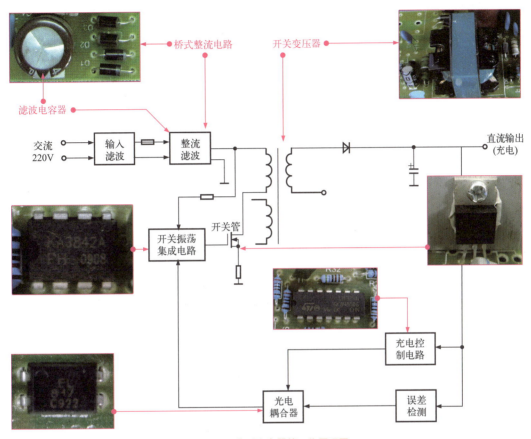

图14-20　典型充电器的工作原理图

从图 14-20 可以看到,当交流 220V 电压输入到充电器电路中,经整流滤波后输出直流 +300V 电压,直流 +300V 电压送入开关振荡电路中,一路为开关变压器进行供电,一路经限流电阻器后为开关振荡集成电路进行供电,由开关振荡集成电路输出 PWM 信号,控制开关晶体管工作在脉冲振荡状态,经开关变压器输出脉冲信号。

次级输出的脉冲信号经整流电路后,输出供电电压。充电器控制电路是当蓄电池电量即将充满时,通过光电耦合器控制开关晶体管的导通量,使输出电流减小,并驱动指示电路中的指示灯进行转换,防止过冲现象的产生。

图 14-21 所示为典型充电器(48V 充电器)的电路原理图,可以看到,该电路主要由开关振荡电路、直流输出电路、状态指示电路以及脉宽调制信号产生电路等构成。

在典型充电器(48V 充电器)的电路原理图中,交流 220V 电压经互感滤波器 T1、滤波电容器 C1、C2、C3 和桥式整流电路整流滤波后,输出 +300V 的直流电压,经启动电阻器 R1 为开关晶体管 VT4 的基极提供启动电流,使 VT4 的集电极与发射极之间有电流产生,由于电容器 C4 的充放电作用使激励变压器的绕组和开关晶体管 VT4、VT3 起振。

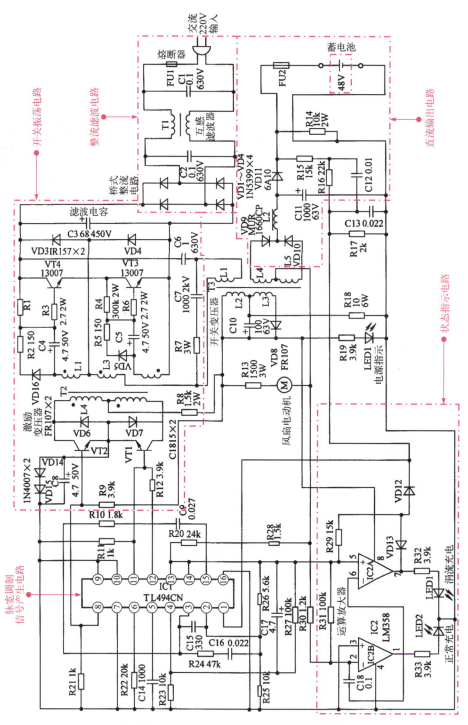

图14-21 典型充电器（48V充电器）的电路原理图

电路振荡后，开关变压器T3的初级绕组L4、L5输出低压脉冲信号，经全波整流电路VD9、VD10整流，续流电感器L2和滤波电容器C11滤波后，形成充电电流，经二极管VD11后为48V蓄电池充电。VD11为防反充电二极管，可防止蓄电池电压过高时反冲击整流电路。

IC2（LM358）中的两个运算放大器构成电压比较器，用来驱动充电状态指示电路。当开始充电时，取样端电压值较低，VD12导通，使IC2A的⑤脚的电压低于⑥脚，IC2A的⑦脚输出低电平，涓流充电指示灯LED1（绿色）不亮，而IC2B的①脚输出高电平，正常充电指示灯LED2（红色）点亮。当充电电压接近蓄电池额定值时，IC2A的⑤脚电压上升，⑦脚变成高电平，涓流充电指示灯LED1点亮，正常充电指示灯LED2熄灭。

IC1的⑧脚、⑪脚输出相位相差180°的激励脉冲，分别加到推挽放大器VT1、VT2的基极控制VT1、VT2的导通和截止，使电路进入振荡状态。

相关资料

图14-22所示为锂离子蓄电池充电器的工作流程。

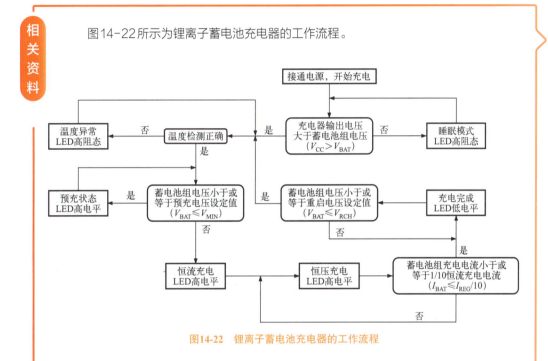

图14-22　锂离子蓄电池充电器的工作流程

① 检测蓄电池的电压，如果低于一个确定值，就要进行涓流充电。

② 蓄电池充到一定电压（单体蓄电池一般设置为3.0V）时，进行恒流充电。

③ 当蓄电池电压达到预置电压（单体蓄电池一般为4.2V）时，开始恒压充电，同时充电电流降低。

④ 当电流逐渐减小到规定的值时，充电过程结束。

V_{CC}为充电器输出电压；V_{BAT}为蓄电池组电压；V_{MIN}为预充电压设定值；V_{RCH}为重启电压设定值；I_{BAT}为蓄电池组充电电流；I_{REG}为恒流充电电流。

锂离子蓄电池充电器中，还设有蓄电池温度监测电路，利用蓄电池组温度传感器检测蓄电池温度，当蓄电池温度超出设定范围时关闭对蓄电池充电。并且，充电状态可由LED指示灯显示出来。目前在锂离子蓄电池充电器的设计中，对充电结束后由于某种因素放电的情况而专门设计了检测电路，一旦检测到蓄电池电压降低，就会重新启动充电过程。

14.2 充电器的故障特点与检修分析

14.2.1 充电器的故障特点

图 14-23 所示为充电器常见的故障表现。

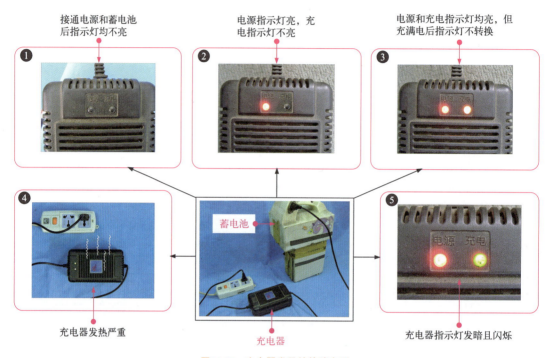

图14-23　充电器常见的故障表现

一般情况，如图 14-24 所示，充电器指示灯均不亮的故障多为电路中高压部分故障，通常主要特征有：熔断器熔丝烧断；桥式整流电路被击穿；300V 滤波电容器鼓包或炸裂；开关管击穿；开关振荡集成启动端对地短路；启动电阻开路。充电器电源指示灯亮，充电指示灯不亮的故障多为电路中低压部分故障，主要特征有：电流取样电阻烧断；充电控制电路（运算放大器）击穿。充电器充电指示灯不转换的故障较为多见，主要特征有：稳压电路中误差检测电路故障；光电耦合器损坏；误差取样电阻开路；充电控制电路（运算放大器）损坏；指示灯转换电路元件故障。

除了从充电器的指示灯判定充电器的故障外，从蓄电池的充电状态可以更准确地判定充电器的故障。例如充电时间过长、蓄电池严重发热、蓄电池充电时间短、续航里程短等都可能是充电器故障所致。

对充电器检修要按照充电器的故障表现从充电器的电路结构入手，按照信号流程查找故障线索。

图 14-25 所示为充电器的故障检修流程。

第14章 电动自行车充电器的检修

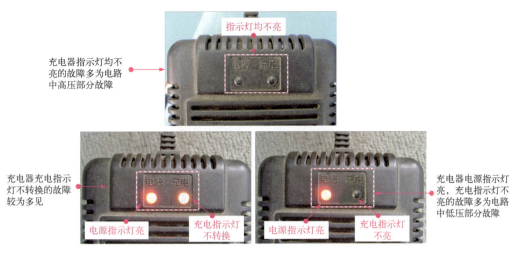

图14-24 从充电器指示灯判定充电器的故障

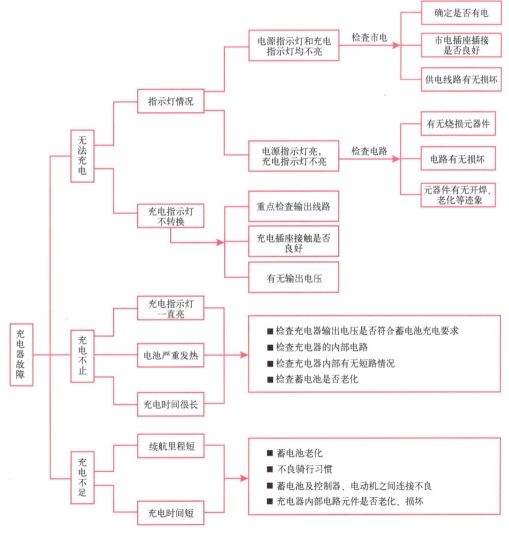

图14-25 充电器故障检修流程

14.2.2 充电器的检修分析

在对充电器电路进行检查时,应首先确定充电器的输入电压和输出电压是否正常,若输入电压正常,输出电压不正常,应按电路信号流程逐一排查,尤其对熔断器、桥式整流电路、滤波电容器、开关振荡集成电路、开关晶体管、开关变压器、运算放大器集成电路、光电耦合器等主要元器件重点检查,如图14-26所示。

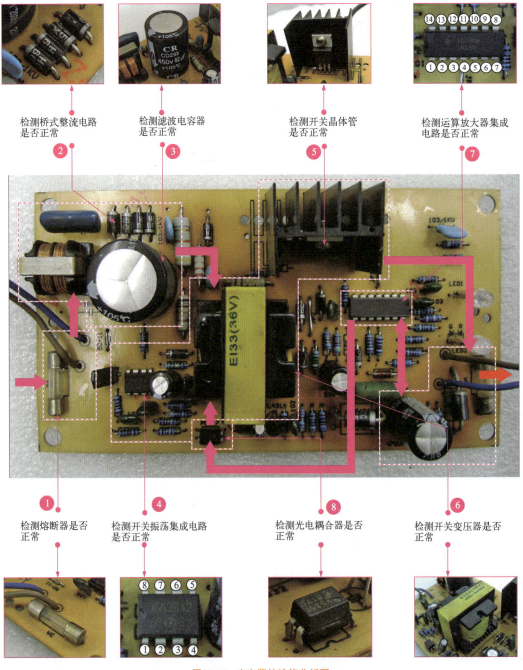

图14-26 充电器的检修分析图

14.3 充电器的检测与修复

14.3.1 充电器的检测

不同类型充电器的检修方法基本相同,下面根据充电器的检修流程分析,具体讲解充电器的检测方法。

(1) 充电器整体的检测

检测充电器本身是否正常时,可检测充电器的输出电压是否正常,若输出的电压正常,则可以排除充电器本身的故障;若输出的电压异常,则需要进一步对充电器的输入电压进行检测,若输入的电压正常,而无输出电压,则表明充电器本身可能损坏。

① 输出电压的检测　当充电器出现故障时,可先对充电器输出的电压值进行检测。将充电器通电后,使用万用表检测充电器的输出插头,正常情况下,应能检测到直流电压值。

输出电压的检测方法如图14-27所示。

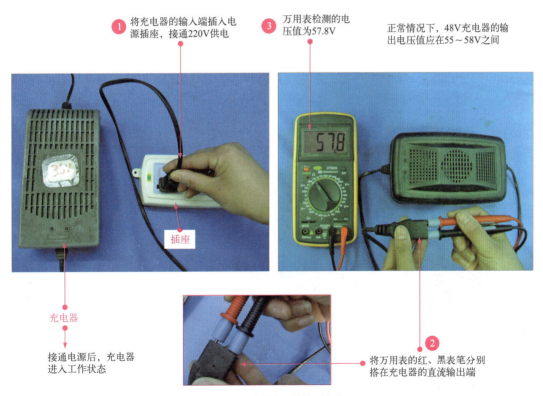

图14-27　输出电压的检测方法

② 输入电压的检测　若检测充电器的输出电压正常,则表明充电器本身正常;若检测无输出电压,则需要对输入电压进行检测。

输入电压的检测方法如图14-28所示。

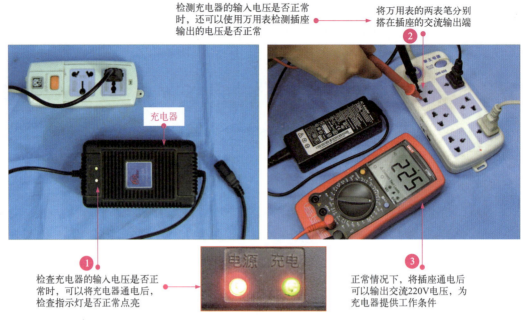

图14-28　输入电压的检测方法

（2）充电器中主要元器件的检测

若在上述检测中，充电器的输入电压正常，但无输出电压值，怀疑充电器内部有元器件损坏时，应将充电器外壳打开，针对充电器电路板上的易损元器件进行检测，如熔断器、桥式整流电路、滤波电容器、开关振荡集成电路、开关晶体管等，通过排查各元器件的好坏，找到故障点并排除故障。

① 熔断器的检测　在充电器电路中，由于电流的波动比较大，熔丝很容易被烧坏，因此，在检测其他元件之前，应检测熔断器是否损坏。首先可先对其外观进行检查，观看其表面是否有破损、污物或内部熔丝熔断等现象，如外观一切正常，则需利用万用表对熔断器的阻值进行测量，通过阻值来判断熔断器是否损坏。

熔断器的检测方法如图14-29所示。

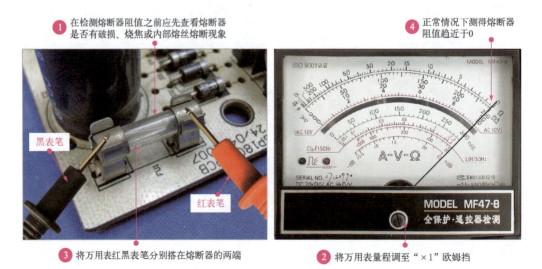

图14-29　熔断器的检测方法

特别提示

如果测得数值为无穷大,表明熔丝烧坏。引起熔丝烧坏的原因很多,但多数情况是充电器电路中有过载现象。这时应进一步检查电路,否则即使更换熔断器,也可能还会烧断。

② 桥式整流电路的检测　桥式整流电路主要是将交流 220V 整流后输出 +300V 的直流电压,若该部分损坏,则会造成充电器无输出电压的故障。在检测桥式整流电路时,可分别对四个整流二极管进行检测,即检测整流二极管的正反向阻值是否正常。

正常情况下,整流二极管正向导通,应有一定的阻值;反向截止,阻值应为无穷大。

整流二极管的检测方法如图 14-30 所示。

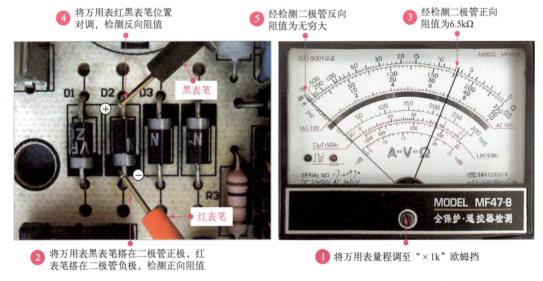

图14-30　整流二极管的检测方法

③ 滤波电容器的检测　滤波电容器是将桥式整流电路输出的 +300V 电压进行滤波,若桥式整流电路正常,而 +300V 电压不正常,则需要对滤波电容进行检测。

一般正常情况下,滤波电容器的阻值在几千欧姆左右,若测得阻值为几十欧姆或几百欧姆,则表明滤波电容器已损坏或老化。

滤波电容器的检测方法如图 14-31 所示。

 提示说明

在通电情况下检测滤波电容器,有可能接触到交流 220V 电压,会对人身安全和电路板本身造成损伤,可连接隔离变压器后再进行检测操作。

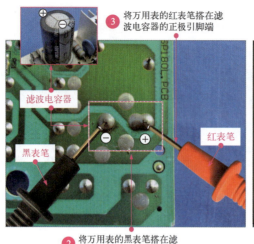

图14-31　滤波电容器的检测方法

相关资料

检测滤波电容器时，还可在接通电源的情况下，测量滤波电容两端电压是否约为300V。

正常情况下，若测得滤波电容的电压约为+300V，表明前级电路正常；若经检测其电压值不正常，表明交流220V输入电路或桥式整流电路部分出现问题，应重点检查，另外，考虑到滤波电容漏电严重也会引起输出不正常的故障，可在不通电的情况下，利用万用表判别其性能的好坏。

电动自行车充电器中开关振荡集成电路的检测方法

④ 开关振荡集成电路的检测　若怀疑开关振荡集成电路损坏，可在断电状态下，使用万用表对其各引脚的对地阻值进行检测，然后将检测阻值与正常阻值进行对比，判断开关振荡集成电路是否正常。

开关振荡集成电路的检测方法如图14-32所示。

图14-32　开关振荡集成电路的检测方法

第14章 电动自行车充电器的检修

 特别提示

正常情况下,测得开关振荡集成电路各引脚对地阻值,见表14-1所列。若测量结果与表中数值差别较大,说明该开关振荡集成电路已损坏。

表14-1 开关振荡集成电路KA3842各引脚对地阻值

引脚	黑表笔接地/kΩ	红表笔接地/kΩ	引脚	黑表笔接地/kΩ	红表笔接地/kΩ
①	6.6	8	⑤	0	0
②	0	0	⑥	6.4	7.5
③	0.3	0.3	⑦	5	∞(外接电容器)
④	7.4	12	⑧	3.7	3.8

⑤ 开关晶体管的检测 经排查,若怀疑开关晶体管损坏,可在断电状态下,使用万用表检测开关晶体管三个引脚间的阻值是否正常,正常情况下开关晶体管(CS7N60)引脚间的阻值见表14-2所列。若测量结果与表中数值差别较大,说明开关晶体管已损坏。

开关晶体管的检测方法如图14-33所示。

电动自行车充电器中开关晶体管的检测方法

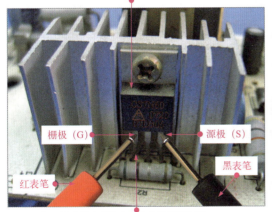

图14-33 开关晶体管的检测方法

表14-2 开关晶体管各引脚阻值对照表

红表笔	黑表笔	阻值	红表笔	黑表笔	阻值
栅极(G)	漏极(D)	∞(外接电容)	源极(S)	栅极(G)	7.3kΩ
漏极(D)	栅极(G)	15.8kΩ	漏极(D)	源极(S)	4.3kΩ
栅极(G)	源极(S)	5.2kΩ	源极(S)	漏极(D)	∞(外接电容)

> **相关资料** 如果开关晶体管漏极和源极之间的正反向阻值偏差较大,不能直接判断该管损坏,也可能是由外围元器件引起的偏差,此时应将该管引脚焊点断开或焊下,在开路的状态下,利用上述方法再次检测,若测量结果仍不正常,则可判断该管可能击穿损坏。

⑥ 开关变压器的检测　开关变压器的好坏,一般可通过使用示波器检测其信号波形的方法进行判断。将充电器接通电源,将示波器接地夹接地,示波器探头靠近开关变压器的磁芯部分,正常情况下,由于变压器输出的脉冲电压很高,所以通过绝缘层就可以感应到开关脉冲信号。

若能够检测出感应脉冲信号,说明开关变压器本身和开关振荡集成电路没有问题。

开关变压器的检测方法如图 14-34 所示。

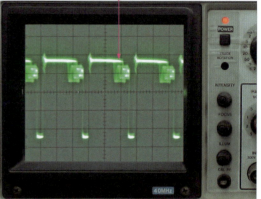

图14-34　开关变压器的检测方法

> **提示说明** 不同型号及输出频率的开关变压器,感应测得的振荡波形不完全相同,一般若感应到的脉冲信号波形规则,则表明开关变压器及振荡电路均正常。

⑦ 运算放大器集成电路的检测　运算放大器集成电路（AS324M-E1）主要用来检测电压以及充电器的工作状态,怀疑运算放大器集成电路损坏时,可在断电状态下,对其各引脚的正反向阻值进行检测。

运算放大器集成电路的检测方法如图 14-35 所示。

运算放大器集成电路（AS324M-E1）各引脚正、反向阻值见表 14-3 所列。若测量结果与表中数值差别较大,说明该运算放大器集成电路已损坏。

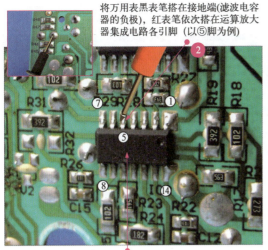
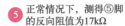

图14-35 运算放大器集成电路的检测方法

表14-3 运算放大器集成电路（AS324M-E1）各引脚正、反向阻值

引脚	（黑表笔接地）/kΩ	（红表笔接地）/kΩ	引脚	（黑表笔接地）/kΩ	（红表笔接地）/kΩ
①	9.4	37.5	⑧	9	56
②	0.7	0.7	⑨	0.5	0.5
③	0.7	0.7	⑩	0.7	0.7
④	5	13.7	⑪	0	0
⑤	8.8	17	⑫	1.7	1.5
⑥	9	56	⑬	0.7	0.7
⑦	9.4	56	⑭	9.3	55

⑧ 光电耦合器的检测　光电耦合器是由一个光敏晶体管和一个发光二极管构成的，若怀疑光电耦合器损坏，可分别检测内部发光二极管和光敏晶体管的正、反向阻值是否正常。

在路检测光电耦合器的引脚阻值时，①脚与②脚的正向阻值为6.5kΩ左右，反向阻值为8kΩ左右；③脚与④脚的正、反向应有一定的阻值，若测得其正、反向阻值相同，应查看电路板中光电耦合器外围是否安装有其他元器件，将光电耦合器取下后再进行检测。

光电耦合器的检测方法如图14-36所示。

14.3.2　充电器的代换

（1）充电器的整体代换

当电动车蓄电池的充电器出现丢失和无法修复的损坏时，可以购买新的蓄电池充电器进行代换。在代换时应了解其相关的参数是否匹配，并遵循以下几点。

① 充电模式需要匹配。应和之前使用的充电器的充电模式相匹配。

② 根据蓄电池的容量代换相应的充电器。目前电动自行车和三轮车中使用的蓄电池分为36V和48V两种，在代换时，应与蓄电池的容量进行匹配，如图14-37所示。

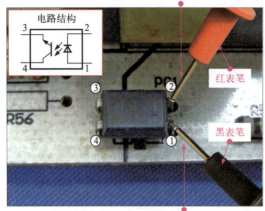

④ 将万用表红黑表笔位置对调，检测发光二极管反向阻值

⑤ 正常情况下，测得内部发光二极管的反向阻值为8kΩ

③ 正常情况下，测得内部发光二极管的正向阻值为6.5kΩ

② 将万用表黑表笔搭在光电耦合器的①脚，即发光二极管的正极，红表笔搭在光电耦合器的②脚，即发光二极管的负极

① 将万用表量程调至"×1k"欧姆挡

图14-36　光电耦合器的检测方法

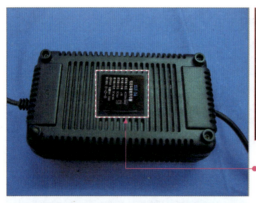
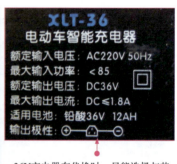

36V充电器在代换时，只能选择与其型号相匹配的充电器，并且输入功率和输出电压等参数要匹配

48V充电器在代换时，同样需要选择充电器是48V的才可以进行代换，否则会缩短蓄电池的使用寿命

图14-37　充电器型号的区分

③ 根据蓄电池的接口选择代换的充电器。由于不同的蓄电池其接口也有所不同，所以在代换充电器时，应注意其接口的类型再进行选择。

（2）充电器内易损器件的代换

① 熔断器的代换　充电器中熔断器的代换方法如图14-38所示。

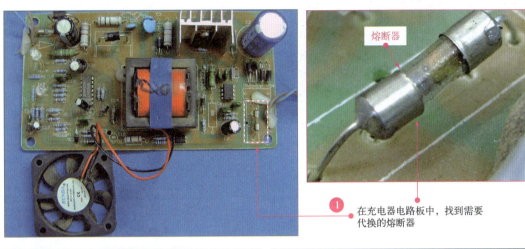

❶ 在充电器电路板中，找到需要代换的熔断器

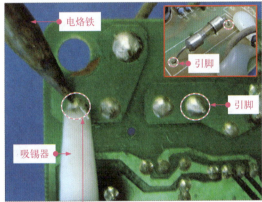

❷ 找到熔断器的背部引脚，并使用电烙铁将其取下

❸ 将电路板中的熔断器取下来，并用相同型号的熔断器进行代换

代换熔断器时，若是没有同型号熔断器，可以代换其电阻值稍大的熔断器，但一般不超过10%

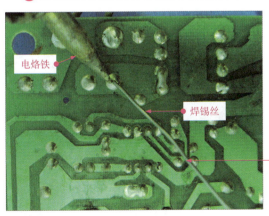

❹ 将新的熔断器安装在充电器的电路板上，并将其引脚固定

图14-38　熔断器的代换方法

② 开关晶体管的代换　开关晶体管的代换方法如图14-39所示。

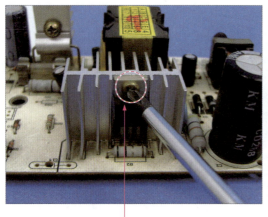
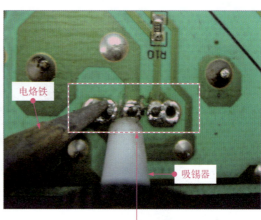

❶ 使用螺丝刀将开关晶体管的固定螺钉取下

❷ 使用电烙铁和吸锡器将固定开关晶体管的焊锡清理干净，方便取下晶体管

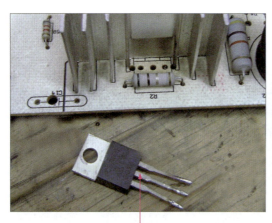
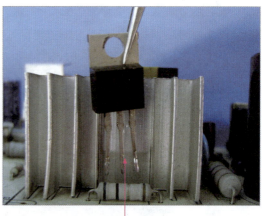

❸ 取下开关晶体管并用同型号晶体管进行代换

❹ 使用镊子将新的开关晶体管安装在充电器的电路板上

代换开关晶体管时，若是没有同型号的晶体管，应选择性能相同的晶体管

使用焊锡丝和电烙铁，将晶体管的三个引脚焊牢固 ❺

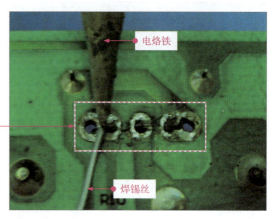

图14-39 开关晶体管的代换方法

③ 运算放大器的代换　运算放大器的代换方法如图14-40所示。

第14章 电动自行车充电器的检修

❶ 在代换运算放大器之前，先根据标识认准其各引脚安放的位置

❷ 将电路板翻转过来，找到运算放大器的背部引脚，用电烙铁和吸锡器将其取下并将焊点清理干净

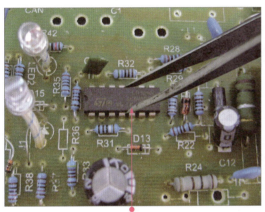

❸ 用同型号的运算放大器进行代换，并将其正确安装到电路板中

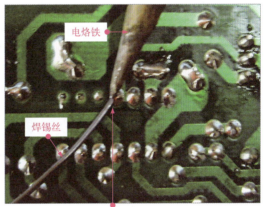

❹ 将代换的运算放大器安装在电路板中，并将其引脚焊牢固

图14-40　运算放大器的代换方法

第15章 电动自行车控制功能失常的检修案例

15.1 爱玛电动自行车骑行时旋动调速转把无法达到最高速度

（1）故障表现

一辆爱玛牌无刷电动自行车，骑行时旋动转把至最大后，速度没有明显提升，观察仪表盘并未显示蓄电池欠压。

（2）故障分析

根据上述故障特征描述可以了解到，该电动自行车即使在旋动转把至最大速度位置时，车速仍偏低，表明其调速范围变窄，一般造成电动自行车调速异常及速度偏低的故障主要有：①转把损坏，无法输出高速控制信号；②蓄电池电量下降，电动机无法达到足够大的启动电流；③控制器内部故障，引起输出驱动电流不足等。

排查故障时，可首先检查蓄电池电量是否充足，若蓄电池正常，则应对调速转把输出的调速信号进行检查，正常情况下其应能够输出 1 ~ 4.2V 的调速信号，若信号不正常或达不到最大值，表明调速转把故障，应更换转把或转把内的霍尔元件；若信号正常，则多为控制器内部电路故障，可顺其信号流程进行检测。

根据故障表现分析，该故障多与调速控制有关，该控制器的调速电路主要是由转把和控制芯片 LB11820S 构成，如图 15-1 所示。

旋转转把时，转把内的霍尔元件在磁钢产生的磁场信号下，产生由低到高或由高到低的控制电压，该信号经过电阻 R40 限流后，送到控制芯片 LB11820S 的 ㉒ 脚，经控制芯片处理后，输出 PWM 信号，经控制放大器为电动机绕组提供驱动电流。调速信号为较高电压时，功率管导通时间长，电动机的启动电流变大，达到提高电动机转速的目的，实现电动自行车的加速行驶。反之，电动机的转速降低，电动自行车的行驶速度减慢。

通过电路分析可知，若排除转把和蓄电池故障，对控制器内部进行检测时，应重点检测上述调速电路部分中的信号及相关元件。

第 15 章 电动自行车控制功能失常的检修案例

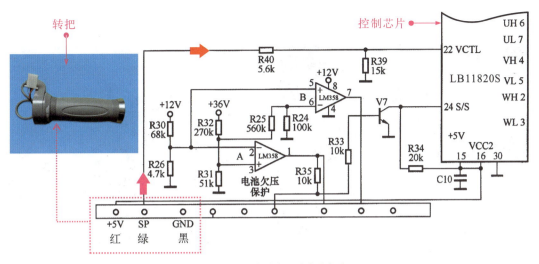

图15-1 控制电路中调速电路部分

（3）故障检修

根据上述故障分析，按照检测的难易程度逐一对蓄电池、转把和控制器进行检测。
① 按图 15-2 所示，用万用表检测蓄电池的输出电压。

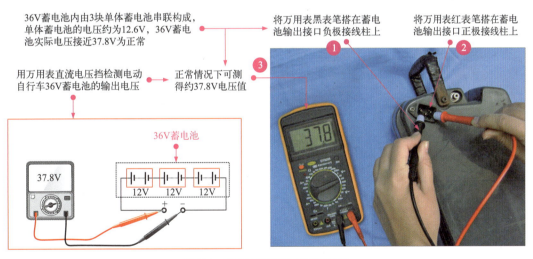

图15-2 蓄电池输出电压的检测方法

经检测，额定电压为 36V 的蓄电池，用万用表检测其输出电压约为 37.4V，表明蓄电池电量充足，接下来可检测转把是否正常。
② 按图 15-3 所示，用万用表直流电压挡检测转把输出的调速信号。

经检测发现，转把红色供电引线电压约为 4.33V 正常；绿色信号线的电压在旋动调速转把时，在 1～4.2V 之间变化，说明调速转把也正常。

由此，怀疑控制器内部电路异常，顺调速转把输出的调速信号传输线路进行检测。

295

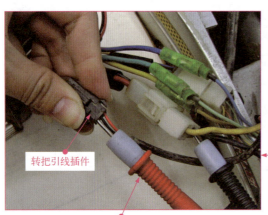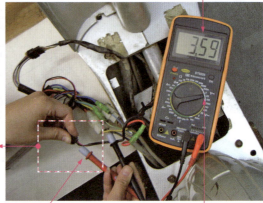

图15-3 检测转把输出的调速信号

③按图15-4所示，用万用表检测控制芯片LB11820S调速信号端（㉒脚）的电压。

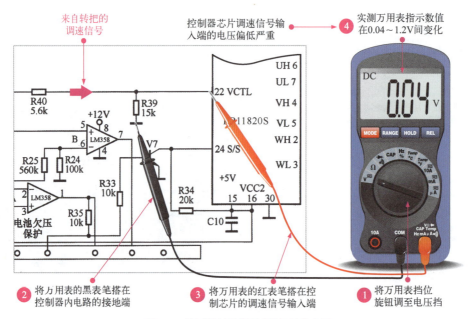

图15-4 检测控制芯片调速信号端的电压

经检测发现，该引脚处电压只能在0.04～1.2V间变化，怀疑由调速转把到控制器芯片的㉒脚间有元器件损坏。

④用万用表检测调速信号传输电路中电阻器R40的好坏。经检测发现，电阻器R40阻值约为160kΩ，与其标称阻值5.6kΩ偏差较大，怀疑该电阻性能不良，用同型号同材料的电阻器更换后，重装控制器，通电试车，故障排除。

15.2 雅迪无刷电动自行车所有控制功能失常

（1）故障表现

一辆普通型无刷电动自行车，打开电源锁后，操作转把无反应，电动机不转，无法行车。

（2）故障分析

正常情况下，打开普通型电源锁后即可对电动自行车各部件进行供电，当旋动转把时，由控制器接收到转把送来的调速信号，并送给电动机，驱动电动机转动。

根据上述故障表现，电动机不转动，则表明其未接收到调速信号或其无供电，引起该故障的原因主要有：①闸把短路：接通电源后即处于制动状态，常开触点闭合，将电动机断电，因此电动机无法运转；②转把损坏或与控制器之间连接不良；③电动机霍尔元件损坏或线圈断路；④控制器本身损坏，无输出。

在检修该类故障时可按检修流程逐步进行检测，找到故障元件，排除故障，如图15-5所示。

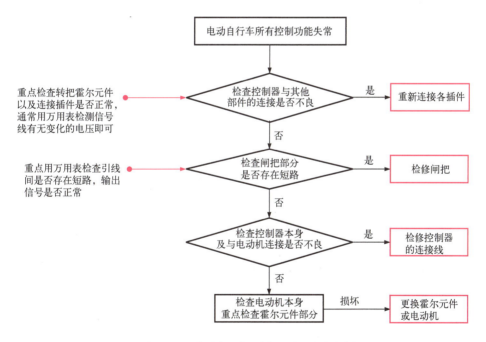

图15-5　普通型无刷电动自行车所有控制功能失常的检修流程

（3）故障检修

根据故障分析，先对各功能部件与控制器间的连接线进行检查。

① 按图15-6所示，检查控制器与外部的连接线是否正常。

图15-6 各连接线的检查

经实际检测后,发现各连接线均正常,也没有松动的现象,接下来,需要对闸把部分进行检测。开启电动自行车的电源锁后,为电动自行车通电,检测闸把与控制器之间的电压是否正常。

② 按图15-7所示,检测闸把是否存在短路故障。

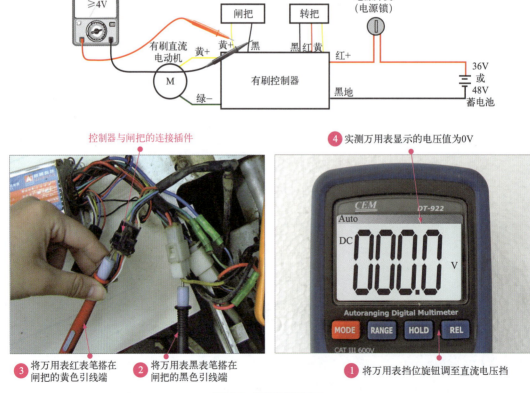

图15-7 闸把的检测方法

经检测,在未按下闸把时,闸把与控制器间的电压值为0V,表明闸把存在故障,需对闸把进行更换。更换后再试车，故障排除。

> **相关资料**
> 通常在未操作闸把时，控制电路对闸把输出信号应不小于4V；当捏一下闸把时，其输出引线端应变为低电平（接近0V），即在正常状态下，捏下闸把时对电动自行车进行切断电源操作。

15.3 宝岛牌电动自行车全车没电无反应

（1）故障表现

一辆宝岛电动自行车打开电源开关后，仪表盘显示没电，喇叭和照明系统也不工作，旋动转把时电动机也不启动。

（2）故障分析

根据电动自行车的故障表现，对故障原因进行分析：电动自行车仪表盘没电，喇叭和照明系统不工作，电动机不启动都表明电动自行车中的电源部分异常，应重点检查蓄电池和电源电路部分。

电动自行车全车没电的故障较为明显，可以首先检查蓄电池输出的电压是否正常，若蓄电池的电压过低，需对蓄电池进行充电或修复；若蓄电池输出电压正常，则应对供电通道部分进行检查，从中找到故障点，排除故障。

（3）故障检修

根据故障分析，可先使用万用表对蓄电池输出的电压值进行检测。
蓄电池输出电压的检测方法如图15-8所示。

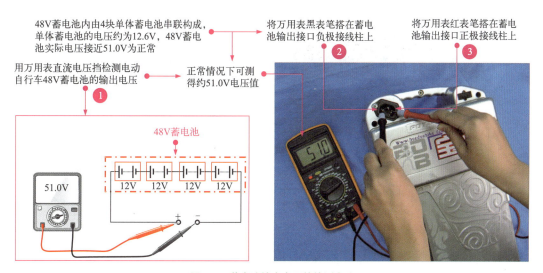

图15-8　蓄电池输出电压的检测方法

经检测，蓄电池输出的空载电压为 51.0V，表明蓄电池本身正常，由此可进一步对供电线路部分进行重点检测，即先对控制器的供电电压进行检测。

控制器供电电压的检测方法如图 15-9 所示。

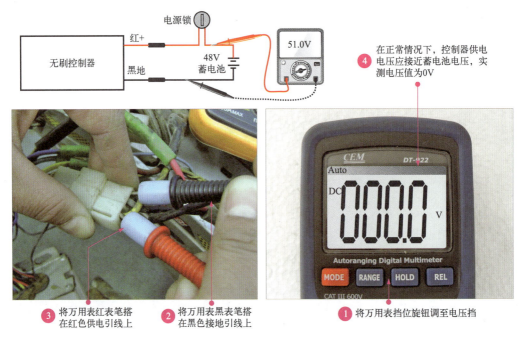

图15-9　控制器供电电压的检测方法

经实际检测，控制器供电电压异常，由此怀疑电动自行车不启动的故障可能是由控制器与蓄电池之间的连接引线断路或电源锁断路造成的，此时，可将电源锁与其他的连接断开，检测电源锁是否正常。

电源锁的检测方法如图 15-10 所示。

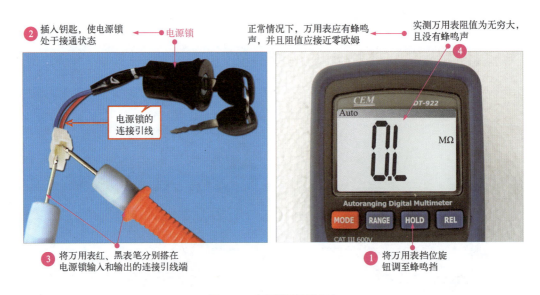

图15-10　电源锁的检测方法

经检测,万用表在蜂鸣挡不响,而且显示阻值为无穷大,怀疑电源锁本身损坏。用同型号的电源锁更换后,打开电源锁,仪表盘显示正常,喇叭和照明系统均能够正常使用,旋动转把,电动机启动,运转平稳,故障排除。

15.4 小刀电动自行车加电不启动

(1) 故障表现

一辆小刀电动自行车,打开电源开关后,仪表盘显示蓄电池满电,喇叭及照明系统工作也正常,但旋转转把后电动机无任何反应,不启动。

(2) 故障分析

根据电动自行车的故障表现,对故障原因进行分析:电动自行车蓄电池供电正常且喇叭和照明系统工作正常,说明该电动自行车的蓄电池及电源供电线路均正常,而电动机不启动,怀疑电动机及其相关的控制电路部分异常,应检查转把、闸把、控制器及电动机本身,按图15-11 所示的故障检测流程对故障进行排查。

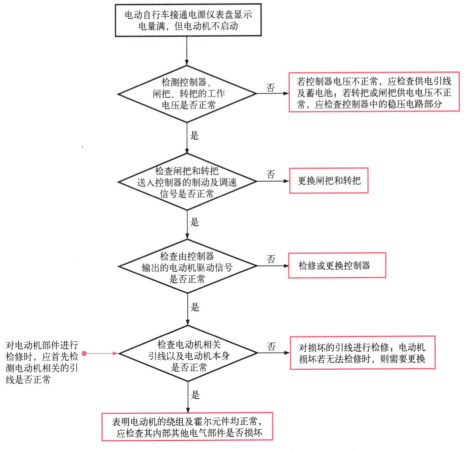

图15-11　电动自行车电源正常,电动机不转的故障检修流程

由以上检修流程可知，对于该类故障进行检修时，一般可先在通电状态下检测控制器的供电电压，以及经控制器内部稳压后输送到闸把、转把的工作电压是否正常。

然后再用万用表分别检测闸把及转把送入控制器的制动及调速信号是否正常，若信号不正常，应对闸把和转把进行检修或更换；若信号正常，说明闸把及转把均正常，接下来可对控制器及电动机进行检测找到故障元件，排除故障。

(3) 故障检修

根据故障分析，为确认具体故障部位，可首先对各部件的供电电压进行检测。

按图15-12所示，使用万用表检测各功能部件的供电电压。

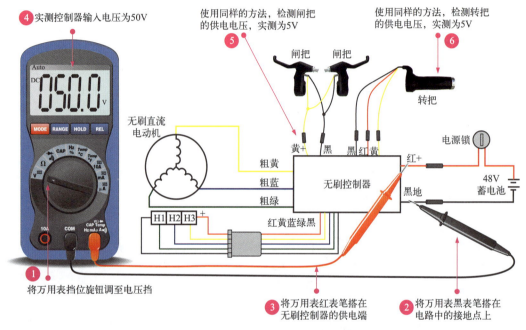

图15-12 各功能部件供电电压的检测方法

经检测，控制器的输入电压为50V，控制器输入到闸把、调速转把的电压均为5V，说明控制线路中的供电电压均正常，接下来检测转把和闸把在不同状态下输出的信号是否正常。

按图15-13所示，分别检测转把和闸把在不同状态下输出的信号是否正常。

经检测，反复握紧和松开闸把时，万用表可测得闸把的信号为0～5V间跳变；旋转转把时，万用表检测转把输送到控制器的信号线处的电压值在1～4.2V间变化，由此可见闸把和转把输出信号也正常，此时，应对控制器输出的信号进行检测，判断控制器的性能是否良好。

按图15-14所示，使用万用表检测控制器送至电动机的信号是否正常。

经检测，旋转转把至最大速度时，万用表显示电压值均为4.2V左右，表明控制器也正常，由此可推断故障可能是由电动机本身引起的，为进一步确认故障，可使用万用表检测电动机是否正常。

第15章 电动自行车控制功能失常的检修案例

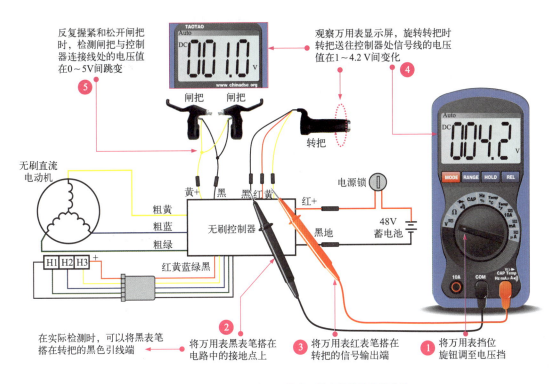

图15-13 转把和闸把在不同状态下输出信号的检测方法

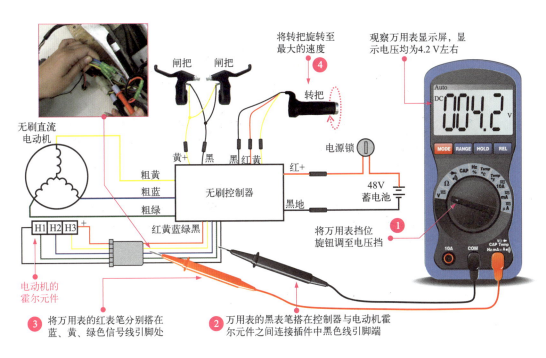

图15-14 控制器输出信号的检测方法

电动机的检测方法如图15-15所示。

303

电动自行车维修从入门到精通

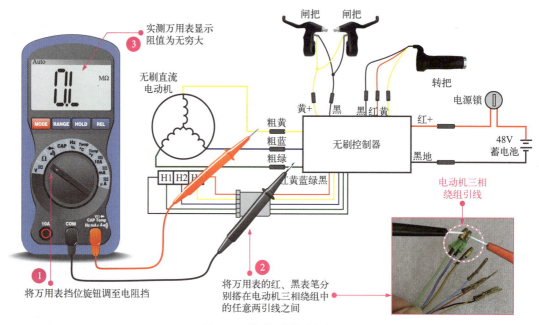

图15-15　电动机的检测方法

经检测可以看到，电动机中三相绕组的任何两引线间的阻值都为无穷大，表明电动机绕组的中性点开焊或三相绕组的接线部分断开。根据维修经验，电动机中性点开焊的情况不易出现，由此可初步推断为电动机三相绕组的接点部分存在断路情况，可对连接引线进行检查。

检查电动机的连接引线是否正常，如图15-16所示。

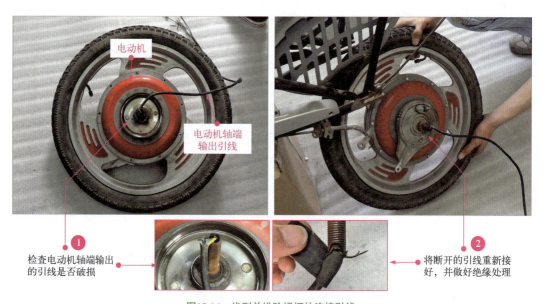

图15-16　找到并排除损坏的连接引线

仔细检查发现，电动机三相绕组的引线都在电动机轴端处破损，而且有两根相线已经完全断开，将断开的引线重新接好，并分别将3根引线做好绝缘处理，接好电动机与控制器间插件，通电试车，故障排除。

提示说明

由于电动自行车中电动机的三相绕组及霍尔元件引线自定子引出后，从其轴端处需要大约90°的弯度，所以该部件是一个比较容易断路的部位，在排除故障时可重点对该部件进行检查。

15.5 新日无刷电动自行车淋雨后电动机突然不转

（1）故障表现

一辆新日牌无刷电动自行车在大雨中骑行，电动机突然不转，但电动自行车仪表盘显示正常，照明系统及喇叭也正常。

（2）故障分析

根据故障表现分析，这辆电动自行车一直行驶正常，在淋雨后出现无法启动故障，而电动车仪表盘、照明系统、喇叭等均正常，说明电动自行车的供电系统正常，怀疑故障是因电动机进水引起的。

通常情况下，电动自行车的电动机均有一定密封性，但尽量不要在大雨天气或路面积水过多的情况下行车，否则骑行较长时间后，气密性一旦降低，就很容易导致电动机进水或内部潮湿。

对于电动机进水的故障，一般首先可采用烘干法，即用热源烘干电动机内部，看是否能够排除故障，若烘干后，故障依旧，则多是由电动机内部短路引起的，应重点对其霍尔元件及引线部分进行检修。

需要注意的是，在电动机拆解前，仍需要先排查电动机控制电路部分（闸把、转把、控制器构成的控制电路）故障，若控制电路均正常，再按照上述分析步骤对电动机进行拆解和处理。

（3）故障检修

根据上述故障分析，首先排查电动机的控制电路部分是否存在故障。
① 按图15-17所示，首先将闸把与控制器之间的插件拔开，排查闸把故障。

经检查发现，断开闸把引线后，电动机仍不能启动，排除因闸把引线短接导致电动机断电无法启动的故障。

接下来，通过简单操作排查转把故障。
② 按图15-18所示，通过导线短接法排查电动自行车转把故障。

经检查发现，电动机仍不转动，从而也排除了转把部分的故障。接下来，还需要检查控制器是否正常。
③ 按图15-19所示，用万用表检测控制器驱动信号输出端有无信号输出。

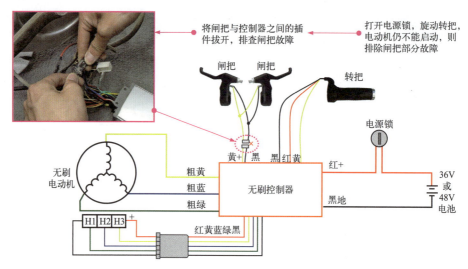

图15-17 排查闸把故障

图15-18 排查转把故障

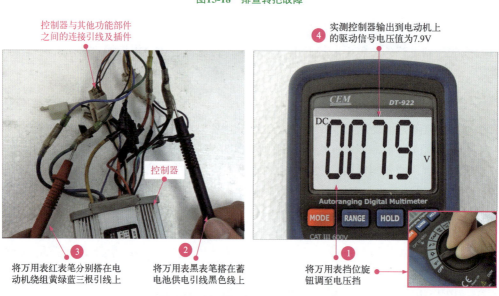

图15-19 检测控制器输出端的驱动信号

经检查发现，控制器驱动信号输出端的电压值均在正常范围内，也排除了控制器的故障，由此，我们将故障锁定在电动机部分。

④ 按图 15-20 所示，将电动机进行拆解，并将电动机放到阳光下进行晾干或用吹风机将电动机内部烘干。

图15-20　拆解电动机并进行烘干

经测试后发现故障依旧，怀疑电动机内部存在短路故障。对于无刷电动机来说，可能引起短路故障的主要有引线和霍尔元件，重点对这两个部件进行检查和测试。

提示说明

在维修实践中发现，有些电动机进水后不会立刻损坏，但由于已经进水，内部容易产生锈蚀。若在这种情况下继续骑行，很容易将轴承磨损，若听到后轮有明显的"咯吱"声，说明轴承已经损坏，内部钢珠已经碎裂，因此，除了烘干电动机外，还需要更换电动机轴承。

⑤ 按图 15-21 所示，用万用表检测电动机霍尔元件，判断有无短路故障。

可以看到，万用表显示读数为 0，怀疑引线短路或霍尔元件短路。从接口插件处到电动机轴端检查引线均未发现异常，由此怀疑霍尔元件存在短路故障，应更换。

⑥ 按图 15-22 所示，选配同型号霍尔元件代换电动机上的 3 只霍尔元件。

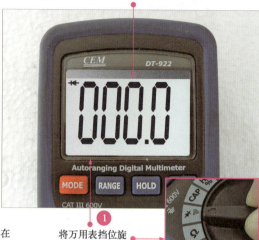

① 将万用表挡位旋钮调至二极管挡

② 将万用表黑表笔搭在霍尔元件黑色线上（接地线）

③ 将万用表红表笔分别接在红、黄、绿、蓝四根线上

④ 实测霍尔元件供电端和信号端对地阻值为0

黑色线为接地线；红色线为供电线；黄绿蓝为信号线

无刷电动机霍尔元件引线

图15-21　用万用表检测霍尔元件

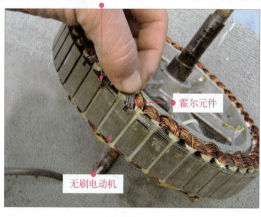

① 将损坏的霍尔元件从电动机定子上拆下（拆卸时注意记录霍尔元件安装方向，印有型号一面的朝向）

② 拆下后需要清理霍尔元件安装槽

③ 选择同型号的3只新霍尔元件准备代换

用电烙铁焊接霍尔元件时，加热时间不要超过35s

④ 焊接完成后，将霍尔元件用绝缘胶固定牢固

图15-22　霍尔元件代换的方法

用同型号的霍尔元件进行替换后，将电动机重装，进行调整和测试后，通电试车，故障排除。

 提示说明

霍尔元件短路需要用同型号霍尔元件进行更换，只要需要更换霍尔元件，不论是否全部损坏，都需要同时更换。

代换霍尔元件时需要注意：
● 代换的3只霍尔元件型号应完全相同，不能相混搭配；
● 代换霍尔元件安装方式应与原霍尔元件相同，即霍尔元件型号面向上，代换用的霍尔元件型号面也应向上（保持电动机相位角相同）；
● 代换过程中，用电烙铁焊接霍尔元件不能超过35s，否则可能烧毁霍尔元件；
● 将霍尔元件牢固粘在电动机定子上后，其引脚部分需要垫好绝缘纸，防止霍尔元件引脚与定子绕组接触。

第16章 电动自行车蓄电池及充电器故障的检修案例

16.1 博宇牌电动自行车充电器不能充电

（1）故障表现

博宇牌充电器为蓄电池进行充电时，接入市电及蓄电池时电源指示灯和充电指示灯不亮，无法为蓄电池进行充电，如图16-1所示。

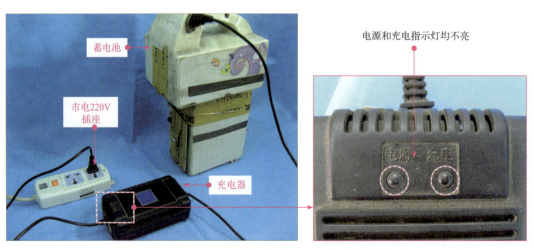

图16-1 充电器不能充电且电源指示灯不亮的故障表现

（2）故障分析

根据故障表现，充电器电源指示灯不亮，表明其开关电源未工作，主电压无输出，打开充电器外壳，首先检查其熔断器是否熔断，如图16-2所示。

由图 16-2 可以看到，熔断器表面完好，经检测其阻值为零，说明熔断器熔丝也正常。根据维修经验，熔断器正常，表明电路中负载部分无明显短路故障，应重点检查开关振荡电路部分。通常情况下，可使用万用表检测开关管 D 极电压（300V）是否正常，若开关管 D 极电压正常，而电源仍无输出，则说明开关管未工作，应检查启动电阻和开关管有无极间开路、短路，以及稳压控制电路是否正常等；若开关管 D 极无电压，一般应检测限流电路有无开路、电源线是否正常等。

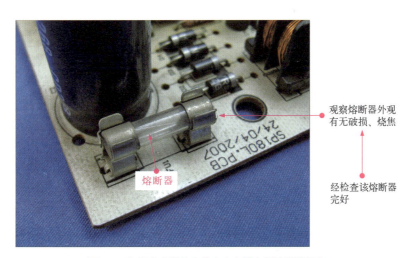

图16-2　打开充电器外壳检查充电器内部熔断器状态

在进行检修前，首先对照其电路原理图，对电路结构及信号流程有一个大体了解，然后确定检测部位，找到待检测的元器件，图 16-3 所示为博宇牌充电器的电路原理图。

由图 16-3 可知，该充电电路的大体充电过程如下。

交流 220V 电压经熔断器 FU、互感滤波器 T1 后送入桥式整流电路 VD1～VD4 进行整流，输出约 300V 直流电压，再经滤波电容 C2、C3 滤波后，经启动电阻 R3 加到开关振荡集成电路 IC1（UC3842）的⑦脚，为 IC1 提供启动电压。

同时，300V 直流电压经开关变压器 T2 的初级绕组 L1 加到开关晶体管 VT1 的漏极，开关晶体管的源极经 R14 后接地，栅极受开关振荡集成电路 IC1 的⑥脚控制。

IC1 的⑦脚接收到启动电压后，其内部的振荡器起振，IC1 的⑥脚输出开关振荡信号，使开关晶体管 VT1 开始振荡，由此使开关变压器 T2 的初级绕组线圈中产生开关电流。

开关变压器 T2 的次级绕组 L2 输出交流电压，经 VD6 稳压和 C5、C6 滤波后，一路作为正反馈电压加到 IC1 的⑦脚，另一路经限流电阻加到光电耦合器 IC4 中，为光敏晶体管供电。

开关变压器 T2 的次级绕组 L3 输出开关脉冲信号，该交流信号经二极管 VD10 整流、C15 滤波后，输出直流稳定的电压，为电动自行车的蓄电池进行充电。

除此之外，运算放大器 IC2（LM324）及外围电路构成其电压控制电路；光电耦合器 IC4、误差检测电路 IC3 等构成其稳压电路。

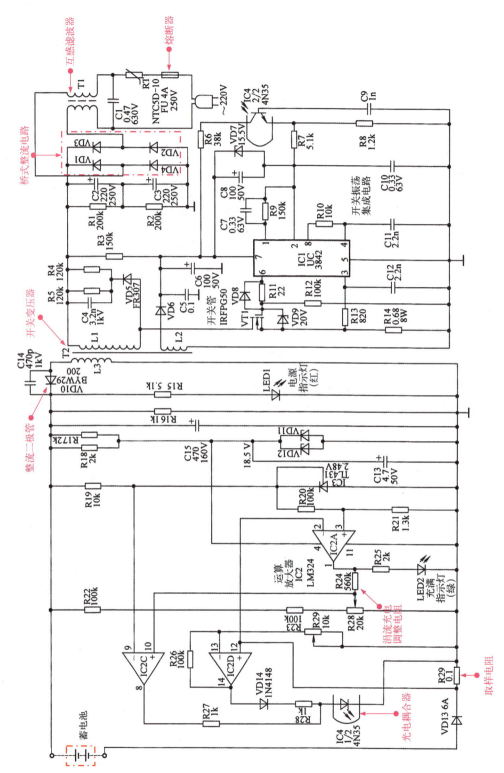

图16-3 博宇牌充电器的电路原理图

（3）故障检修

根据故障分析，可首先检测开关管的漏极 D 有无 300V 电压，若电压正常，再进一步检测启动电阻、开关管本身等部分；若电压不正常，则检测交流输入电路及电源线是否正常。

如图 16-4 所示，使用万用表检测开关晶体管漏极 D 的电压值。

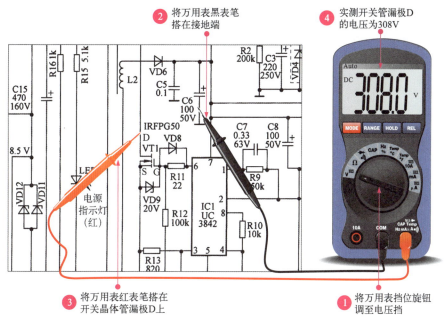

图16-4　用万用表检测开关晶体管漏极D的电压值

经检测，开关管漏极 D 的电压为 308V，正常，由此也可说明该电路中的交流输入、整流滤波电路部分正常，接下来应重点对开关振荡电路进行检测和排查。

使用万用表检测开关晶体管两引脚间的阻值，如图 16-5 所示。

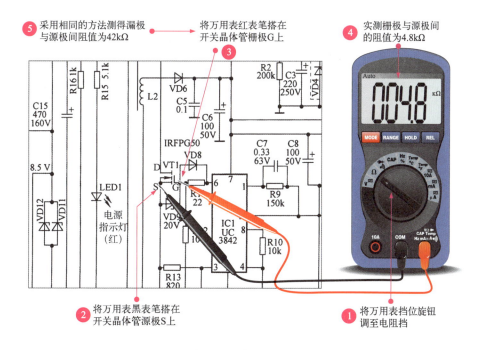

图16-5　检测开关晶体管两引脚间的阻值

实测时，开关晶体管引脚间均有一定的阻值，由此可以判断，该开关晶体管基本正常。在交流输入、整流滤波及开关管均正常的条件下，开关电源不起振，由此可以推断故障应是由开关振荡电路部分不工作引起的，可用万用表直流电压挡检测开关振荡集成电路的启动电压是否正常。

开关振荡集成电路启动电压的检测方法如图16-6所示。

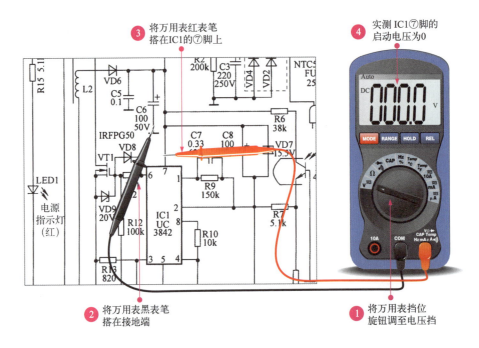

图16-6　检测开关振荡集成电路的启动电压

实测IC1⑦脚启动电压为零，怀疑启动电路部分故障，应对启动电阻R3进行检测。启动电阻的检测方法如图16-7所示。

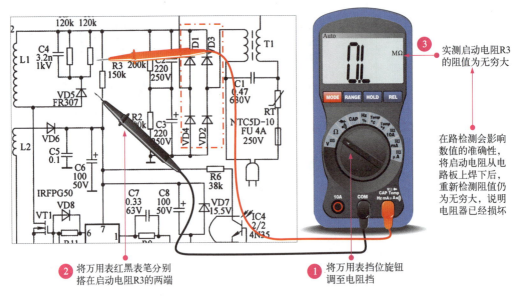

图16-7　检测启动电阻的阻值

实测启动电阻阻值为无穷大，怀疑电阻器损坏，将其从电路板上焊下后，重新检测，阻值仍为无穷大，说明电阻器已经损坏，用相同材料合格的电阻器进行替换后，通电实验，充电器指示灯亮，故障排除。

16.2 顺泰牌电动自行车充电器温度过高

（1）故障表现

顺泰牌充电器充电时，其外壳温度很高，用手感觉不到内部风扇转动所产生的气流。

图16-8所示为顺泰牌充电器的电路原理图。

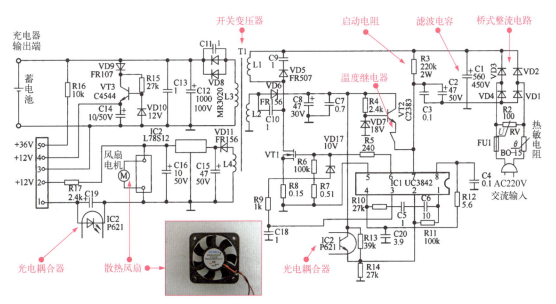

图16-8 顺泰牌充电器电路原理图

（2）故障分析

根据故障表现，结合图16-8所示的原理图对故障进行分析。

充电器内部带有散热风扇，以帮助充电器电路板散热，提高电路的稳定性。当充电器接通电源和蓄电池后，外壳温度上升较快，可能是由于风扇电动机损坏造成的。此外该充电器内部设计有热敏电阻和温度继电器，当温度过高时，温度继电器会断开开关振荡集成电路（IC1）的供电端，使充电器停止工作，而该充电器高温下依然工作，说明热敏电阻或温度继电器也有故障。

（3）故障检修

根据故障分析，首先排除散热风扇本身的故障，然后再对电路板中热敏电阻及温度继电器进行检修。

检测充电器散热风扇电动机的供电电压是否正常，如图16-9所示。

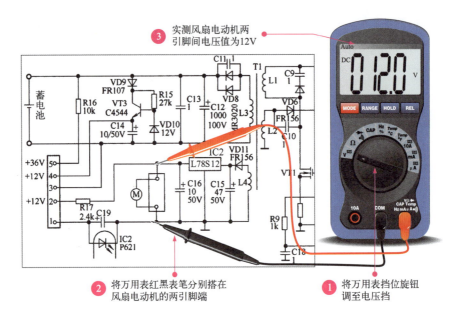

图16-9 检测充电器散热风扇电动机的供电电压

经检测，风扇电动机两引脚间的电压值为12V，供电正常。

提示说明

按图16-10所示，将风扇电动机拆下后对风扇电动机转轴部分进行润滑修复，重新安装后，风扇可正常旋转。

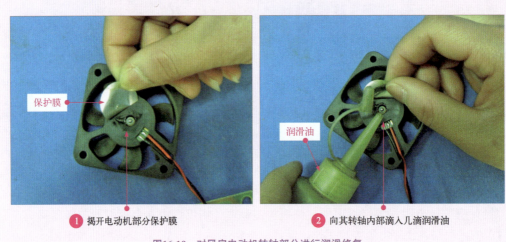

图16-10 对风扇电动机转轴部分进行润滑修复

将风扇的故障排除后，为进一步确认充电器是否良好，可对该电路板中的关键元器件进行检测，如热敏电阻。

检测充电器电路板上热敏电阻器是否正常，如图16-11所示。

第16章 电动自行车蓄电池及充电器故障的检修案例

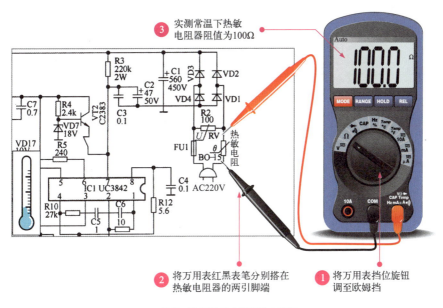

(a) 常温下检测热敏电阻器的电阻值

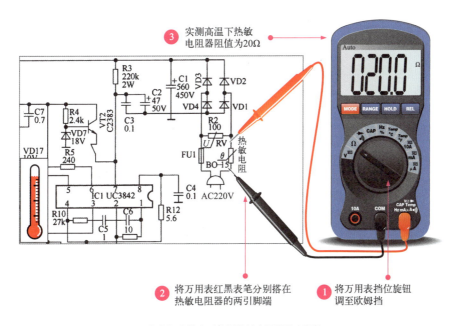

(b) 环境温度较高时检测热敏电阻器的电阻值

图16-11 检测充电器电路板上热敏电阻器是否正常

经检测可以看到，当改变其环境温度时，热敏电阻器的阻值有明显的变化，且随着温度的增加，热敏电阻器的阻值下降（该热敏电阻器为负温度系数电阻），其性能正常。接下来，对该充电器中的控制器件进行检测，如温度继电器。

温度继电器的检测方法如图16-12所示。

经检测，温度继电器在任何条件下阻值都为0，怀疑该器件损坏，将其代换后，进行充电测试，故障排除。

317

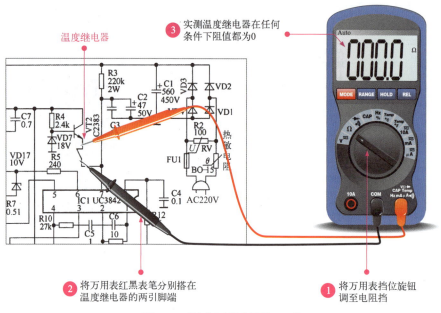

图16-12 检测温度继电器是否正常

16.3 有刷电动自行车蓄电池续航能力差

（1）故障表现

电动自行车使用不到半年的时间，行驶里程明显缩短，经检查发现蓄电池容量大幅下降。

（2）故障分析

根据故障现象对故障原因进行分析。

电动自行车使用时间较短，蓄电池仍属于新电池的范围，根据维修经验，其容量大幅下降的原因主要有三个方面：一是蓄电池本身质量差；二是使用不当，经常对蓄电池进行过充电或过放电引起蓄电池容量下降；三是控制器欠压保护不良，使蓄电池一直处于过放电状态。

一般情况下为了确保蓄电池正常充、放电和延长蓄电池的使用寿命，在负载状态下，当蓄电池放电使电压下降接近放电终止电压时，控制器中的电压取样电阻会检测到该信号，并将该信号送往仪表盘，欠压指示灯亮，提醒用户及时充电，实现对蓄电池的保护功能。

首先排查蓄电池因本身质量问题引起的容量下降，然后重点检查蓄电池的标配部件即充电器输出的电压是否存在过高或过低现象，引起蓄电池长期过充电或欠充电，若上述均正常，则应检查控制器对蓄电池的欠压保护功能是否正常。

该电动自行车的控制电路如图16-13所示，该控制电路中的欠压保护电路主要是由LM339电压比较器中的G部分，取样电阻R11、R12及可调电阻器RP1等构成的，应重点对LM339，取样电阻R11、R12及RP1等部分进行检修和调整。

第16章 电动自行车蓄电池及充电器故障的检修案例

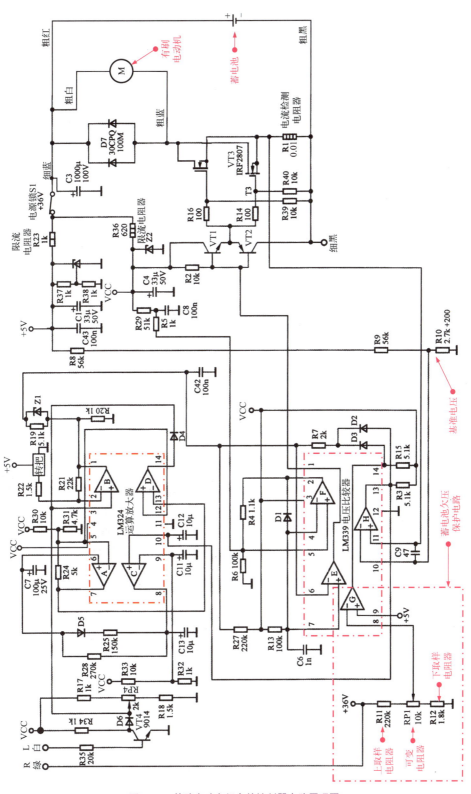

图16-13 故障电动自行车的控制器电路原理图

319

由图 16-13 可知，该电路中，蓄电池欠压保护电路主要是由 LM339 芯片 G 与其他元器件等进行控制。当蓄电池输出 +36V 供电电压，通过电阻器 R11、可变电阻器 RP1 和电阻器 R12 取样后电压加载到 G 的⑧脚；电压比较器的⑨脚为 5V 基准电压端，为比较器的同相输入端提供参考电压。

当蓄电池放电电压未达到 31.5V 时，经电阻器分压后，⑧脚电位高于⑨脚电位（即⑧脚电压大于 5V），由⑭脚输出低电平，PWM 调制器正常工作，电动机正常运转。

当蓄电池不断地进行放电，电压达到或接近 31.5V 时，⑧脚电位低于⑨脚电位，于是⑭脚输出高电平，通过二极管 D3 与电阻器 R7 使 LM339 芯片 E（脉宽调制 PWM）的⑥脚电位超过⑦脚的锯齿波脉冲幅度，由①脚输出低电平，驱动电路中的晶体三极管 VT1 截止、VT2 导通，使场效应晶体管 VT3 截止，电动机停止转动，实现欠压保护功能。通过调整可变电阻器 RP1 可以设置欠压保护电路的控制电压值。

（3）故障检修

通过检查蓄电池的标识信息了解到，该蓄电池为正规厂家生产，并有产品质量合格的保证，一般可以排除其本身质量问题。

检测充电器输出电压，如图 16-14 所示。

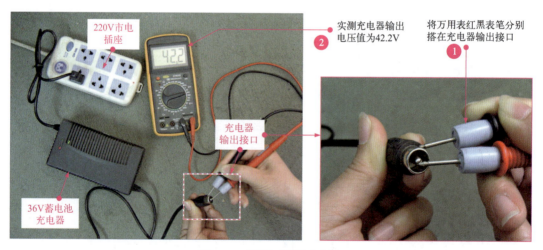

图16-14 检测充电器输出电压

经检测，充电器输出电压值为 42.2V，表明充电器没有过充或欠充现象，由此怀疑控制器电路中的欠压保护电路欠压点过低，导致蓄电池损坏。但切不可盲目对控制器进行拆卸，可通过测试进行确认。将蓄电池充满电后骑行，当电动自行车的欠压指示灯第 2 次亮时，在电动自行车蓄电池输出电压接口处测量其正、负极间的电压。

按图 16-15 所示，使用万用表检测蓄电池欠压时输出的电压值。

实测蓄电池输出电压为 30.1V，而正常情况下 36V 蓄电池的放电终止电压为 31.5V，实测电压低于正常欠压保护值 31.5V，说明控制器的欠压点过低，应对控制器内部电路进行维修或调整。

第16章 电动自行车蓄电池及充电器故障的检修案例

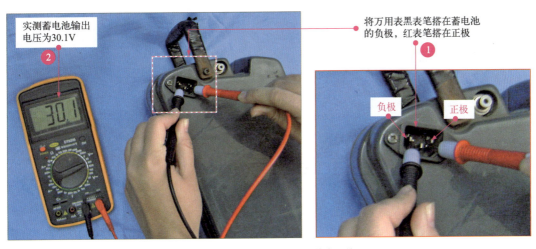

图16-15 蓄电池欠压时输出的电压值

> **相关资料**　判断充电器是否存在过充或欠充现象时，需要将其实际电压与蓄电池的额定电压和充电终止电压相比较。若其实际输出电压在蓄电池的额定电压和充电终止电压范围内，则基本属于正常。另外，蓄电池的放电终止电压也是控制器对其进行欠压保护时的最低电压值，若控制器欠压点过低，会导致蓄电池电压下降至放电终止电压后仍继续放电，从而导致蓄电池过放电，引起容量大幅下降。各项参数见表16-1所列。
>
> 表16-1　铅酸蓄电池参数表
>
> | 参数 | 单格铅酸蓄电池 | 单体铅酸蓄电池（含6格） | 36V铅酸蓄电池（含3块单体蓄电池） | 48V铅酸蓄电池（含4块单体蓄电池） |
> |---|---|---|---|---|
> | 额定电压 | 2V | 12V | 36V | 48V |
> | 放电终止电压 | 1.75V | 10.5V | 31.5V | 42V |
> | 充电终止电压 | 2.45V | 14.7V | 44.1V | 58.8V |

使用万用表检测取样电阻R11、R12是否正常，如图16-16所示。

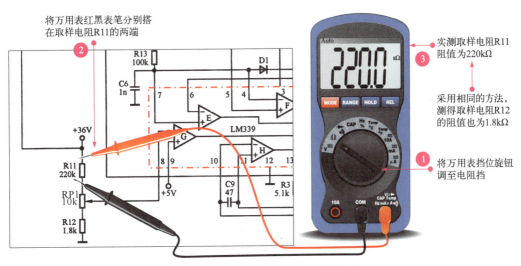

图16-16　检测取样电阻R11、R12是否正常

经检测发现取样电阻 R11、R12 的阻值均接近于其标称阻值,说明取样电阻均正常。

接着,调整可调电阻器滑片的位置,并使其欠压点提升至 31.5V 或稍高于 31.5V,使控制器欠压保护功能正常。

最后,对容量下降后的蓄电池进行放电或脉冲修复,其容量恢复到 85% 以上后,即可装车使用。

16.4 电动自行车蓄电池存电能力差

(1)故障表现

电动自行车蓄电池满电条件下,存放几天后再使用时,接通电源便提示电池电量不足。

(2)故障分析

电动自行车蓄电池放置一段时间后存电不足或无电,属于其自放电故障,该类故障多是由蓄电池供电导线对地短路、蓄电池内部故障引起的。

需要注意的是,在正常情况下,蓄电池自行放电是不可避免的,但如果每天放电使其容量下降 2% 以上,则表明其存在自放电严重的情况,需要及时排查。

首先应排查蓄电池本身以外的不良情况,如检查电源供电线路是否存在短路情况,若供电线路正常,则多是由蓄电池本身不良引起的,需要对蓄电池进行修复操作。

(3)故障检修

① 按图 16-17 所示,使用万用表检测供电线路中是否存在短路故障。

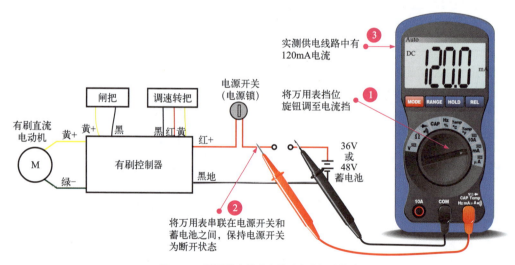

图16-17 检测供电线路中是否存在短路故障

经检测发现,在未接通电源锁开关时,万用表显示有 120mA 的电流,说明该供电线路中有电流流过,也就是说有电流回路,而该电流较小,怀疑供电引线有轻微短路故障。

② 按图 16-18 所示,使用万用表检测供电线路中是否有电流。

第16章 电动自行车蓄电池及充电器故障的检修案例

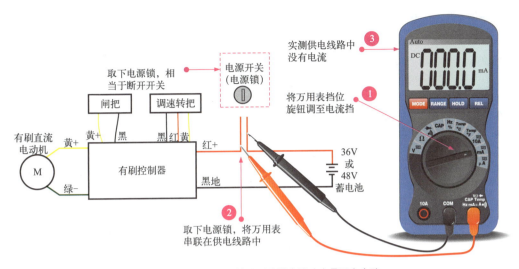

图16-18 取下电源锁后测试供电线路中是否有电流

可以看到，万用表读数为零，说明短路情况被排除，怀疑之前的短路故障是由电源锁内部触片短路引起的。

③ 按图16-19所示，更换电源锁，排查电源锁故障。

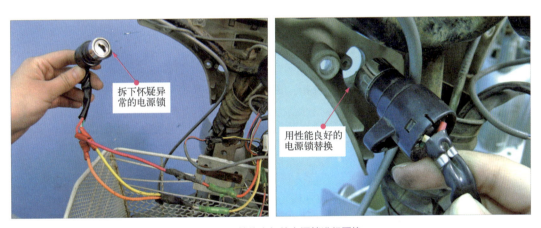

图16-19 用性能良好的电源锁进行更换

用性能良好的电源锁进行更换后，检测供电线路中的电流为零，故障排除。

相关资料　若在初步的检测中，毫安表的读数为零，表明该电动自行车的供电线路绝缘良好。引起蓄电池存放一段时间后电量下降的故障多是由其自身自放电引起的，此时应对蓄电池部分进行检修。

引起蓄电池自放电的原因主要有：蓄电池电解液干涸；蓄电池中的电解液不纯净；蓄电池表面潮湿；蓄电池隔板脱落或腐蚀穿孔；蓄电池极板破损或活性物质严重脱落；蓄电池存放过久，导致电解液浓度上下不均匀等，如图16-20所示。

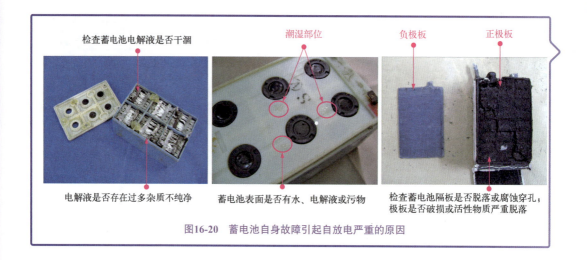

图16-20 蓄电池自身故障引起自放电严重的原因

16.5 新日牌电动自行车突然断电

（1）故障表现

一辆新日牌48V无刷电动自行车，在行驶途中突然断电，仪表盘无任何指示，按动喇叭不响，车灯也不亮，转动转把无任何反应，电动机不转，但推行没有明显阻力。

（2）故障分析

根据故障表现，对故障原因进行分析：该电动自行车仪表盘无显示、喇叭不响、车灯不亮，推断可能是蓄电池断电引起的。

根据维修经验，在蓄电池使用中突然断电的原因主要有蓄电池盒内熔断器烧断；蓄电池内单体蓄电池之间连接线断开；电源锁引线脱落或损坏。可对相应部位进行逐一排查。

（3）故障检修

根据上述故障分析，依次对蓄电池盒内熔断器、蓄电池内连接引线和电源锁进行排查。
按图16-21所示，打开电源锁，试车验证电动自行车当前故障表现。

图16-21 通电试车明确故障表现

经检查，该电动自行车整车处于无电状态，怀疑蓄电池无电压输出。接下来可先对蓄电池输出接口电压进行检测。

借助万用表检测蓄电池输出接口处的电压值，如图 16-22 所示。

图16-22　蓄电池输出接口的电压检测

经检测发现，蓄电池输出接口电压为 0V，由此判断可能是熔断器损坏，也可能是连接引线断开。先对蓄电池熔断器进行检查。

按图 16-23 所示，将蓄电池盒上的熔断器取出，检查熔断器好坏。

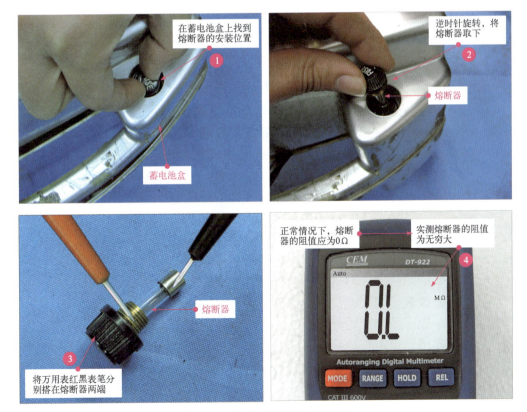

图16-23　蓄电池熔断器的检查和测量

经检测发现，该熔断器阻值为无穷大，说明熔断器已经烧断，应对熔断器进行更换。一般48V蓄电池熔断器规格为20A，选一只20A熔断器更换，然后再次检测蓄电池输出电压。

更换熔断器后，再次检测蓄电池输出电压，如图16-24所示。

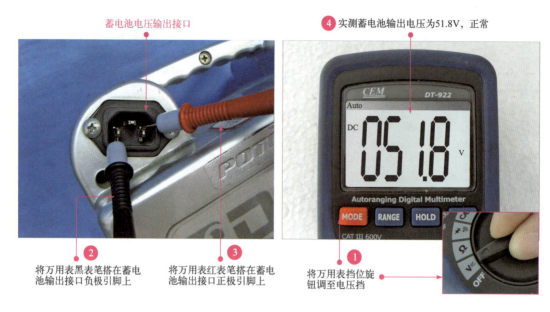

图16-24 再次测量蓄电池输出电压

检测蓄电池电压为51.8V，正常。将蓄电池安装到电动自行车中，接通电源锁，仪表盘显示正常、喇叭响、车灯亮，旋动转把电动机运转正常，故障排除。

特别提示

在电动自行车维修中，蓄电池熔断器有一定的规格要求，一般36V蓄电池需要15A熔断器；48V蓄电池需要20A熔断器；60V蓄电池则需要30A熔断器。若选用的熔断器规格较大，则无法实现过流保护功能；若选用的熔断器规格较小，则很容易再次烧断。

另外，当蓄电池内熔断器烧断，除了更换熔断器外，还要查找引起熔断器烧断的原因，否则可能更换熔断器后再次烧断。

一般引起蓄电池熔断器烧断的原因主要有：
- 大灯内部或其供电线路部分存在短路；
- 喇叭内部或其供电线路部分存在短路；
- 仪表盘内部或其供电线路部分存在短路；
- 电源锁内部短路；
- 电动机内部短路；
- 控制器内部短路；
- 熔断器额定电流过小。

排查上述可能的故障原因，一般采用逐一断开法进行排查，即断开电动机与控制器之间插头，打开电源锁，检查是否仍烧保险管。若熔断器不再烧断，则表明该故障是由电动机短路引起的，应维修或更换电动机；若仍烧熔断器，则排除电动机故障，应为主回路中控制器、信号照明系统和辅助系统故障。

用替换法更换控制器，再次检查是否仍烧熔断器。若不再烧断熔断器，则表明原控制器故障；若仍烧熔断器，则故障可能发生在信号照明系统和辅助系统部分。逐一检查信号照明系统中的大灯、喇叭、仪表盘及电源锁本身，锁定故障部位，排除故障。

在上述故障维修中发现，蓄电池内熔断器的额定电流为10A，小于48V蓄电池熔断器的额定电流，怀疑故障因熔断器额定电流过小引起，更换20A熔断器后故障排除。

第17章 电动自行车动力故障的检修案例

17.1 比德文牌无刷电动自行车电动机过热

（1）故障表现

一辆邦德·富士达48V无刷电动自行车在骑行大约15min后，用手触摸电动机外壳，感觉明显烫手。

（2）故障分析

根据故障表现对故障原因进行分析：

电动自行车在骑行过程中电动机有一定的发热情况属于正常，但若在短时间内便达到烫手的温度，则存在故障隐患，应仔细排查。

电动机能够启动并运转表明该电动自行车的供电电路、控制电路等均正常，应重点对电动自行车机械部分和电动机部分进行检查。

检查机械部件比较简单，检查后轮阻力即可；检查电动机，可通过检查空载电流进行判断。若空载电流过高，多为电动机内部绕组异常引起的，可对电动机进行拆解，然后进行检查。

（3）故障检修

支起电动自行车后车梯，使其后轮悬空，用手拨动后轮，没有明显的阻力，表明其机械部分基本正常。

接着检测电动机启动状态是否正常，即通过检测电动机的启动电流，判断电动机空载电流大小。

按图17-1所示，用数字万用表电流挡检测电动机的启动电流。

经检测可知，该电动机的启动电流约为0.65A。

按图17-2所示，转动调速转把至最大值，检测电动机高速运行电流。

使电动机以最高速度空转10s，测得电动机的最高速时的运行电流为4.27A。

那么，可以计算得到该电动机的空载电流 I=4.27A-0.65A=3.62A，远远大于电动机的正常空载电流（36V 高速无刷电动机为 1A；48V 高速无刷电动机为 0.6A），表明电动机的空载电流过大，应对电动机自身进行检查。

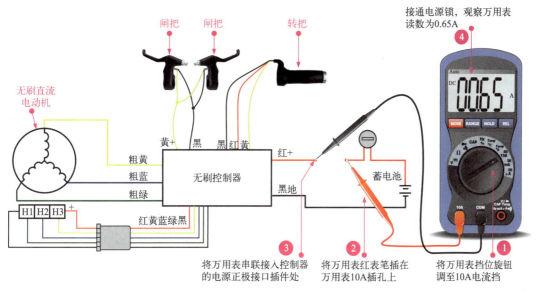

图17-1　检测电动机空载时的启动电流

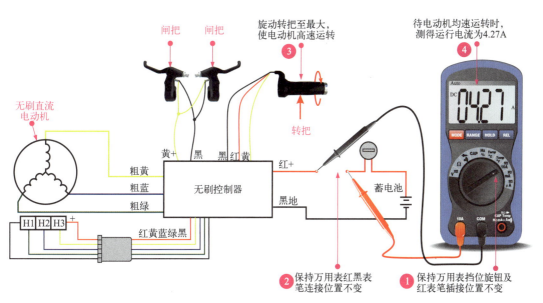

图17-2　检测电动机高速状态下的运行电流

将电动机与控制器之间的连接插件拔下，用万用表电阻挡检测电动机三相绕组两两间的阻值均完全一致；分别检查三相绕组与电动机外壳间的绝缘电阻也正常，怀疑电动机内部故障。

按图 17-3 所示，将电动机按照规范操作进行拆解，并分离定子和转子部分。

拆解过程中发现，当分离定子和转子时很容易便可将其分离，未感觉到很明显的磁力作用。由此怀疑该电动机的转子磁钢部分严重退磁，用铁磁性金属物靠近时，也能感觉到明显磁力消失，用同型号的磁钢将该电动机转子磁钢全部进行更换，然后将电动机进行重装，并进行初步调整和测试后，通电试车，大约 30min 后，用手触摸电动机外壳，只有温热的感觉，表明故障排除。

❶ 向下按压电动自行车后轮轮毂部分，分离定子和转子

❷ 定子和转子间有磁力作用，按压后实现分离

图17-3　拆解电动机

17.2　绿源牌电动自行车行驶有停顿感

（1）故障表现

一辆绿源牌 36V 有刷电动自行车在行驶过程中转动转把时，电动自行车时走时停，有停顿感。

（2）故障分析

根据故障现象，对故障进行分析：

引起该故障的原因较多，如供电系统中有接触不良情况，导致供电不正常；动力系统中零部件如刹车系统、转把损坏，也会引起该故障。

根据电动自行车检修中先电源后负载的原则，首先检查供电系统有无异常，然后再对动力部件如转把、电动机等进行检测和排查。

（3）故障检修

根据对该故障的分析，首先检测电动自行车中蓄电池的电量是否正常。

用万用表检测该电动自行车蓄电池输出电压，如图 17-4 所示。

经检测发现，蓄电池电压有时为 37.8V，轻轻晃动，有时为 0V，怀疑该蓄电池内部有虚焊情况，需要将蓄电池拆开进行检查。

第 17 章 电动自行车动力故障的检修案例

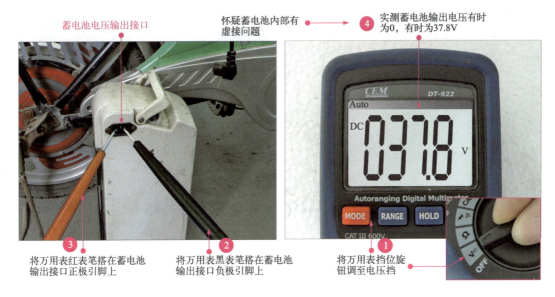

图17-4 检测蓄电池输出电压

> **提示说明**
>
> 值得注意的是，利用万用表测蓄电池空载电压的方法，一般只能初步判断电池的好坏，而且在检测蓄电池总电压时，应尽量不要在刚刚充满电时进行检测，刚充满电的蓄电池电压一般会偏高一些。
>
> 根据维修经验，若电动自行车的蓄电池使用一会儿后或充好电后静置数小时，测量其总电压为48V或稍高（对于48V蓄电池来说），一般可表明蓄电池正常。
>
> 若电压只能达到46V或以下，则表示可能其内部有一个单体蓄电池不良，此时应逐个检测单体蓄电池的电压，电压过低的单体蓄电池为损坏的电池。
>
> 另外，还可通过对蓄电池的充电时间来初步判断电池的好坏。若蓄电池中有一个单体蓄电池不良（4个单体蓄电池中仅一个为10V，一般低于10.8V或无电压即为损坏），其总电压能达到46V时，充电器一般仍然能显示充满状态，只是充电时间需要延长0.5～1h（有轻度过充电的危害）；当有两个以上单体蓄电池不良时，用充电器给低于46V的电池充电，一般充电器不能显示充满状态，且一直不能由红灯转为绿灯。

按图17-5所示，拆开蓄电池，检查蓄电池引线有无虚焊。

经检查发现，蓄电池中间的单体蓄电池正极引线有虚接情况，重新焊接后，再次检测蓄电池输出电压正常，回装蓄电池，接通电源锁试车，故障依旧。

在上述检修过程中，蓄电池故障已经排除，接下来可对转把进行检测。

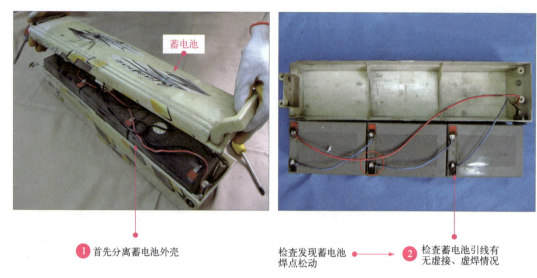

图17-5　检查蓄电池连接情况

检测转把调速信号输出插件处的电压，如图17-6所示。

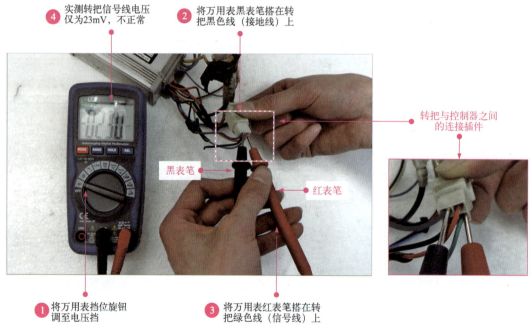

图17-6　检测转把输出的调速信号

经检测发现，调速信号在0.6～2.2V之间变化，相对正常值1～4.4V偏低，怀疑转把或转把引线异常。

按图17-7所示，检查转把引线排查虚接故障。

检查转把时，发现其引出线的连接处是使用绝缘胶带包裹的，其内部连接处的连接线有些虚连，将其进行重新连接后，再次测试调速信号为1～4.4V，接通电源锁，试车运行，故障排除。

第17章 电动自行车动力故障的检修案例

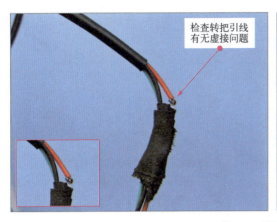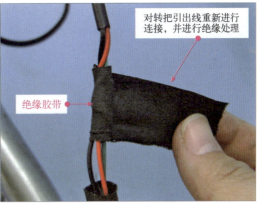

图17-7 检查转把引线

17.3 新日牌电动自行车突然停转

（1）故障表现

一辆新日牌64V无刷电动自行车在骑行中突然停止，下车检查发现电动机抱死，用手拨动完全不动，推行也不动。

（2）故障分析

根据故障表现，对故障原因进行分析：该故障属于突发性故障，蓄电池、转把损坏的概率较小，且即使蓄电池或转把损坏，也不会引起电动机抱死、推行也不动的故障。电动机不转且抱死，该类故障的原因一般多为控制器或电动机损坏，可通过简单操作进行排查。

（3）故障检修

根据故障分析，首先排查故障出现在控制器还是电动机上，打开电动机后车座，找到控制器，如图17-8所示。

图17-8 找到电动自行车上的控制器

接下来，用万用表或电动自行车综合测试仪检测控制器输出信号，判断控制器是否正常。控制器输出信号的检测方法如图 17-9 所示。

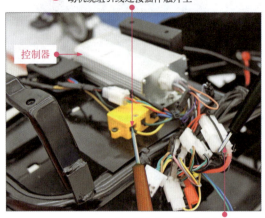

③ 将万用表红表笔搭在控制器与电动机绕组引线连接插件触片上

④ 实测两根引线有一定电压值，一根引线输出电压为0V

② 将万用表黑表笔搭在蓄电池负极引线（接地线）插件触片上

① 将万用表挡位旋钮调至电压挡

图17-9　控制器输出信号的检测方法

经检测发现，控制器输出的三相驱动信号中，一相为 0V，即无输出，怀疑控制器损坏，用同规格控制器更换后，通电试车，电动机运转正常，故障排除。

> **特别提示**
>
> 根据维修经验，无刷电动机在骑行中突然出现电动机抱死，推行后轮不转或特别沉重，大多是由控制器烧坏引起的，维修时可直接检测控制器好坏，进行故障排查。
>
> 突发这种故障时，可以将控制器与电动机之间的连接引线都断开，若确实因控制器损坏导致电动机抱死，在断开连接引线后，电动机应可转动，此时可推行，阻力大大减轻，找到维修点更换控制器即可。

17.4　小刀牌电动自行车起步困难

（1）故障表现

一辆小刀牌 48V 无刷电动自行车，在打开电源锁转动转把时电动机抖动、不转，用手转动一下电动机后，电动机能够启动运转，但转速明显偏低，行驶无力。

第17章 电动自行车动力故障的检修案例

（2）故障分析

根据故障表现对故障原因进行分析：

该电动自行车属于明显动力不足故障，一般情况下，电动自行车动力不足主要有三个原因：蓄电池电量不足、控制器输出缺相、电动机霍尔元件缺相等。

排查故障时，一般根据先电源后负载的原则进行排查，即先检查蓄电池电量是否充足，若蓄电池电量正常，再对控制器和电动机进行检查。

（3）故障检修

根据上述故障分析，首先对蓄电池电量进行检测。

蓄电池电压的检测方法如图 17-10 所示。

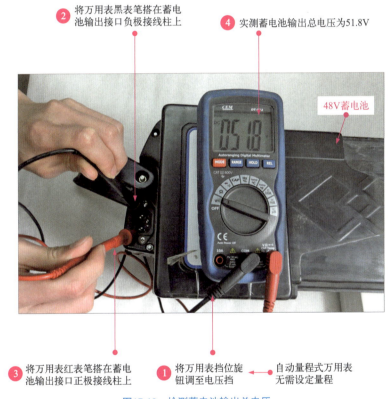

图17-10　检测蓄电池输出总电压

经检测发现，蓄电池输出总电压为 51.8V，正常，排除蓄电池故障。接下来逐一排查控制器和电动机故障。

按图 17-11 所示，用万用表检测电动机的霍尔元件，判断电动机有无缺相故障。

采用与图 17-11 相同的方法检测霍尔元件信号线与供电线之间的阻值。经检测可知，电动机 3 个霍尔元件信号线与地线的阻值、信号线与供电线的阻值十分接近，说明电动机霍尔元件也正常。

❷ 将万用表黑表笔搭在霍尔元件黑色线上

❹ 实测3个霍尔元件信号端对地阻值均为110Ω

电动机霍尔元件连接插件

❸ 将万用表红表笔依次搭在电动机霍尔元件信号线（绿、黄、蓝色线）上

❶ 将万用表挡位旋钮调至"×10"欧姆挡

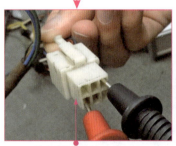

黑表笔接黑色地线；
红表笔接绿色信号线

黑表笔接黑色地线；
红表笔接蓝色信号线

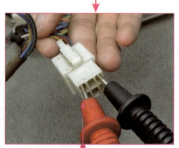

黑表笔接黑色地线；
红表笔接黄色信号线

图17-11 用万用表检测电动机霍尔元件好坏

相关资料 霍尔元件是电动自行车无刷电动机中的传感器件。霍尔元件一般被固定在电动机的转子上，如图17-12所示，用于检测转子磁极的位置，以便借助于该位置信号控制定子绕组中的电流方向和相位，并驱动转子旋转。

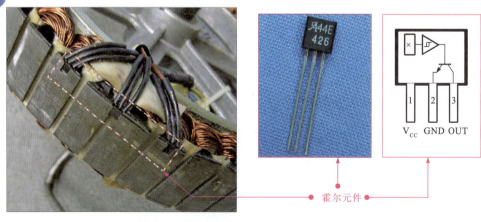

霍尔元件

图17-12 电动自行车无刷电动机中的霍尔元件

电动自行车无刷电动机中一般设有3个霍尔元件,每个霍尔元件有3个引脚,分别为供电端、信号端和接地端,3个霍尔元件的供电端共用一根供电线(红色线),接地端共用一根接地线(黑色线),信号端为3根信号线(黄、绿、蓝色线),因此共引出5根线与控制器连接,如图17-13所示。

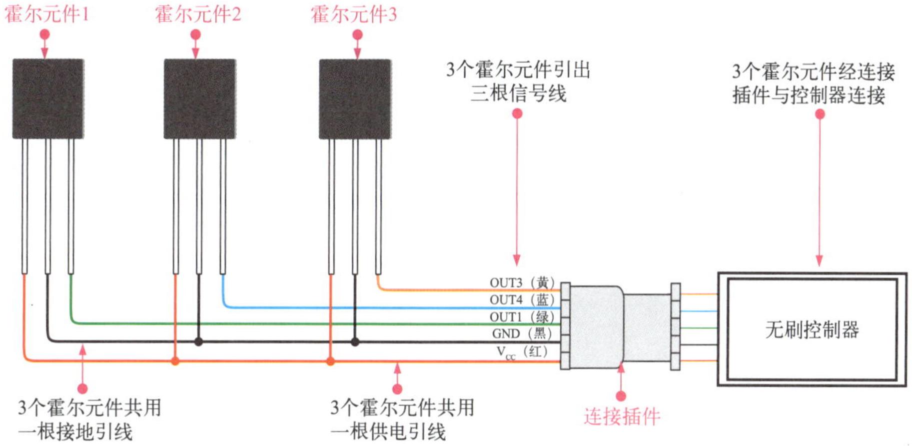

图17-13 无刷电动机中霍尔元件的引脚关系

接着对控制器进行检测,排查控制器故障。

按图17-14所示,转动车轮,同时用万用表检测控制器蓝、绿、黄色三相线输出电压。

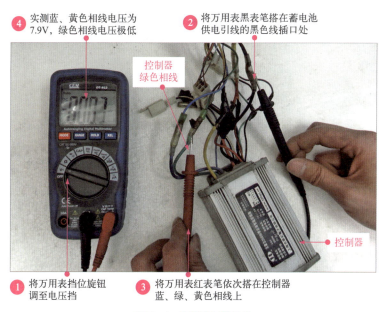

图17-14 检测控制器输出

经检测发现,控制器绿色线电压偏低严重,说明控制器此相输出异常,怀疑控制器内部损坏。

> **相关资料**
>
> 检查电动自行车控制器和电动机霍尔元件时,可使用电动自行车综合检测仪进行检测。将检测仪与待测部件引线连接,打开检测仪开关,若检测仪上指示灯亮,说明所测部件正常;若检测仪对应指示灯不亮,说明所测部件异常。
>
> 例如,在对控制器蓝、绿、黄三相线输出进行检测时,将综合检测仪与三相线连接,综合检测仪上三相线分别对应三个指示灯,若三个指示灯均亮,说明控制器三相输出正常;若其中一个灯不亮,则说明对应输出相异常。

此时,关闭电动自行车电源,将损坏的控制器拆下,检查其铭牌可知,该损坏的控制器参数为48V/350W,选配一只电压和功率相同的无刷控制器进行代换。

将新控制器按照接线说明进行接线,如图17-15所示。

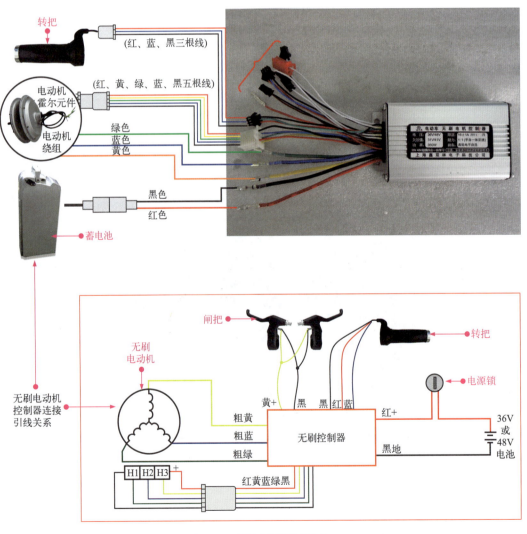

图17-15 新控制器的接线方法

第17章 电动自行车动力故障的检修案例

> **特别提示**
>
> 在代换控制器时应注意,除了选择电压、功率参数相同的控制器外,控制器刹车有效值也应相同,如图17-16所示,若原控制器为低电平刹车有效,所代换的控制器也应为低电平刹车有效。

图17-16 控制器上的参数信息

若现有配件只有高电平刹车控制器,可以将该高电平刹车改为低电平刹车,调整方法如图 17-17 所示。

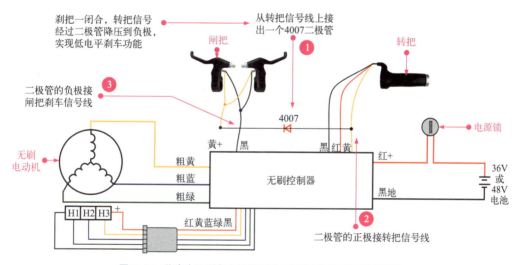

图17-17 将高电平刹车有效控制器改为低电平刹车有效控制器

17.5 爱玛牌电动自行车电动机运转无力

(1) 故障表现

一辆爱玛牌48V无刷电动自行车打开电源锁,转动转把,电动机转动无力,骑车试行时明显动力不足。

（2）故障分析

根据故障表现对故障原因进行分析。

该电动自行车属于典型动力不足故障，可能的故障原因有：①蓄电池电量不足；②电动自行车转把异常；③电动机故障。

根据检修电动自行车先电源后负载的原则，首先对蓄电池进行检测，若蓄电池电量在正常范围内，再对转把和电动机进行检测。

（3）故障检修

根据上述故障分析，首先检查蓄电池电量和转把调速信号。用万用表检测蓄电池电压为51.8V正常，转把信号端输出调速信号为 1～4.2V 也正常，由此将故障锁定在电动自行车电动机上。

按图 17-18 所示，检测无刷电动机绕组间的阻值，判断绕组有无短路或断路故障。

图17-18　无刷电动机绕组的检测方法

经检测，该无刷电动机三相绕组两两间阻值均为 0.4Ω，正常。接着仍在接线端检测霍尔元件，判断霍尔元件好坏。

检测霍尔元件信号线与接地线之间的阻值，如图 17-19 所示。

检测发现，3 个霍尔元件信号线与接地线间阻值均为无穷大。然而，3 个霍尔元件同时损坏的可能性较小，怀疑霍尔元件引线有断路故障。

检查霍尔元件引线有无断路故障，如图 17-20 所示。

检查发现，在电动机主轴弯曲部分霍尔元件引线有明显断路情况，重新连接并做绝缘处理后，再次检测发现，有两个霍尔元件信号线对地线阻值为 24.37MΩ（自动量程 DT-922 型数字万用表红表笔接黑色接地线，红表笔接信号线测得），另外一个阻值为无穷大，怀疑该霍尔元件损坏，导致无刷电动机缺相，转动无力。

按图 17-21 所示，拆解电动机，更换霍尔元件。

第 17 章 电动自行车动力故障的检修案例

图17-19 检测霍尔元件信号线与接地线之间阻值

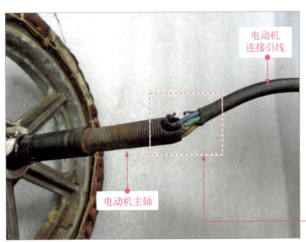
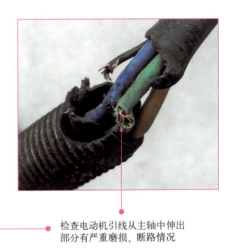

图17-20 检查霍尔元件引线有无断路故障

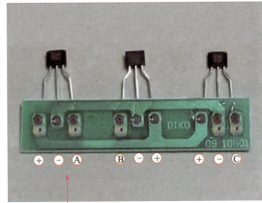

图17-21

① 用电烙铁将霍尔元件从印制板上焊下　② 将印制板固定用的绑扎线束取下

- 电烙铁
- 吸锡器
- 霍尔元件

③ 将霍尔元件从固定槽中取出，剪断霍尔元件引脚，取下损坏的霍尔元件

④ 将新的3只霍尔元件安装到原霍尔元件安装槽中，重新焊接完成代换

图17-21　拆解电动机，更换霍尔元件

提示说明

无刷电动机霍尔元件出现故障需要用同型号霍尔元件进行更换，且不论3只霍尔元件是否全部损坏，都需要同时更换。

代换霍尔元件时需要注意：其安装方式应与原霍尔元件相同，即霍尔元件型号面向上，代换用的霍尔元件型号面也应向上，确保电动机相位角相同。

相关资料

无刷电动机的相位角是无刷电动机的相位代数角的简称，指无刷电动机各线圈在一个通电周期里线圈内部电流方向改变的角度。电动车用无刷电动机常见的相位角有120°与60°两种。

霍尔元件安装的空间位置直接体现了无刷电动机的相位角类型，一般当3只霍尔元件均为有型号的一面向上安装时，该无刷电动机相位角为60°；若3只霍尔元件中间一只型号面向下，两侧霍尔元件型号面向上，则该无刷电动机相位角为120°。

另外，在不对电动机进行拆解时，可通过电动机运转状态判断其相位角，即拔掉（断开）霍尔插头，然后打开电源锁，缓慢拧动转把，若电动机有动静，则表示电动机为60°相位角电动机，若一点动静也没有，则表示电动机为120°相位角电动机。

第18章 电动自行车部分功能失灵的检修案例

18.1 台铃牌电动自行车扬声器不响

（1）故障表现

一辆台铃牌电动自行车在正常行驶过程中，按动其扬声器开关，没有任何反应，但是其他功能均能正常使用。图 18-1 所示为电动自行车的整机接线图。

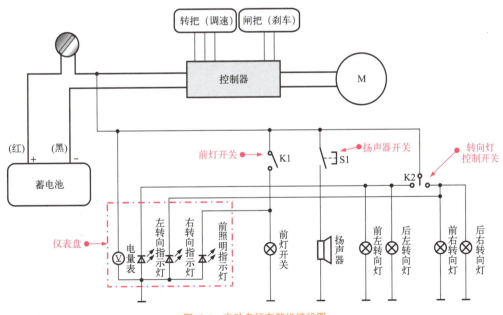

图18-1　电动自行车整机接线图

（2）故障分析

根据故障表现，结合图 18-1 对故障原因进行分析：由图可知，电动自行车其他功能均正常，但按动扬声器开关没有任何反应，说明故障发生在与扬声器直接相关的部件。

电动自行车扬声器由蓄电池直接供电并由按钮开关 S1 控制,因此,当电动自行车的扬声器不出声时,首先应检查蓄电池的电量是否充足,根据故障现象得知,电动自行车能正常行驶,说明其蓄电池供电正常,由此初步将故障范围锁定在扬声器开关和扬声器本身上。

(3) 故障检修

根据故障分析,首先需要检查扬声器开关是否失灵,若开关没有故障,则很可能是扬声器本身出现了故障,应对其进行更换。

首先,借助万用表检测扬声器开关,判断开关是否正常。扬声器开关的检测方法如图18-2 所示。

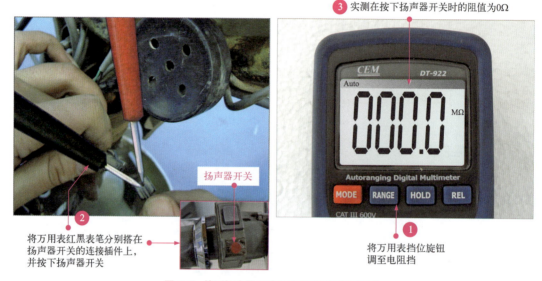

图18-2 检测扬声器开关在按下时阻值是否正常

经检测,当按下扬声器的开关后,其两引线之间的阻值为 0Ω,表明扬声器开关本身正常,由此,可以确定故障不是蓄电池的供电电路和扬声器开关的问题,很可能是扬声器本身出现了故障,可以采用替换法排查扬声器故障。

扬声器的更换操作,如图 18-3 所示。

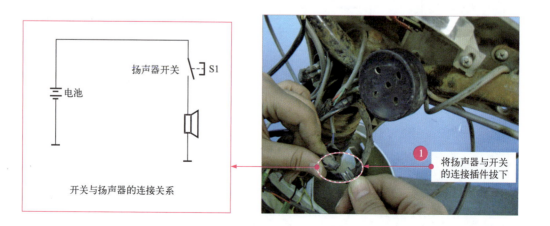

第18章 电动自行车部分功能失灵的检修案例

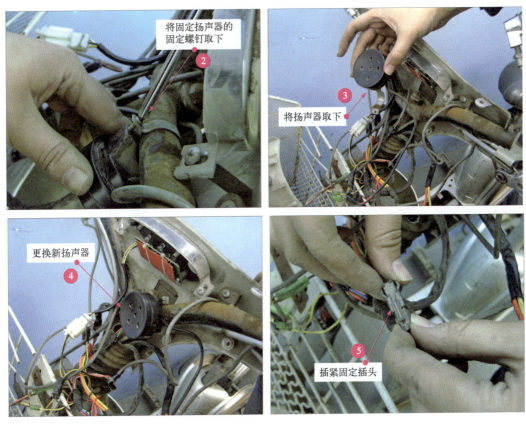

图18-3 采用替换法更换和检查扬声器

将怀疑损坏的扬声器进行更换后,开通电源锁,再次按下扬声器开关时,故障排除。

18.2 雅迪牌电动自行车转向灯不亮

(1)故障表现

雅迪牌电动自行车打开电源开关,向左或向右扳动转把开关,转向灯和转向指示灯都不亮。

(2)故障分析

根据故障表现,对故障进行分析:电动自行车转向灯都不亮,除转向灯全部烧毁外,故障可能发生在信号电路总线上,也可能发生在转向灯电路公共部分,如闪光器内部、触点严重烧焦、接触不良,转向开关严重损坏及转向灯电路的公共部分出现断路、短路等。对于该故障,可按图18-4的检修流程进行故障排查。

(3)故障检修

通过以上分析,为确认具体故障部位,遵循先外后内、先简单后复杂的检修顺序,对电动自行车进行检修。首先检查左、右转向灯是否烧毁。

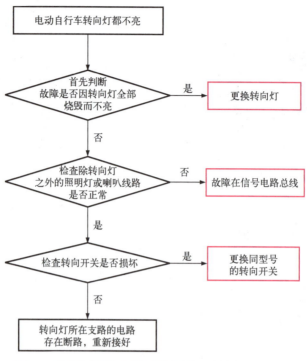

图18-4 雅迪牌典型电动自行车转向灯都不亮的检修流程分析

如图18-5所示，取下左、右转向灯，检查其是否损坏。

图18-5 检测左、右转向灯是否损坏

经查左、右转向灯泡都正常，表明故障原因是信号电路总线或转向灯电路总线某处出现故障，接着检查转向灯电路总线和信号电路总线，如图18-6所示。

经检查，有正常声音、无闪光现象，表明转向灯全不亮的原因是信号电路或闪光器有故障，怀疑闪光器损坏。闪光器用于转向灯，通过闪光器接点交替的通断，使转向灯有规律地闪烁，起警示作用，如图18-7所示。

将怀疑损坏的闪光器用相同规格的闪光器更换后，故障排除。

第18章 电动自行车部分功能失灵的检修案例

图18-6 检测转向灯电路总线和信号电路总线

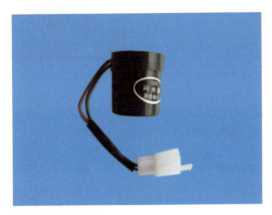

图18-7 闪光器实物外形

18.3 新日牌有刷电动车巡航失常

（1）故障表现

一辆新日牌的电动自行车正在行驶，按下巡航功能按钮后，无法定速。

> **相关资料**　目前，大多数电动自行车都带有巡航功能，巡航功能控制按钮安装在转把上，当骑行达到一定速度，并且想在该速度下匀速骑行时，可按下转把上的巡航控制按钮，此时即使握住转把的手松开，也能够以当前速度行驶，直到按下刹车或再次旋动转把时解除巡航功能。

（2）故障分析

根据故障表现，对故障原因进行分析：电动自行车能正常行驶，说明其蓄电池供电正常，在骑行过程中按下巡航功能控制按钮时无法定速，说明故障范围应锁定巡航控制按钮和巡航功能引线或连接插件上。

（3）故障检修

根据上述故障分析，先对巡航功能控制按钮进行检测，如图18-8所示。

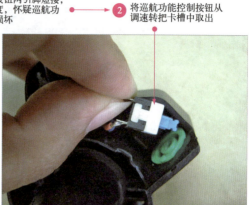

图18-8　检测巡航功能控制按钮接触是否良好

经检测怀疑巡航功能控制按钮内部损坏，可以采用替换法来排查巡航功能控制按钮故障。巡航功能控制按钮的更换方法如图18-9所示。

图18-9　用替换法排查巡航功能控制按钮

将电动自行车的巡航功能控制按钮进行更换后，开通电源锁，电动自行车正常行驶，并且可以实现定速，故障排除。

> **特别提示**
>
> 值得注意的是，有些电动自行车转把上未设置巡航控制按钮，该类电动车一般具有自动巡航功能，即当旋动调速手柄至一定速度后，保持该速度30s左右不变化，电动自行车便自动锁定以当前速度行驶，即使松开转把手柄也能保持住，直到握下闸把断电或再次旋动转把调整速度时解除锁定。

18.4 绿源牌电动自行车调速不稳

(1) 故障表现

在骑行绿源牌电动自行车时，缓缓转动转把，然而电动机的速度控制并不稳定，整车行驶时不平稳。

(2) 故障分析

根据故障表现，对故障原因进行分析：转动转把，电动自行车行驶不稳，可能是转把内部有损坏，导致其输出的调整信号不稳定，送到控制器中进行处理后，给电动机的信号也不平稳，所以使得电动机旋转速度失常。按图18-10所示检修流程对电动自行车进行故障排查。

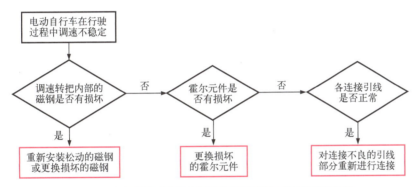

图18-10　绿源牌电动自行车行驶过程中调速不稳定的检修流程

(3) 故障检修

根据对该故障的分析，应查看转把内部的器件是否有损坏，如磁钢是否有松动、霍尔元件是否脱落、焊接处是否虚焊。

转把内部磁钢的检查方法如图18-11所示。

图18-11　检查转把内部磁钢是否完好

经查，磁钢没有松动的现象，不会造成磁钢与霍尔元件相对位置不稳定，应进一步检查转把内的霍尔元件是否损坏。

转把内霍尔元件的检查方法如图18-12所示。

图18-12　检查转把内霍尔元件是否完好

将转把内霍尔元件虚焊引脚焊好后，开通电源锁，电动自行车正常行驶，故障排除。

18.5　小刀牌电动自行车照明失常

（1）故障表现

小刀牌电动自行车在夜间行驶时，打开照明开关，照明系统所有灯泡均不亮。

（2）故障分析

根据故障现象，对故障原因进行分析：照明系统无电，若信号系统正常工作，则说明故障在照明系统；若信号系统也不正常，则说明故障可能在蓄电池，按图18-13所示的故障检修流程对故障进行排查。

根据检修流程，进一步对该电动自行车的电路原理图（图18-14）进行分析。

由图18-14可知，该照明系统电路装置由前大灯、仪表灯、尾灯以及远光指示灯等组成，根据电路分析，可初步判断该电动自行车照明系统不工作的原因有以下几点：①照明装置灯泡烧毁；②电源开关或照明灯开关内部接触不良；③蓄电池电量不足或熔断器烧毁；④电路元器件不良，接线头处或插件处接触不良。

（3）故障检修

通过上述分析，排查该类故障时首先排除蓄电池电量不足的故障，若蓄电池正常，应对照明系统进行排查。

打开照明开关，按下扬声器开关或扳动转向开关。若有正常的声、光现象，则说明蓄电池电量充足。

照明系统的检测方法如图18-15所示。经检测，无电压，说明该电路前级有故障，怀疑熔断器烧毁。

第18章 电动自行车部分功能失灵的检修案例

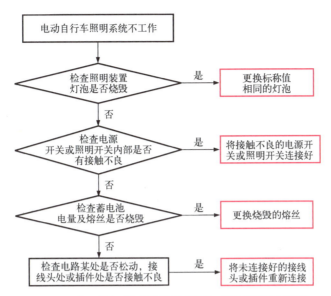

图18-13 小刀牌电动自行车照明系统不工作的检修流程分析

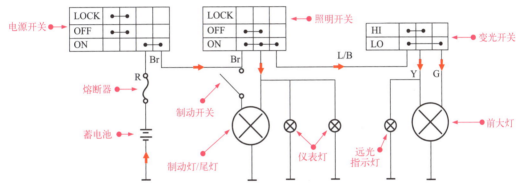

图18-14 小刀牌电动自行车照明系统电路

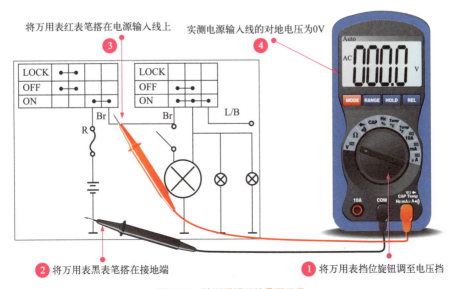

图18-15 检测照明系统是否正常

熔断器的检测方法如图 18-16 所示。经检测，熔断器烧毁，更换后，开通电源锁，电动自行车正常行驶，并且转向灯正常闪烁，故障排除。

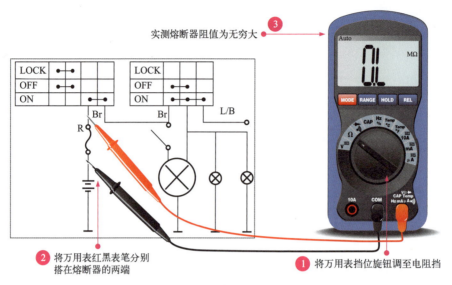

图18-16　检测熔断器是否正常